FEMINISMO E CONSCIÊNCIA DE CLASSE NO BRASIL

Dados Internacionais de Catalogação na Publicação (CIP)
(Câmara Brasileira do Livro, SP, Brasil)

Cisne, Mirla
Feminismo e consciência de classe no Brasil / Mirla Cisne. — 2. ed. — São Paulo : Cortez, 2018.

Bibliografia.
ISBN 978-85-249-2710-2

1. Feminismo - Brasil - História 2. Identidade de gênero 3. Igualdade 4. Luta de classes 5. Mulheres - Brasil 6. Mulheres - Trabalho 7. Política I. Título.

18-21757 CDD-305.420981

Índices para catálogo sistemático:
1. 1. Brasil : Feminismo : Sociologia : História 305.420981

Cibele Maria Dias - Bibliotecária - CRB-8/9427

Mirla Cisne

FEMINISMO E CONSCIÊNCIA DE CLASSE NO BRASIL

2ª edição

CORTEZ EDITORA

FEMINISMO E CONSCIÊNCIA DE CLASSE NO BRASIL
Mirla Cisne

Capa: de Sign Arte Visual
Preparação de originais: Jaci Dantas
Revisão: Maria de Lourdes de Almeida
Projeto gráfico e diagramação: Linea Editora
Assessoria editorial: Maria Liduína de Oliveira e Silva
Editora assistente: Priscila Flório Augusto
Coordenação editorial: Danilo A. Q. Morales

Direitos para esta edição
CORTEZ EDITORA
Rua Monte Alegre, 1074 — Perdizes
05014-001 — São Paulo-SP
Tel. (11) 3864 0111 Fax: (11) 3864 4290
E-mail: cortez@cortezeditora.com.br
www.cortezeditora.com.br

Impresso no Brasil — novembro de 2018

Às militantes feministas que não se cansam de lutar por liberdade.

"Se não posso dançar, não é minha revolução."

Emma Goldman

SUMÁRIO

PREFÁCIO À SEGUNDA EDIÇÃO

A primeira edição de *Feminismo e consciência de classe no Brasil*, de 2014, supera as expectativas e preenche uma lacuna na produção teórico-crítica do feminismo que já instigava muitas de nós, militantes e pesquisadoras feministas. Afirmo com a maior satisfação e tranquilidade que esta obra de Mirla Cisne se consolidou como referência nacional para além do Serviço Social, tendo em vista a capilaridade que conquistou em outras áreas como educação, direito, história e ciências sociais. Longe sopraram os ventos deste livro. Certamente fruto de coerência, irreverência, rigor teórico-metodológico e linguagem apaixonante, capaz de nos enlaçar por horas de leitura.

Assim, iniciar os trabalhos da segunda edição de *Feminismo e consciência de classe no Brasil*, de Mirla Cisne, é motivo de imensa alegria. Sou parte de uma nova geração que certamente foi pensada como público-alvo desta obra: militante, pesquisadora e assistente social feminista. Vivendo um momento de crescimento do feminismo sob influência de diferentes perspectivas teórico-políticas, o contato com este livro possibilitou (e ainda possibilita) a apreensão das bases materiais e subjetivas da desigualdade entre homens e mulheres com base no método materialista histórico e dialético. Dessa forma, contribui para o avanço na consciência crítica como sujeitos revolucionários, no sentido da *consciência feminista* e da *consciência militante feminista*, pensando a direção que queremos construir na luta pela emancipação humana.

No tempo de prevalência dos fragmentos, do relativismo do cotidiano, do culturalismo e do crescimento da perspectiva pós-moderna no Serviço Social, Mirla oferece à nossa profissão uma importante referência bibliográfica para os estudos sobre as relações sociais de sexo, refletindo com base em categorias como totalidade, contradição e mediação. Nesse sentido, se pensarmos o projeto ético-político do Serviço Social a partir das dimensões da produção de conhecimento, da direção impressa nas entidades da categoria e nos instrumentos jurídico-legais da profissão, esta obra se constitui um importante marco na defesa e na consolidação do atual projeto profissional, principalmente quando falamos das especificidades das mulheres. Ora, levar às prateleiras do Serviço Social uma análise materialista da realidade das mulheres com tamanha profundidade marca primeiramente a dimensão da produção de conhecimento, mas também nos subsidia nas posições ético-políticas, como também abre espaço para novas produções e debates, ou seja, reafirma e faz crescer o feminismo na agenda do Serviço Social.

No mesmo ano de lançamento da primeira edição deste livro, em 2014, a assembleia da ABEPSS, realizada no XIV ENPESS, na cidade de Natal/RN, aprovou a obrigatoriedade de ao menos um componente curricular que abordasse os estudos sobre as relações sociais de classe, gênero, "raça"/etnia e sexualidade, compreendendo essas dimensões como fundantes da questão social e, sobretudo, da questão social brasileira. Não há uma aplicação imediata desta orientação; ela demanda tempo, reformulações e processos burocráticos. O que quero destacar é a relevância desta obra para esse momento que o Serviço Social vive, na perspectiva de contribuição para o fortalecimento dessas temáticas na profissão. Ora, no corrente ano, esta Editora traz não só a segunda edição deste livro, mas também o lançamento de *Feminismo, diversidade sexual e Serviço Social*, parceria dessa autora com Silvana Mara Morais dos Santos, na mais nova edição da Biblioteca Básica do Serviço Social. Esses lançamentos constituem avanços, abertura de novos espaços de discussão e também revelam consolidação de debates coletivos por um conjunto de profissionais. Que possamos nos debruçar nesses trabalhos e que eles sirvam de referência para nossas disciplinas na graduação e pós-graduação.

Como retornos e desdobramentos de leituras do livro realizados por intermédio de diversos debates e bancas de mestrado e doutorado em que a autora participou, pôde perceber o alcance do feminismo materialista; a crítica marxista sobre o conceito de gênero; a abertura para a adoção prioritária da categoria relações sociais de sexo e, também, alguns limites da obra. Sobre os limites, a autora nos relatou a importância em se ter uma análise mais cuidadosa da crítica que tece à perspectiva da interseccionalidade, o que procurou fazer com Silvana Mara no já referido novo volume da Biblioteca Básica do Serviço Social, lançado em 2018: *Feminismo, diversidade sexual e Serviço Social*.

Outro limite da obra foi em torno de uma das dimensões que Cisne (2014) afirma compor a consciência militante feminista: "o sair de casa". Ao longo dos debates acadêmicos e políticos tecidos com base no livro, ou seja, no contato com outras mulheres que se põem a refletir em conjunto sobre os desafios da formação da consciência feminista, a autora, nesta edição, chega à seguinte conclusão:

> Passamos a entender que, muito mais importante do que *sair de casa*, é a *casa sair de dentro de si*. Trata-se de entender que a síntese em que chegamos na dimensão do *sair de casa*, não é meramente uma questão do movimento de ir e vir. Afinal, o mais comum são as mulheres, ao saírem de casa, carregarem consigo a preocupação e o monitoramento de toda a dinâmica de responsabilidade que envolve o trabalho doméstico, procriativo e emocional que desempenham. Em outras palavras, as mulheres saem de casa, mas as carregam consigo, daí o necessário entendimento de que *não nos basta sair de casa, é preciso que a casa saia de dentro de nós* (grifos da autora; p. 193-194).

Esse movimento de "sair de casa e a casa de sair de si", como a autora nos revela ao analisar as entrevistas de militantes de movimentos de mulheres, envolve o processo de formação da *consciência feminista* e, pela mediação da formação e da participação política, da *consciência militante feminista*. É uma possibilidade e um confronto com um modo de vida dominante; uma postura de resistência e de tomada de si. A experiência de estar com outras mulheres no exercício da política permite desnaturalizar a submissão, os encargos majoritários com o trabalho doméstico e com a família, bem como provocar a luta por nossa autonomia, na medida em que podemos elaborar projetos pessoais e projetos políticos. É um movimento que permite o questionamento da nossa condição material e subjetiva.

Outra modificação nesta edição merece nosso destaque. Mediante as críticas tecidas ao conceito de "gênero" — por ser amplo a ponto de comportar diferentes vertentes teórico-metodológicas, não evidenciar desigualdades e relações estruturais —, a autora apresenta como sugestão a utilização da categoria "relações sociais de sexo", a partir de estudos do feminismo francófono. Falamos de *rapports sociaux de sexe*, originalmente do francês, que se diferencia no conceito e na terminologia de *relations sociales de sexe*. O primeiro diz necessariamente de relações estruturais; o segundo, de relações individuais, pessoais. Como essa é uma diferenciação que na "língua portuguesa não expressa a noção de contradição" (Almeida *apud* Cisne, 2018, p. 73), a autora argumenta que,

> Nesse sentido, uma outra possibilidade de denominar a categoria *relações sociais de sexo* em português seria a utilização de "relações patriarcais de sexo"[1] (Almeida, 2017), uma vez que o patriarcado remete ao entendimento antagônico, hierárquico e conflital entre homens e mulheres, assegurando o sentido de *rapports*, que dá origem à categoria em discussão.

---

1. A primeira vez em que essa categoria *relações patriarcais de sexo* foi descrita teve como autora a feminista Janaiky Almeida (2017) em sua importante tese de doutorado (*Organismos Internacionais e Enfrentamento à Precarização do Trabalho das Mulheres na América Latina*), não apenas como uma alternativa à ausência de uma tradução específica em português ao termo *rapport*, mas como uma forma de dar visibilidade ao patriarcado, algo indispensável ao considerarmos a nossa formação sócio-histórica e econômica do Brasil.

A utilização de "patriarcado" no Brasil também possibilita o encontro de produções sobre o feminismo no campo marxista, considerando ser um termo conhecido, apropriado e utilizado por pesquisadoras e militantes feministas. Além disso, contribui para pensar a formação sócio-histórica do Brasil, dialogando com autoras fundamentais como Saffioti, que problematiza as marcas patriarcais e racistas de nossa formação.

Se no prefácio da primeira edição Elaine Behring (2014, p. 14) é precisa e acerta ao projetar que "[...] trata-se de um livro que tem todos os ingredientes para se tornar uma referência do debate acadêmico crítico dentro e fora da área de Serviço Social, bem como para os movimentos sociais", ouso arriscar que *Feminismo e consciência de classe no Brasil* tem recurso suficiente para se transformar em um clássico do feminismo materialista ao lado de *A mulher na sociedade de classes*, de Heleieth Saffioti. Aliás, outra leitura indispensável para quem quer estudar relações sociais de sexo, patriarcado ou gênero (numa perspectiva crítica). Minha projeção não é aleatória. Mirla apresenta nesta obra uma análise original de três questões fundamentais: 1) a compreensão da classe e do trabalho em uma perspectiva de totalidade; 2) a formação da consciência na particularidade das mulheres; 3) a importância do feminismo e dos movimentos de mulheres para emancipação humana.

A compreensão que "a classe trabalhadora tem dois sexos" (Souza-Lobo, 2011) encontra sua materialidade da divisão sexual do trabalho, fruto das relações sociais de classe e de sexo que atribuem aos homens os trabalhos ligados à atividade produtiva e às mulheres os trabalhos da reprodução, colocando-os em condição de desigualdade (Kergoat, 2009). Nessa lógica, as dimensões da produção e da reprodução social são dissociadas, quer dizer, não são lidas como uma unidade, o que permite a desvalorização das tarefas atribuídas às mulheres em relação às dos homens. A análise intermediada pela perspectiva de totalidade nos permite pensar essas duas dimensões como processos indissociáveis e igualmente essenciais para produção e reprodução das relações sociais de produção capitalista. É nesse sentido que o feminismo materialista elabora críticas à jornada extensiva, intensiva e intermitente de trabalho das mulheres (Ávila, 2009), que assumem obrigatoriamente os encargos com trabalho doméstico, envolvendo os cuidados com a família e a casa.

Dentre outras fontes, merece destaque o pioneirismo de Cisne na tradução e nas reflexões à luz de produções de autoras feministas francófonas, com grandes contribuições para o feminismo materialista. É a partir dessas leituras que a autora formula a crítica ao conceito de gênero, sugerindo a utilização das categorias relações sociais de sexo ou relações patriarcais de sexo, nesta nova edição, como abordamos anteriormente.

Tais elucidações nos subsidiam nas críticas às perspectivas de esquerda e às leituras do marxismo que insistem em considerar as relações sociais de sexo e "raça"/etnia como apêndices na análise da classe trabalhadora. Para nós, são centrais, estruturam a dominação e exploração de classe de forma *consubstanciada* e *coextensiva*, num processo dialético em que se coproduzem mutuamente (Kergoat, 2012).

Ao mesmo tempo, aqui temos elementos suficientes para contrapor as afirmações de que a opressão às mulheres está apenas no plano dos valores, da cultura e da educação. A autora transpõe os limites de uma análise meramente fenomênica quando trabalha na perspectiva de desnaturalizar e historicizar a ideologia, compreendendo-a como fruto da divisão social, sexual e racial do trabalho, saturando-a de determinações. Assim, parte da perspectiva de que ideologia e consciência são resultado de relações sociais, tensionadas pela dinâmica da luta de classes e pela dominação patriarcal-racista-capitalista e, portanto, possuem base material. Especificamente em relação às mulheres, nossa histórica destinação prioritária ao espaço privado, à atividade de pouco desenvolvimento intelectual e a condição de subordinação são naturalizadas, consideradas estáticas e impossíveis de serem transformadas (Cisne, 2014). Em contraponto, defende a autora que politizar as relações sociais de classe, sexo e "raça"/etnia é fundamental para a construção de um processo de formação de consciência emancipatória, que deve estar antenado ao movimento feminista revolucionário.

O terceiro ponto que quero destacar é em relação à importância do feminismo e dos movimentos de mulheres para emancipação humana, uma vez que possibilitam a formação da consciência revolucionária e o questionamento da condição de alienação da classe trabalhadora, e particularmente das mulheres. Desalienar as relações sociais envolve a luta pela superação da divisão social, sexual e racial do trabalho e, nesse sentido, atesta a necessidade de pensar o socialismo articulado ao feminismo e ao antirracismo (Cisne, 2014). Nessa lógica, a libertação das mulheres virá apenas mediante um processo revolucionário que seja capaz de destruir a estrutura do sistema patriarcal-racista-capitalista em sua totalidade. Deve confluir, portanto, a superação da atual forma de organização da produção e do trabalho — sob apropriação privada, exploração e alienação —, à superação de um conjunto de normas e valores que é produto e reprodutor de desigualdades e de subordinação das mulheres.

É nesse sentido que alerta-nos Cisne (2014, p. 116) que

> [...] a emancipação da mulher não possui apenas uma dimensão restritamente econômica; ela envolve dimensões profundas da condição de se tornar humano, ou melhor, envolve a profundidade ontológica da construção do ser social como ser genérico.

Quer dizer, a emancipação da mulher é condição para emancipação humana no sentido da humanização das relações sociais, da possibilidade do trabalho como momento de satisfação de necessidades e de realização individual e coletiva, como ser humano genérico dotado de autonomia e plena liberdade.

O feminismo e o movimento de mulheres possibilitam coletivizar experiências, demandas e organizar insatisfações diante do cenário de desigualdades. Permite politizar e dar visibilidade às desigualdades entre homens e mulheres, colocando-as em movimento como sujeito coletivo e político. Assim, diante das possíveis e fundamentais contribuições do feminismo e dos movimentos de mulheres para a construção do processo revolucionário, Mirla Cisne apresenta uma análise sobre os desafios e as possibilidades dos três principais movimentos de mulheres no Brasil, problematizando suas formas organizativas, estrutura e militância.

Ao mesmo tempo, destaca a necessidade de construção de um partido revolucionário que seja capaz de organizar a classe trabalhadora a partir da universalização de suas demandas. Sob essa perspectiva, o partido político deve ser instrumento para construção de estratégia e táticas na defesa de um projeto de sociedade elaborado coletivamente. Portanto, deve ser capaz de transpor lutas imediatas e corporativistas, proporcionar momentos de formação política permanente e ter uma direção democrática que assuma a vanguarda das lutas sociais. Para tanto, é fundamental que o partido tenha capilaridade nas mais diversas lutas da classe trabalhadora, como a luta das mulheres e do feminismo, respeitando sua autonomia.

Vivemos uma conjuntura de acirramento da luta de classes no Brasil. De um lado, crescimento organizativo da direita, que historicamente é marcada pelo patrimonialismo, autoritarismo, racismo e machismo nesse país desde a colonização. Esses setores, sob a presidência ilegítima de Michel Temer, têm imprimido retrocessos à classe trabalhadora com suas contrarreformas. Ao mesmo tempo, têm retomado valores tradicionalistas e conservadores, como a defesa da família "tradicional" — monogâmica burguesa —, o papel de submissão das mulheres, a tutela sob os corpos e sexualidades da população LGBT, com retorno acelerado e acentuado da militarização da política e da polícia.

As contradições se intensificam e se revelam ao passo que cresce também a organização feminista, bem como da população negra e LGBT. Pelas ruas das cidades que só têm nome de homem[2], crescem as mobilizações de massa convocadas por feministas autônomas, de

2. Faço referência ao espetáculo de teatro *Todas as ruas têm nome de homens*, da Confraria de Teatro, Vitória (ES).

movimentos sociais e de partidos políticos. No ano de 2015, em especial, vivemos no Brasil uma série de mobilizações sociais contra o Projeto de Lei (PL) 5069, num levante de mulheres que os movimentos sociais e os partidos de esquerda chamaram de *Primavera Feminista*. Além da interrupção da tramitação do PL, as mulheres conseguiram contribuir no processo que resultou na cassação do mandato do deputado autor de tal projeto, uma vitória parcial e importantíssima, que aglutina força e experiência para novas jornadas.

No corrente ano, a indignação diante o assassinato da vereadora do Rio de Janeiro, Marielle Franco, negra, feminista, lésbica, defensora dos Direitos Humanos e da classe trabalhadora, impulsionou novas ocupações de vias públicas, em manifestações que se espalharam por capitais e interiores do Brasil. A barbárie que se instalou no atual estágio de acumulação capitalista, intensificada pelo contexto de crise civilizatória, não é sentida passivamente pelas mulheres.

Em 2018, ano em que se completam trinta anos de promulgação da Constituição Federal brasileira, um marco no processo de redemocratização com o fim da ditadura civil-militar, o país elege dois militares para presidência do Brasil. Sua coligação vem sob o mote "Brasil acima de tudo, Deus acima de todos", que evidencia o histórico enlace entre conservadorismo religioso, burguesia e militarismo no país. Como principal resistência, as *hashtags* "ele não", "ele nunca" e "ele jamais" ocuparam a internet e as ruas do Brasil. Cada vez menos é possível afirmar que a luta das mulheres é secundária ou que fragmenta a luta de classes: temos demonstrado protagonismo, força e capacidade de agregar diversos setores, constituindo-nos em um dos principais focos de resistência no país. São novas linhas de nossa história sendo escritas na dureza de uma conjuntura que aumenta jornada de trabalho, desemprego, instabilidade, repressão, e se apropria cada vez mais do nosso tempo. Queremos disputar o futuro das mulheres e da humanidade. Nossos desafios são enormes. Eles são do tamanho de nossos sonhos. Florescemo-nos...

Viviane Vaz Castro
Mossoró, outubro de 2018

Referências

ÁVILA, Maria Betânia. As mulheres no mundo do trabalho e a relação corpo e sujeito. *Cadernos de Crítica Feminista*, ano V, n. 4, dez. 2011.

CISNE, Mirla. *Feminismo e consciência de classe no Brasil*. 1. ed. São Paulo: Cortez, 2014.

KERGOAT, Danièle. Divisão sexual do trabalho e relações sociais de sexo. In: HIRATA, H. et al. (Org.). *Dicionário crítico do feminismo*. São Paulo: Editora da Unesp, 2009.

______. *Se battre, disent-elles*... Paris: La Dispute, 2012.

PREFÁCIO À PRIMEIRA EDIÇÃO

Introduzir a(o) leitora(or) na obra *Feminismo e consciência de classe no Brasil*, de Mirla Cisne, é tão gratificante e prazeroso quanto foi nossa relação orientadora/orientanda no Programa de Pós-graduação em Serviço Social da UERJ, concluída em 2013. Este livro, que resulta da tese de doutorado a que faço referência, é o corolário de um longo processo de formação intelectual — acadêmica e militante feminista — ao longo da vida dessa jovem e talentosa pesquisadora, professora da UERN, desde sua inserção no movimento estudantil de Serviço Social e no movimento feminista até tornar-se docente (e continuar militante, claro!). Poderia dizer que ao falar da formação da consciência militante das mulheres dos movimentos sociais brasileiros, a autora está falando um pouco de si mesma, daquelas inquietações que foram surgindo a partir de seu vínculo visceral com este objeto. Sabemos como pesquisadores que esta é sempre uma relação arriscada, em função do viés subjetivo que pode se interpor como dificuldade para desvendar o objeto, já que o cotidiano é um claro-escuro de verdade e engano, como nos ensina Karel Kosik. No entanto, o resultado a que chegou a autora e que está condensado nesta obra, mostra coisa bem diversa. Aqui, sua relação gramscianamente apaixonada com o objeto, e a perspectiva metodológica que adota — o materialismo histórico e dialético — e que tem nas categorias heurísticas da totalidade, contradição e mediação pilares fundamentais, bem como sua tenacidade e disciplina pessoais como pesquisadora e militante, reproduzem sistematicamente o objeto, saturando-o de determinações. O envolvimento da autora é exatamente a condição subjetiva e material que ela tem para se aproximar cuidadosamente do objeto, desbloquear possíveis resistências, circular entre sujeitos políticos que muitas vezes têm dificuldades de diálogo entre si, o que nos faz conhecer dimensões inexploradas do movimento feminista no Brasil.

Os que conhecem um pouco meus trabalhos de pesquisa sabem do envolvimento com temas como política social, seguridade social, orçamento público e estudos teóricos sobre a teoria do valor e o fundo público. Possivelmente ocorre a pergunta sobre como vim a orientar uma pesquisa sobre categorias como consciência de classe, patriarcado, relações sociais de sexo e feminismo. Penso que o que nos aproximou foram três pontos em comum: o método materialista histórico e dialético; a experiência militante, ainda que a minha não tenha sido diretamente feminista; e uma inquietação em torno do sujeito político no Brasil contemporâneo e a perspectiva da transformação dessa ordem social, no ambiente da crise estrutural do capitalismo com seus desdobramentos no país. Isso combinado ao fenômeno do transformismo no contexto da chegada ao governo federal do Partido dos Trabalhadores, sem produzir rupturas mais profundas em relação ao neoliberalismo — ainda que traga novidades para a vida cotidiana dos "de baixo" —, porém desenvolvendo uma singular relação com os movimentos sociais no Brasil, o que se constituiu num verdadeiro divisor de águas entre esses. Tais eixos e preocupações fizeram a riqueza dessa relação acadêmica profundamente horizontal e na qual tive a oportunidade de aprender muito, de aprimorar minha consciência feminista, de conhecer novos e promissores horizontes para a luta de classes e construção de uma sociedade emancipada. Como as(os) leitoras(es) podem constatar, expresso nesse espaço minha admiração pela autora e seu trabalho, e gratidão por ter participado desse início de seu processo de maturação acadêmica, que hoje se desdobra na pesquisa na universidade pública. Esse profícuo encontro teve lugar no Rio de Janeiro e em Paris, país de forte tradição do pensamento crítico feminista desde Fourier, Simone de Beauvoir até Jules Falquet e outras companheiras nos dias de hoje. Nessas cidades nos encontramos, pois estive entre 2011 e 2012 a realizar meu pós-doutorado na França, na mesma ocasião em que nossa autora foi apreender o debate feminista francês sob a batuta de Jules Falquet, que tive a grata oportunidade de conhecer e cuja incidência no desenvolvimento desse trabalho, o prazer de compartilhar. A persistência e convicção de propósitos de pesquisadora de Mirla se revelou de forma plena nesse momento, com o enfrentamento dos obstáculos do idioma e acompanhamento da vida francesa, além da pesquisa densa sobre o debate francófono, em que se opera a superação teórica da categoria relações sociais de gênero para relações sociais de sexo.

Pelo exposto até aqui, já enunciei algumas boas razões para mergulhar nesta obra. Mas é importante sinalizar mais algumas. Estamos diante de um trabalho que traz vários elementos novos, provocações e descobertas para as quais quero chamar a atenção. Nos dois primeiros capítulos, dois eixos orientadores centrais da pesquisa são desenvolvidos: os processos de formação da consciência e a necessária articulação entre classe, sexo e raça para uma compreensão plena desses processos, suas possibilidades e limites. Não são temas novos, mas há originalidade na sistematização acerca da forma com que foram e são tratados na tradição marxista, inclusive com a crítica ao economicismo e ao marxismo vulgar, mostrando que as dimensões de sexo e raça são centrais para a compreensão da classe em si e para si, e que uma consciência e uma sociedade emancipadas precisam incorporar essas dimensões. A reflexão sobre o mote, não haverá socialismo sem feminismo, ganha aqui uma densidade inédita e a autora é corajosa ao enfrentar as polêmicas no interior da tradição marxista. Especialmente o segundo capítulo do livro traz uma ampla pesquisa sobre os fundamentos teórico-políticos do feminismo a partir de uma profunda revisão bibliográfica da literatura brasileira e francesa, com destaque para a crítica da categoria gênero, a centralidade do patriarcado e a relação entre família e reprodução social, bem como a crítica à suposta natureza feminina e seus desdobramentos ideológicos sobre a consciência das mulheres, temas indispensáveis para os que se debruçam sobre a condição das mulheres no capitalismo e seus processos de organização e resistência política. Ainda nesse capítulo encontramos uma consistente síntese da história do movimento feminista no Brasil até os dias de hoje.

No terceiro capítulo, verdadeiramente apaixonante, revela-se "a dor e a alegria de ser o que é" (Caetano Veloso) das mulheres de carne e osso que militam no Movimento de Mulheres Camponesas (MMC), na Marcha Mundial de Mulheres (MMM) e na Articulação de Mulheres Brasileiras (AMB), os três mais expressivos movimentos de mulheres do país. A partir dos depoimentos dessas mulheres, dirigentes em níveis diferenciados desses movimentos, é possível reconstruir seus processos de formação da consciência, as rupturas que ousaram fazer e o que as moveu a fazê-las. A análise extrai da realidade da vida das mulheres e dos documentos e das manifestações públicas dos movimentos em foco, o modo de ser desses movimentos, sua posição no debate político, sua relação com o Estado e os governos, especialmente no presente momento de transformismo do PT com impactos sobre os movimentos sociais e suas pautas. A análise revela as tensões contemporâneas dos sujeitos políticos a partir da singularidade dos movimentos de mulheres. Destaco, por fim, a linguagem fluida, clara e poética, o que torna o contato com o texto muito agradável. Por tudo isso, trata-se de um livro que tem todos os ingredientes para se tornar uma referência do debate acadêmico crítico dentro e fora da área de Serviço Social, bem como para os movimentos sociais. Falar mais seria retirar o prazer da degustação, quando meu objetivo é convidar à leitura! *Bonne aventure!*

Profa. dra. Elaine Rossetti Behring
Inverno leve, Botafogo, Rio de Janeiro.
FSS/UERJ — CNPq

INTRODUÇÃO

Criar é tão fácil ou tão difícil quanto viver,
E é do mesmo modo necessário.
Fayga Ostrower (2004)

A formação da consciência de classe na sociedade capitalista é dificultada pelas relações de alienação que a permeiam, bem como pela ideologia dominante a ela associada, que levam muitos indivíduos sociais a naturalizarem e até mesmo a reproduzirem relações de dominação. Assim, ao contrário de se rebelarem contra uma ordem que os explora e oprime, adequam-se e, muitas vezes, submetem-se a essa dominação. Felizmente, alguns, também, no processo de formação da consciência e da luta de classes, rebelam-se contra essa ordem, ainda que esse não seja um processo hegemônico.

Mauro Iasi (2002, p. 13), estudioso do processo de formação da consciência, parte da seguinte inquietação investigativa: "Como os indivíduos moldados para a conformidade e o consentimento podem se rebelar contra a ordem que os moldou?". Passemos a refletir essa inquietação na particularidade da vida das mulheres. Além de todas as relações de alienação e de dominação ideológica vivenciadas pelos homens, as mulheres também são marcadas pela força da ideologia de uma suposta natureza feminina, que as institui como apolíticas, passivas e submissas. Nesse contexto, partimos da seguinte questão para a elaboração da nossa tese de doutorado[1] que deu origem a este livro: Como as mulheres desenvolvem a formação da consciência de classe?

Considerando que essa consciência é mediada pelos movimentos feministas na dinâmica da luta de classes, o que envolve, portanto, processos coletivos de formação de uma consciência voltada para a transformação social, acrescentamos à pergunta anterior: Como ocorre o processo de formação da consciência militante[2] feminista em uma sociedade patriarcal e capitalista?

Para adentrar na compreensão mais aprofundada sobre essa questão, consideramos importante compreender os diferentes projetos societários em disputa e seus fundamentos que consubstanciam as mais diferentes configurações da luta de classes. Delimitaremos, nesse cenário, a análise do movimento feminista. Mais particularmente, procuramos apresentar o projeto societário feminista-socialista em contraposição ao patriarcal-capitalista, incontestavelmente hegemônico na sociedade. Partimos do entendimento desses projetos societários só podem ser compreendidos no seio da dinâmica da luta de classes que, por sua vez, envolvem o processo de formação de consciência. Assim, trabalharemos classe, luta de classes e consciência de classe como categorias correlatas e indispensáveis para o entendimento dos projetos societários em disputa.

O movimento feminista ao longo de sua história trouxe à tona discussões e lutas que, obviamente estavam ligadas aos interesses das mulheres, mas que também confrontavam diretamente o capital. Destacamos especialmente a contestação à propriedade privada e à família nuclear burguesa e monogâmica, condicionalidades fundamentais para a sustentabilidade do capitalismo. Além disso, ressaltamos a

---

1. A tese foi defendida em 2013, no Programa de Pós-graduação em Serviço Social, da Universidade do Estado do Rio de Janeiro (UERJ), com o título: *Feminismo, luta de classes e consciência militante feminista no Brasil*, sob orientação da profa. Elaine Behring e da profa. Jules Falquet (durante o estágio doutoral realizado na Universidade de Paris 7, em 2012, com apoio da Capes).

2. Segundo Iasi (2002, p. 37), falamos em militância "por analogia ao soldado que adere a uma ação coletiva organizada e integrada".

denúncia à apropriação do corpo da mulher e à exploração da força de trabalho feminina, tanto na esfera produtiva, como reprodutiva.

A relevância do feminismo ganha maior visibilidade quando compreendemos que as mulheres são, segundo Mészáros (2002), 70% dos pobres do mundo. São também as maiores vítimas da precarização do trabalho e das políticas públicas. São elas que enfrentam as filas de madrugada nos hospitais públicos para levarem seus(suas) filhos(as), bem como em busca de vagas nas escolas; são muitas delas que não chegam à previdência, seja por serem as que mais se encontram na informalidade, nos empregos mais precarizados sem direitos trabalhistas assegurados, ou até mesmo por não terem sequer as suas documentações, especialmente as rurais; são elas que estão no cotidiano da assistência social buscando a garantia mínima das condições de sobrevivência da sua família.

Acreditamos que a identificação de focos de resistência e de sujeitos políticos coletivos contrários ao capitalismo, ao racismo e ao patriarcado, é um fecundo meio para percebermos a existência de aliados políticos que oxigenam nossa luta pela emancipação humana. Essa identificação é importante, em especial, em tempos de capital fetiche — em que são obscurecidos o mundo do trabalho e suas lutas —, e de radicalização das desigualdades sociais (Iamamoto, 2008). Afinal, há, no seio das contradições dessa sociabilidade desigual, "toupeiras" que resistem na tentativa de corroer as bases do capital e construir uma sociedade substantivamente livre e igualitária. Desta feita, enquanto houver seres sociais, haverá a possibilidade de construirmos relações sociais igualitárias, o que nos leva à plena convicção da falsidade ideológica de que chegamos ao "fim da história".

É nesse movimento de resistência, avanços e recuos — próprio da luta de classes e da dinâmica da formação da consciência — do feminismo que procuraremos focar a análise do nosso objeto. Para tanto, apresentamos como objetivo geral deste trabalho: *Compreender a formação da consciência militante feminista na luta de classes no Brasil contemporâneo.*

Esse sentido geral exige: debater classe, luta de classes e a formação da consciência na tradição marxista; identificar as atuais perspectivas teórico-políticas do feminismo no Brasil; analisar as principais implicações políticas da institucionalização do movimento feminista para a luta pela emancipação das mulheres; e identificar elementos constitutivos da consciência militante feminista junto às mulheres do Movimento de Mulheres Camponesas (MMC), da Marcha Mundial de Mulheres (MMM) e da Articulação de Mulheres Brasileiras (AMB) e sua relação (de resistências e subordinações) com a luta de classes.

Como método de exposição, dividimos nosso livro em três capítulos. No Capítulo 1, trabalhamos as categorias consciência, classe, luta de classes, alienação e ideologia. Todas embasadas pela perspectiva marxista. Buscamos aqui nos diferenciar da perspectiva que homogeneíza a classe. Por isso, ressaltamos em um item do capítulo que a classe trabalhadora possui sexo e "raça"[3]/etnia.

No Capítulo 2, buscamos compreender alguns fundamentos teóricos e políticos do feminismo com o intuito de obtermos um embasamento para analisar a formação da consciência das mulheres em uma sociedade não apenas capitalista, mas, também, patriarcal e racista. Para tanto, consideramos fundamental a crítica à ideologia da natureza, bem como a compreensão da divisão sexual do trabalho, da instituição família e do próprio patriarcado como um sistema composto com o capitalismo e o racismo. Assim, buscamos compreender as relações sociais de sexo,[4] "raça" e classe como relações consubstanciais,

---

3. Referimo-nos à categoria "raça" não como característica biológica, de classificação (racista) humana, já que cremos que pertencemos a uma única raça. Trabalhamos com a categoria de "raça" "como a construção simbólica, cultural, e sobretudo política, que tem feito do biológico, estratégia onde se sustenta o racismo" (Curiel, 2009, p. 1). Por fim, apresentamos, ainda, a defesa de Falquet (2012, p. 12) para a sua utilização: "É para visibilizar o peso considerável do racismo que eu emprego sistematicamente o conceito de 'raça' mais que os de cultura ou de etnia. A 'raça' constitui para mim uma relação social, ligada à divisão do trabalho e que dá lugar a processos de construção social da 'raça' ou 'racização' [...]. Ela inclui diferentes manifestações e pode encobrir questões de aparência fenotípica, de filiação cultural, de nacionalidade mas também um estado legal e/ou migratório" (tradução nossa).

4. "Relações sociais de sexo" é uma categoria de origem francófona. Na língua de origem, é denominada *rapports sociaux de sexe* e não *relations sociaux de sexe*. Como não temos uma tradução específica no português para *rapports*, traduzimos para relações, que é a tradução tanto para *relations* quanto para *rapports*. Contudo, o sentido que gostaríamos de dar é o de *rapports*, por estar vinculada às relações sociais mais amplas e estruturantes, diferente de

como nos aponta o feminismo materialista francófono. Ainda nesse capítulo, traçamos um breve perfil histórico-político do feminismo no Brasil e ressaltamos a importância da relação entre feminismo e socialismo para a emancipação humana.

No Capítulo 3, mergulhamos mais diretamente no nosso objeto de estudo: a formação da consciência militante feminista na luta de classes no Brasil contemporâneo. Aqui, apresentamos, em especial, os resultados de nossa pesquisa documental e de campo, junto a militantes da Articulação de Mulheres Brasileiras (AMB), da Marcha Mundial de Mulheres (MMM) e do Movimento de Mulheres Camponesas (MMC), nossos sujeitos da pesquisa. Traçamos um breve perfil dos movimentos investigados; identificamos os principais elementos da formação da consciência militante feminista; ressaltamos a importância do feminismo e da auto-organização das mulheres para a luta de classes; destacamos as principais lutas feministas desenvolvidas na primeira década dos anos 2000; avaliamos a relação entre os movimentos feministas investigados bem como sua relação com outros movimentos sociais e partidos políticos; identificamos as formas de financiamento desses movimentos; e, por fim, destacamos os principais avanços, desafios e dificuldades do feminismo na contemporaneidade.

Esperamos com a reflexão em torno desses conteúdos contribuir com o debate do feminismo e sua relação com um projeto societário anticapitalista; o debate em relação aos estudos feministas em uma perspectiva marxista e com as reflexões e ações prático-políticas dos movimentos de mulheres.

Por fim, gostaríamos de registrar nossos agradecimentos à(s):

Myrtes Guerra Cisne (*in memoriam*), minha avó, pelos eternos sorrisos doces e pela teimosia de amar e cantar à vida, até o fim...

Minha pequena-grande família, certezas de força, acolhimento e amor: Myrtes Maria Cisne Álvaro, minha mãe; Kátia e Andréa, minhas irmãs; Lucas, Taís e Saul, meus sobrinhos.

---

relations que, no francês, designa-se às relações individuais. Para um maior aprofundamento, conferir o item 2.1 deste livro.

Articulação de Mulheres Brasileiras (AMB), à Marcha Mundial de Mulheres (MMM) e ao Movimento de Mulheres Camponesas (MMC) por todo apoio, especialmente as suas militantes que nos concederam entrevistas, diálogos e reflexões e tornaram este trabalho possível.

Elaine Behring, pela segurança em compartilhar a tese com suas mãos, por todas as ricas orientações e pelo carinho e atenção, sempre presentes.

Jules Falquet, a quem registro um agradecimento especial pela generosa acolhida em Paris, pelo rico mergulho no feminismo materialista francófono e pela disponibilidade nas orientações e na banca de defesa da tese.

Telma Gurgel, Maria Inês Bravo, Mauro Iasi e José Paulo Netto, por todas as contribuições na banca de qualificação e de defesa da tese, bem como pelo estímulo a essa publicação.

Amigas(os) de vida, em especial, à Marília Gurgel e Luciana Cantalice, com quem pude contar com a solidariedade do compartilhar da morada no Rio de Janeiro e com o abraço fortalecedor em momentos difíceis...

Capes, pela bolsa concedida no ano de 2012, para cursar o doutorado sanduíche na Universidade de Paris 7.

Companheiras de trabalho do Departamento de Serviço Social da UERN, que me possibilitaram cursar o doutorado com liberação integral.

CAPÍTULO 1

Classe, luta de classes e formação da consciência no capitalismo

> O que é necessário explicar não é que o faminto roube ou que o explorado entre em greve, mas por que razão a maioria dos famintos não rouba e a maioria dos explorados não entra em greve.
>
> *Wilhelm Reich*[1]

Este capítulo tem o objetivo de situar nossa perspectiva teórica sobre a compreensão das categorias classe, luta de classes e formação da consciência, sob a luz da teoria marxista e feminista.

De acordo com Katz e Coggiola (1996, p. 140), as classes sociais se constituem em um "fenômeno histórico" e "se definem de acordo com sua relação de propriedade com os diversos meios de produção". Embora essa definição não seja falsa, ela não é suficiente para compreendermos o conceito classe. Para percebermos essa insuficiência basta pensarmos em um agricultor como proprietário de terra e dos

1. Apud Iasi (2002, p. 106).

demais meios de produção que utiliza para sua sobrevivência. Contudo, se esse agricultor não compra nenhuma força de trabalho como mercadoria, não podemos simplesmente dizer que pertence a classe burguesa. De tal modo, ser proprietário dos meios de produção não define o sujeito como burguês, ainda que esse elemento seja indispensável para defini-lo como tal. Da mesma forma:

> [...] o proletariado não é em si proletariado a não ser que venda sua força de trabalho em troca de salário, e isso implica a classe que a compra. Mas só o ato da compra não caracteriza a relação, a força de trabalho deve ser comprada como mercadoria para ser consumida em um processo de produção de mercadorias, que produza, além disso, mais-valia, para que estejamos falando de uma relação capitalista. É só no interior dessa relação que uns tornam-se proletários para outros tornarem-se capitalistas (Iasi, 2007, p. 108).

Nessa perspectiva, seguindo o pensamento de Mauro Iasi, ancorado nos estudos marxianos, a classe se define não apenas pela posição diante da propriedade, ou não propriedade, dos meios de produção, mas também "pela posição no interior de certas relações sociais de produção" e, ainda, "pela consciência que associa ou distancia de uma posição de classe" e "pela ação dessa classe nas lutas concretas" (Iasi, 2007, p. 107).

Assim, não basta pertencermos a uma classe no sentido de origem e mesmo situação, temos que levar em consideração a ação e a consciência que possibilitam a identidade com uma determinada classe. Em outras palavras, ainda que, por exemplo, uma pessoa ao nascer tenha a sua origem e se desenvolva no seio da classe trabalhadora, pode desenvolver identidade política com a burguesia e ter suas ações voltadas para os interesses da classe burguesa. Igualmente, uma pessoa que tenha sua origem de classe burguesa e nunca tenha precisado vender sua força de trabalho para sobreviver, pode desenvolver ações e ter identidade com os interesses da classe trabalhadora.

Aqui chegamos a um aspecto importante para a compreensão das classes: o político. A política também compõe a dimensão histórica das classes e é determinada na dinâmica da luta que travam entre si, na qual as classes se tornam sujeitos históricos. Economia e política encontram-se, assim, dialeticamente articuladas na dinâmica da determinação e reprodução das classes sociais.

"Marx vê as classes como sujeitos das alterações históricas, como mediações históricas das contradições estruturais que amadurecem no interior de cada sociedade" (Iasi, 2007, p. 110). Dessa forma, para compreender as classes, é necessário apreender a dinâmica da luta de classes.

Entender esse processo exige compreender não apenas a dinâmica econômica restrita da exploração capitalista sobre a classe trabalhadora, mas compreender as particularidades e diferenças dos sujeitos que compõem essa classe e como o capital se apropria das mesmas para gerar mais lucro.

Assim, consideramos que a classe trabalhadora é heterogênea. Afinal, a classe "é um fenômeno histórico. [...] algo que de fato acontece nas relações humanas. Mais do que isso, a noção de classe contém a noção de relação histórica [...] essa relação vem sempre corporificada em pessoas reais e num contexto concreto" (Thompson, 1963, p. 9). Logo, não podemos considerar classe como um conceito puramente abstrato, tampouco a-histórico. Se consideramos que são pessoas reais que corporificam a classe, não podemos negar a existência de componentes como sexo e "raça"/etnia nas relações de classe, já que, assim como a classe, as pessoas não são homogêneas, ainda mais em uma sociedade desigual. Da mesma forma, não podemos negar o componente classe nas relações sociais de sexo e étnico-raciais.

Há expressões de hierarquias no interior da classe trabalhadora, advindas da própria forma de organização da sociedade. As diferenças hierárquicas que a constitui são apropriadas pelo capital na sua dinâmica de produção e reprodução de desigualdades associadas ao seu processo de acumulação. Dentre essas diferenças (transformadas em desigualdades na sociedade de classes) que compõem a classe trabalhadora, destacamos a de sexo, que passaremos a discutir.

No Brasil, até o final da década de 1960, havia uma visão homogênea sobre a classe no que diz respeito à sua composição de sexo. É a partir do final dessa década que passamos a encontrar estudos que problematizam a classe como algo homogêneo. Destacamos como um estudo pioneiro nessa linha a publicação do livro: *A mulher na sociedade de classes: mito e realidade*, de Heleieth Saffioti, editado pela primeira vez em 1969.

De acordo com Elizabeth Souza-Lobo (2011, p. 123), considerada uma precursora nos estudos comparativos sobre o trabalho desenvolvido por homens e mulheres no Brasil,[2] foi "necessário que um movimento social saísse às ruas e sacudisse as veneráveis estruturas da produção sociológica para que a variável sexo fosse incorporada em pesquisas e análises". Dessa forma, percebemos que a incorporação dessa variável nos estudos sobre a classe trabalhadora está radicalmente articulada à luta feminista contra a invisibilidade e exploração da mulher e a desvalorização do seu trabalho. Isso ocorre por meio da acertada compreensão de que "as regras da dominação de gênero [...] se produzem e reproduzem nas várias esferas da atividade social" (Souza-Lobo, 2011, p. 157).

Aqui, portanto, já podemos anunciar uma das contribuições do feminismo para a produção teórica crítica: a desomogeneização da classe trabalhadora e os desdobramentos políticos que daí podem surgir em torno de práticas coletivas reivindicatórias.

1.1 "A classe trabalhadora tem dois sexos"[3] e "raça"/etnia

As relações de classe são atravessadas pelas relações de poder e dominação do sexo masculino sobre o feminino, como nos elucida

2. O estudo de Souza-Lobo que marca esse enfoque comparativo do trabalho entre homens e mulheres foi "Masculino e feminino na linha de montagem", escrito em 1985, com a colaboração de Vera Soares. Tal escrito foi publicado como um item do livro *A classe operária tem dois sexos*, publicado originalmente em 1991, pela editora Brasiliense e reeditado em 2011 pela Perseu Abramo.

3. Expressão cunhada originalmente por Souza-Lobo ([1991], 2011) como a "Classe operária tem dois sexos".

Engels: "[...] o primeiro antagonismo de classe que apareceu na história coincide com o desenvolvimento do antagonismo entre o homem e a mulher na monogamia e a primeira opressão de classe coincide com a opressão do sexo feminino pelo sexo masculino" (1979, p. 22). A origem do antagonismo de classe coincidir com a dominação do homem sobre a mulher demonstra, dentre outras determinações, a necessidade de analisarmos as relações entre classe e sexo. Cremos que esses antagonismos "coincidiram" no tempo histórico não por conta de uma determinação natural, mas para atender aos interesses dominantes de garantia e reprodução da propriedade privada, bem como da força de trabalho.

A marca do sexo não esteve presente apenas na origem do antagonismo de classe, mas, ainda, faz-se fortemente presente. Compreendemos, assim, que "a classe operária tem dois sexos" (Souza-Lobo, 2011), do contrário, como podemos explicar que as mulheres estão nos postos de trabalho mais precarizados e mal remunerados? Como explicar a persistente divisão sexual do trabalho, que não apenas diferencia trabalho feminino do masculino, mas gera desigualdades entre homens e mulheres pertencentes a uma mesma classe? Como explicar a jornada intensiva e extensiva de trabalho e o não reconhecimento/desvalorização do trabalho doméstico/reprodutivo? Como explicar o porquê de 70% dos pobres do mundo ser mulheres (Mészáros, 2002)? Negar a dimensão de sexo no trabalho é negar a realidade em que vive a classe trabalhadora, em especial a das mulheres, em sua relação com o capital.

Segundo Souza-Lobo (2011), a resistência em trabalhar a problemática classe-"gênero" está associada a duas questões. Primeiro, conceber a classe de forma homogênea por entendê-la apenas como algo definido nas e pelas relações de produção. Contudo, como afirma a autora, não é possível separar as relações de produção das relações sociais, das quais as relações de sexo são, indiscutivelmente, parte constitutiva. Com isso, camufla-se o papel das classes e dos homens e mulheres que a compõem. A segunda questão está associada à percepção da heterogeneidade da classe como fragmentação-divisão. Segundo Souza-Lobo (2011, p. 125), por meio dessa argumentação, "utiliza-se o espantalho da divisão da classe para reafirmar a determinação da estrutura produtiva de onde se deduz a classe como sujeito homogêneo".

A importância em se perceber a heterogeneidade da classe não está no reconhecimento das especificidades que nela existem. Trata-se de analisar, por exemplo, que as discriminações de sexo no trabalho não são uma especificidade das mulheres, mas "elementos fundamentais que estão na base da dominação da classe operária" (Souza-Lobo, 2011, p. 79). Isso nos leva à necessidade de ressaltarmos um alerta:

> Se a eliminação das mulheres como sujeito social e histórico está na raiz e é parte integrante do discurso econômico (Vandelac, 1982) e o discurso econômico está construído para ser geral, o problema que se coloca é o de evitar a armadilha da dicotomia entre a análise de relações ditas gerais e de relações ditas "específicas", como se existissem relações de trabalho neutras e relações de trabalho no feminino (Souza-Lobo, 2011, p. 163-4).

A análise da condição da mulher no mundo do trabalho não é uma questão de ordem linguística ou meramente gramatical. Ou seja, não se trata, apenas, de ressaltar que além de trabalhadores, existem trabalhadoras na composição da classe. Trata-se de analisar como as mulheres sofrem uma exploração particular, ainda mais intensa do que a dos homens da classe trabalhadora e que isso atende diretamente aos interesses dominantes.

Da mesma forma, podemos utilizar essa reflexão para a questão étnico-racial. O racismo é também um dos elementos fundamentais para desvelarmos os mecanismos de dominação e exploração de classe. Essa percepção da heterogeneidade da classe nos possibilita engendrar táticas que podem se traduzir "em práticas reivindicatórias diferenciadas e autônomas, desfazendo a centralização e a hierarquização que tornam invisíveis as formas de resistência de uma parte da classe operária" (Souza-Lobo, 2011, p. 79). Até mesmo porque "as formas de submissão e revolta" são "atravessadas sempre pelas relações de gênero e pela divisão sexual do trabalho" (Souza-Lobo, 2011, p. 98), o que torna essas dimensões indispensáveis para a elaboração de estratégias coletivas de enfrentamento.

Essa perspectiva permite, ainda, que as discriminações não sejam mais atribuídas aos sujeitos específicos [mulheres, negros(as)], mas, sejam consideradas um problema de toda a classe. É nesse sentido que Simone de Beauvoir (1980, v. 2) afirma: "o problema da mulher sempre foi um problema dos homens". Concordamos com Beauvoir, afinal, "não existe nenhuma questão que afete a mulher e que não seja também uma questão social mais ampla, uma questão de interesse vital para o movimento revolucionário, pela qual tanto os homens como as mulheres comunistas devem lutar" (Waters, 1979, p. 42; tradução nossa).

Assim, a classe não é uma massa homogênea, mas tem "raça"/ etnia e sexo. "Se é certo que o capitalismo utiliza uma estratégia de 'dividir para reinar', a configuração dessas divisões é construída socialmente através das relações de classe, de 'raça', de gênero e das práticas sociais" (Souza-Lobo, 2011, p. 173). Dessa forma, não podemos compreender o sistema capitalista apenas por meio da explicação dos fatores que constituem a divisão da sociedade em classes sociais antagônicas. É preciso entender que esse sistema "lança mão da tradição para justificar a marginalização efetiva ou potencial de certos setores da população do sistema produtivo de bens e serviços. Assim é que o sexo, [...], fonte de inferiorização social da mulher, passa a interferir, de modo positivo para a atualização da sociedade competitiva, na constituição das classes sociais" (Saffioti, 1979, p. 35).

Cada uma das particularidades estruturantes da classe — sexo-"raça"/etnia —, dialeticamente, imprime determinações e implicações diferenciadas para as mais variadas frações que compõem a classe trabalhadora. Assim é que as mulheres brancas ganham salários inferiores aos dos homens brancos e superiores aos das mulheres negras e aos dos homens negros. Há, portanto, uma nítida hierarquia que revela desigualdades no interior de uma mesma classe. Tal hierarquia da estrutura da desigualdade social segue a seguinte ordem: homens brancos, mulheres brancas, homens negros (e pardos) e mulheres negras.[4]

4. Em pesquisa realizada no ano de 2002, Waldir Quadros (2004) também confirmou essa hierarquia ao apresentar os seguintes dados: "apenas 29% dos ocupados negros inseriam-se num padrão de vida igual ou superior ao de baixa classe média, sendo 20,6% dos homens negros e

No Brasil, por exemplo, as mulheres seguem ganhando menos dos que os homens e as mulheres negras menos do que as brancas, como pode ser visto a seguir.

Quadro 1. Razão entre rendimentos médios mensais do trabalho principal de alguns grupos selecionados* — Brasil, 2003 e 2009

Cor/"raça"	2003	2009
Mulheres/homens	61,8%	65,8%
Negros/brancos	48,8%	57,0%
Mulheres negras/mulheres brancas	51,2%	56,9%
Mulheres negras/homens brancos	30,2%	36,5%

Fonte: IBGE/PNAD. Elaboração: Ipea/DISOC/Ninsoc (Núcleo de Gestão de Informações Sociais).
* Rendimento médio no trabalho principal deflacionado com base no INPC, ano de referência 2009. População ocupada com 16 anos ou mais.

Como pode ser observado no Quadro 1, não houve melhoria significativa de 2003 para 2009 nos rendimentos das mulheres com relação aos rendimentos dos homens, ainda mais quando consideramos a variável "raça". Na combinação entre as desigualdades, chegamos ao extremo de as mulheres negras ganharem apenas 36,5% dos homens brancos. Esse dado já nos seria suficiente para ilustrar que a classe tem sexo e "raça"/etnia e que essas dimensões são estruturantes e indispensáveis para a compreensão da classe trabalhadora e da dinâmica de exploração que o capitalismo imprime sobre as mulheres e negros(as).

Além disso, o aprofundamento da desigualdade entre os sexos na atualidade também é expresso no número maior de mulheres nos trabalhos em tempo parcial e marcados pela informalidade dos laços empregatícios. Segundo dados do IBGE, na Pesquisa Nacional por

8,7% das mulheres negras. Se nos restringirmos ao padrão de média e alta classe média, essa proporção cai para 20% dos ocupados negros, 14,6% entre os homens e 5,8% entre as mulheres. Cabe registrar que os negros representam 45% do total de ocupados".

Amostra de Domicílio (PNAD) de 2009, a população ocupada em ocupações precárias[5] por sexo e "raça"/etnia, revelou os seguintes dados: 25% de homens e 41,1% de mulheres, sendo dessas, 48,4% negras e 34,3% brancas.

Com isso, podemos perceber que, de uma forma geral, a exploração sobre a mulher trabalhadora ocorre de forma mais intensa do que sobre os homens. Há ainda que se considerar que entre as próprias mulheres essa exploração também ganha faces particulares. Behring e Boschetti (2006, p. 185), com base em dados do Relatório da Comissão Externa da Feminização da Pobreza (2004), do Senado Federal, mostram dados ainda mais alarmantes do que os apontados antes:

> [...] a proporção de mulheres que se concentra nas ocupações precárias (61%) é 13% superior à proporção de homens nessa mesma situação (54%). No caso das mulheres negras, essa proporção é de 71%, e 41% delas se concentram nas ocupações mais precárias e desprotegidas do mercado de trabalho. A tendência maior da mão de obra feminina ao desemprego é acentuada por variáveis de "raça". A mulher negra apresenta uma desvantagem marcante nesse aspecto, com 13,6% de desemprego, em relação aos 10% das mulheres brancas. Essa desvantagem se agudiza no caso das mulheres jovens negras, que apresentam taxas alarmantes de desemprego, de 25%. Além disso, no que se refere ao emprego doméstico, as mulheres negras são a maioria. Por essas razões, estas alcançam somente 39% dos rendimentos dos homens brancos.

Há ainda outra dimensão importante a se considerar nessa "ordem" hierárquica, que é o sistema heterossexual obrigatório de organização social.[6] Os homens brancos e heterossexuais possuem muito mais

---

5. Nessa pesquisa, o IBGE (2010) considera ocupação precária: empregado sem carteira assinada, trabalhadora doméstica, empregado na construção para próprio uso ou produção para próprio consumo e sem remuneração.

6. Segundo Jules Falquet (2009, p. 123), o sistema heterossexual obrigatório de organização social "se baseia na estrita divisão da humanidade em dois sexos, fundamentos de dois gêneros obrigados a manter relações desiguais de 'complementaridade' no contexto de uma rígida divisão sexual do trabalho".

privilégio do que o outro lado extremo da hierarquia social: a mulher negra, lésbica e pobre. Assim, a dimensão da orientação sexual, nessa sociedade patriarcal, engendra opressões particulares. Por exemplo, um homem pobre e heterossexual possui muito mais respeitabilidade do que um homem pobre *gay*. A dimensão de classe, contudo, não pode ser dissociada dessa análise. Um *gay* rico, por mais que sofra opressões pela sua orientação sexual, não sofre tanta discriminação quanto um *gay* pobre, além disso, possui privilégios oferecidos pela sua condição socioeconômica que um pobre heterossexual não possui.

No interior do campo dos "transgressores" da heterossexualidade, existem desigualdades e preconceitos mais acentuados para alguns, como, por exemplo, para as travestis. Isso impacta diretamente na desigualdade no mundo do trabalho, posto que esses sujeitos, por estarem associados ao sexo feminino, estão mais expostos aos trabalhos precarizados.

Apesar de reconhecermos a multiplicidade dos sujeitos inseridos em uma mesma classe, não queremos isolá-los em suas "identidades". Ao contrário, precisamos perceber o sujeito classe trabalhadora, em sua totalidade, o que exige desvelar suas particularidades e singularidades. A classe como determinação central[7] não pode secundarizar os demais elementos estruturadores desse sujeito, da mesma forma que tais elementos não podem subtrair a classe. Daí nossa insistência em perceber as relações entre classe, "raça"/etnia e as *"relações sociais de sexo"* como uma unidade dialética que determina o sujeito totalizante: a classe trabalhadora.

Há, portanto, uma *unidade dialética* entre as subestruturas básicas de poder da sociedade capitalista: *classe, sexo, "raça"/etnia*, na qual essas categorias estão organicamente integradas. Dessa forma, "o importante é analisar estas contradições na condição de fundidas ou enoveladas ou laçadas em um nó. [...] No nó [...] a dinâmica de cada uma condiciona-se a nova realidade, presidida por uma lógica contraditória" (Saffioti, 2004, p. 125).

---

7. Classe é central "porque é o fundante do MPC [Modo de Produção Capitalista], porque peculiariza e caracteriza essa formação social" (Duriguetto e Montaño, 2010, p. 127).

Esse nó "não pode ser desatado no nível das práticas sociais, mas apenas na perspectiva da análise sociológica", uma vez que as relações sociais de classe, sexo e "raça" são "*coextensivas*", ou seja, ao se desenvolverem, elas "se reproduzem e se correproduzem mutuamente" (Kergoat, 2010, p. 94).

Para Danièle Kergoat, há um "imperativo materialista" a ser percebido entre as relações de classe, "raça" e sexo. Para a autora, essas relações são de produção e nelas a exploração, a dominação e a opressão se entrecruzam. Por isso, Kergoat alerta para a necessidade de se analisar "minuciosamente como se dá a apropriação do trabalho de um grupo por outro, o que nos obriga a voltar as disputas (materiais e ideológicas) das relações sociais" (2010, p. 99).

Ainda nessa direção analítica, destacando as relações entre classe e sexo, aponta Antunes:

> As relações entre gênero e classe nos permitem constatar que, no universo do mundo produtivo e reprodutivo, vivenciamos também a efetivação de uma construção social sexuada, onde os homens e as mulheres que trabalham são, desde a infância e a escola, diferentemente qualificados e capacitados para o ingresso no mercado de trabalho. E o capitalismo tem sabido apropriar-se desigualmente dessa divisão sexual do trabalho (1999, p. 109).

Analisar, portanto, a particularidade da mulher no mundo do trabalho, ou melhor, perceber, utilizando a expressão de Elizabeth Souza-Lobo (2011), que "a classe operária tem dois sexos" é fundamental para a compreensão e, consequentemente, organização da classe trabalhadora. Afinal, "as classes acontecem ao viverem os homens e as mulheres as relações de produção e ao experimentarem situações determinantes dentro do conjunto das relações sociais" (Thompson, 1979, p. 38). Por isso, não podemos negar a existência das relações sociais de sexo e raça nas relações de classe, tampouco podemos negar a dimensão de classe nas relações sociais de sexo e raça.

Considerar as diferenças e as desigualdades existentes no interior da classe não deve ser no sentido de pulverizá-la, ou mesmo fragmentá-la. Ao contrário, elas devem ser percebidas na dinâmica de organização econômica das sociedades, ou seja, no movimento de produção e reprodução da vida. A organização econômica de uma sociedade, entendida dessa forma, não pode ser restringida às relações de produção *stricto sensu* — o que nos levaria a cair no economicismo —, da mesma forma que a "relação entre os sexos não se esgota nas relações conjugais" (Kergoat, 1986, p. 91). Destarte, para compreendermos a história do nosso tempo, não podemos sintetizá-la no "fato econômico". A história não é determinada apenas no universo da produção, mas resulta das relações sociais associadas às relações de produção, ou seja, do movimento dialético entre a produção e a reprodução sociais. Nessa perspectiva, Engels nos explica:

> Segundo a concepção materialista da história, o fator que, em *última instância*, determina a história é a produção e reprodução da vida real. Nem Marx nem eu afirmamos, uma vez sequer, algo mais do que isso. Se alguém o modifica, afirmando que o fato econômico é o *único* fato determinante, converte aquela tese numa frase vazia, abstrata e absurda (s.d., p. 284; grifos do autor).

Assim, para nós, a produção e reprodução da vida real é determinada pelas relações sociais que, por sua vez, possuem "raça"/etnia, sexo e não apenas classe, embora esta seja, em última instância, a determinação central na sociedade capitalista. Apenas dessa forma, conseguiremos compreender a classe em sua totalidade e em sua condição de unidade totalizante, condição prévia para pensarmos seu processo de organização.

> [...] trata-se, pois, de estar sempre alerta para poder detectar a presença das diferenças-semelhanças de classe nas relações de gênero. Em outros termos, esses dois tipos de relações são absolutamente recorrentes, impregnando todo o tecido social. A razão última para a existência dessas clivagens pode ser encontrada a [*sic*] nível macro. As relações sociais, todavia, se inscrevem no plano entre as pessoas. Eis por que não se pode abrir mão de uma postura teórica que permita o livre trânsito

> entre o plano macro e o nível micro. Este ir e vir constitui requisito fundamental para a percepção, e posterior análise, da dinâmica social (Saffioti, 1992, p. 192).

Desse modo, considerar a diversidade da classe faz-se necessário, contudo, sem se perder na ênfase das diferenças em detrimento da luta política engendrada pela criação dos sujeitos coletivos em torno de uma luta classista, que deve ser o ponto comum entre todas as lutas que buscam o fim das desigualdades sociais.

1.2 Formação da consciência de classe

> A consciência é filha do movimento e das contradições
> e não das certezas, quaisquer que sejam.
>
> *Mauro Iasi (2002)*

Segundo Marcelo Badaró Mattos, a categoria classe é "capaz de dar conta das desigualdades econômico-sociais na sociedade capitalista, indica um momento de autorrepresentação consciente dos trabalhadores sobre sua situação social, interesses comuns e oposição de interesses em relação à(s) outra(s) classe(s)" (2007, p. 34). Todavia, essa "autorrepresentação consciente" não surge espontaneamente, ou, em outras palavras, não basta pertencer a uma classe para se ter a consciência dela. Na verdade, como nos ensinaram Marx e Engels (2009, p. 67):

> As ideias da classe dominante são, em todas as épocas, as ideias dominantes, ou seja, a classe que é o poder *material* dominante da sociedade é, ao mesmo tempo, o seu poder *espiritual* dominante. [...] As ideias dominantes não são mais do que a expressão ideal das relações materiais dominantes [...]; portanto, das relações que precisamente tornam dominante uma classe, portanto as ideias do seu domínio (destaque dos autores).

Isso explica, em grande medida, porque muitos trabalhadores acabam incorporando a ideologia que representa os interesses das classes dominantes e não a consciência revolucionária de sua classe. Sobre isso, Mauro Iasi nos alerta que "enquanto o proletariado tomar como sua a consciência do outro será incapaz de completa e verdadeira autonomia histórica" (2002, p. 34). Daí a importância do estudo da consciência, "como uma maneira de aferir o grau de maturidade da luta de classes expressa na luta entre concepções de mundo antagônicas, como grau de amadurecimento de novas formas de consciência que lutam ainda sob o invólucro da velha sociedade" (Iasi, 2002, p. 36).

Karl Marx nos oferece dois pressupostos imprescindíveis para refletirmos sobre as possibilidades e os limites a serem enfrentados para a construção de uma nova história. Um é o de que não é o pensamento que determina a realidade, mas a realidade que determina o pensamento. Nas palavras do pensador:

> Na produção social da própria existência, os homens entram em relações determinadas, necessárias, independentes de sua vontade; essas relações de produção correspondem a um grau determinado de desenvolvimento de suas forças produtivas materiais. A totalidade dessas relações de produção constitui a estrutura econômica da sociedade, a base real sobre a qual se eleva uma superestrutura jurídica e política à qual correspondem formas sociais determinadas de consciência. O modo de produção da vida material condiciona o processo de vida social, política e intelectual. *Não é a consciência dos homens que determina o seu ser; ao contrário, é o seu ser social que determina sua consciência* (Marx, 2008, p. 47; grifos nossos).

Assim, "não é a consciência que determina a vida, é a vida que determina a consciência" (Marx e Engels, 2009, p. 32). A princípio, isso poderia nos levar à falsa concepção de que o ser humano não teria a capacidade de produzir sua história, tampouco de transformá-la. Contudo, o segundo pressuposto, encontrado na obra *O 18 Brumário de Luis Bonaparte*, diz exatamente o contrário, quando Marx expressa a dimensão política do ser social na condição de construtor da história, ainda que sob circunstâncias não escolhidas: "*Os homens fazem a sua própria história*, mas não a fazem segundo sua livre vontade, em circunstâncias escolhidas por eles próprios, mas nas circunstâncias imediatamente encontradas, dadas e transmitidas pelo passado" (Marx, 2008, p. 207; grifos nossos). Nessa mesma linha de análise marxista, Iasi (2006, p. 520) afirma que a consciência é:

> [...] antes de tudo, uma consciência social herdada, inercial, resultante de uma certa ordem social de relações que se instituíram em forma de valores, juízos, concepções de mundo, partilhados em comum por aqueles que convivem numa certa época, mas é mais que isto, é a expressão ideal de uma substância que corresponde à essência das próprias relações que constituem uma sociedade dada, e, neste sentido, é uma singularidade, ou seja, uma singular visão do mundo própria de uma forma singular de vida.

Em síntese, podemos dizer que "as circunstâncias fazem os homens [e as mulheres] tanto quanto os homens [e as mulheres] fazem as circunstâncias" (Marx e Engels, 2009, p. 59). Logo, as ideias têm como base as condições concretas da sociedade. Nesse sentido, não podemos entender ideologia apenas como um conjunto de ideias, uma vez que essas ideias resultam das relações materiais e dos interesses daí decorrentes da classe dominante. Assim, também podemos afirmar que ideias revolucionárias pressupõem a existência de uma classe revolucionária (Marx e Engels, 2009, p. 68).

Esses pressupostos apontam para a necessidade de partirmos do concreto, da realidade, ou seja, de uma perspectiva materialista, distanciando-nos do idealismo. Ao mesmo tempo e, dialeticamente, Marx nos distancia da passividade positivista que naturaliza a história e retira do ser humano a capacidade de transformação social, que só é possível mediante a apreensão da "totalidade social". Essa totalidade demanda irmos às raízes das relações sociais, que, segundo Marx (2008a, p. 47), encontram-se "nas condições materiais de existência". Tais condições, por mais que guardem as determinações da ideologia dominante, oferecem também, pelas contradições que são configuradas, as possibilidades para uma revolução social, como nos explica Marx:

> Em uma certa etapa de seu desenvolvimento, as forças produtivas materiais da sociedade entram em contradição com as relações de produção existentes, ou, o que não é mais que sua expressão jurídica, com as relações de propriedade no seio das quais elas se haviam desenvolvido até então. De formas evolutivas das forças produtivas que eram, essas relações convertem-se em entraves. Abre-se, então, uma época de revolução social (2008a, p. 47).

Segundo Marx e Engels (2009, p. 58), "todas as formas e produtos da consciência" não são resolvidos pela crítica espiritual, pela dissolução na consciência, "mas pela subversão prática das relações sociais reais" que derivam das fantasias idealistas. Em uma palavra, "a força motora da história [...] não é a crítica, mas sim a revolução" (idem). A consciência de classe, todavia, é fundamental para a revolução.

É preciso, portanto, entendermos o que é consciência de classe, mas, comecemos pelo que ela não é. Segundo Lukács, a consciência de classe não é:

> [...] nem a soma, nem a média do que cada um dos indivíduos que formam a classe pensa, sente etc. E, no entanto, a ação historicamente decisiva da classe é determinada, em última análise, por essa consciência e não pelo pensamento do indivíduo; essa ação só pode ser conhecida a partir dessa consciência (2003, p. 142).

Destarte, "[...] o destino de uma classe", alerta-nos Lukács, "depende de sua capacidade de esclarecer e resolver, em todas as suas decisões práticas, os problemas que lhes impõe a evolução histórica" (2003, p. 146).

A consciência é fruto social, resultante de um processo ininterrupto, ou seja, ela não é estanque, exatamente por ser social.

"A consciência é, pois, logo desde o começo, um produto social e continuará a sê-lo enquanto existirem homens". Ela inicia apenas como "consciência do espaço sensível *mais imediato* e consciência da conexão limitada com outras pessoas e coisas fora do indivíduo que se vai tornando consciente de si [...]" (Marx e Engels, 2009, p. 44; destaque dos autores).

É importante ressaltar que a consciência não é apenas uma introjeção do mundo externo. O indivíduo ao "tomar consciência" projeta também sua reflexão sobre a sociedade, mediada pelas múltiplas relações que estabelece ao longo da sua trajetória. Não devemos, portanto, compreender a consciência como algo apenas subjetivo, tampouco apenas como uma introjeção do mundo objetivo, mas como uma síntese das relações estabelecidas entre o indivíduo e a sociedade. Nessa perspectiva, a consciência não é algo meramente individual ou exclusivamente subjetivo, posto que os indivíduos estabelecem no processo de formação da consciência relações com o mundo externo. Em outras palavras:

> A consciência em sua forma mais simples, singular, seria a capacidade humana de representar a si mesma e o mundo por imagens e signos mentais, e, portanto, em sua aparência, a consciência tem sido sempre associada ao universo subjetivo. Entretanto, analisando mais profundamente, a consciência implica, na concepção marxiana e, de certa forma, também para Hegel, uma unidade entre os aspectos subjetivos ou internos e objetivos ou externos (Iasi, 2002, p. 52).

No capitalismo, as relações dos indivíduos com a sociedade são mediadas por grupos e instituições como família (em que ocorre a "socialização primária"), igreja, escola, movimentos sociais, partidos diversos, trabalho etc., que constituem a "socialização secundária". Essas instituições são a "base" sobre a qual os indivíduos "constituirão suas concepções de mundo" (Iasi, 2002, p. 108). Não necessariamente todas essas instituições estarão presentes na vida de todas as pessoas. As que se fazem presentes apresentarão influências diferenciadas para cada uma, exatamente por se tratar de relação e como tal, exigir a interferência de um outro polo: o indivíduo. Tais influências podem, ainda, ser modificadas ao longo da trajetória de vida dos indivíduos, de acordo com as novas relações que estabelecem e o contexto histórico em que se inserem. É com base nessa compreensão que a perspectiva marxiana afirma a existência de uma "unidade dialética" entre indivíduo e sociedade, ou seja, uma "unidade de contrários".

Assim, para analisar o processo de formação de consciência da classe que não é linear, tampouco uniforme ou estanque, é preciso compreender que a consciência resulta das múltiplas relações estabelecidas pelos sujeitos na sociedade, ainda que ela se processe individualmente.

Consideramos que a consciência de classe é determinada historicamente pelas condições e relações estabelecidas na sociedade e, como essas são, por sua vez, determinadas pela dinâmica da luta de classes, "a consciência de classe dos trabalhadores pode representar em si o movimento de avanços e recuos próprios" dessa dinâmica, "ou seja, de momentos que oscilam desde a ousadia revolucionária até o mais profundo defensivismo" (Iasi, 2002, p. 133).

Nesse bojo, acreditamos que a análise da ideologia e da alienação é indispensável para a compreensão da formação da consciência, por essas se fazerem fortemente presentes nas relações da sociedade em que vivemos.

1.2.1 Ideologia, alienação e formas de consciência

A partir do momento em que a sociedade se dividiu em classes sociais, "as ideias, as representações e os valores que compõem a consciência dos seres humanos, além de representar as relações reais a que se submetem, devem também justificá-las na direção de manutenção de determinados interesses, ou seja, *a consciência pode se tornar ideologia*" (Iasi, 2002, p. 94-95; destaque nosso). O autor nos indica que é dentro de um contexto específico, de uma sociedade cindida entre interesses de classes antagônicos, que o processo de construir uma consciência social pode em vez de "ser um elemento de identidade do indivíduo com a sociedade volte como força hostil, como justificativa e ocultamento de relações de dominação, ou, para ser preciso, como ideologia" (Iasi, 2002, p. 113).

Passemos, pois, a buscar entender a ideologia, já que sem isso fica inviável a compreensão da formação da consciência nesta sociedade de classes e interesses antagônicos. Ademais, é importante ressaltar que "toda ideologia é uma forma de consciência", ainda que nem toda forma de consciência seja uma ideologia (Iasi, 2002, p. 97).

O conceito de ideologia é considerado polissêmico. Não iremos aqui, tratar dessa polissemia, contudo, pretendemos deixar evidente a nossa concepção de ideologia e em qual tradição teórica ela se filia. No seio da diversidade de concepções sobre ideologia, filiamo-nos a perspectiva de Marx que compreende ideologia como uma "distorção de conhecimento" (Konder, 2002, p. 10). É importante, no entanto, entender que, para Marx, essa distorção ideológica

> [...] não se reduzia a uma racionalização cínica, grosseira, tosca, bisonha ou canhestra dos interesses de uma determinada classe ou de um determinado grupo. Muitas vezes ela falseia as proporções na visão do conjunto ou deforma o sentido global do movimento de uma totalidade, no entanto respeita a riqueza dos fenômenos que aparecem nos pormenores (Konder, 2002, p. 43).

É nesse sentido que Konder afirma que a ideologia para Marx, além de ser um "processo", é executada por "um sujeito movido por uma falsa consciência, porém não podemos deixar de levar em conta, também, que o processo da ideologia é *maior* do que a falsa consciência, que ele *não se reduz à falsa consciência*, já que incorpora necessariamente em seu movimento conhecimentos verdadeiros" (2002, p. 49; destaques do autor).

Para nós, o importante e o que determina a perspectiva marxista sobre ideologia, é a necessidade de desvelarmos os processos de dominação do capital sobre a classe trabalhadora. Seja qual for o ângulo ou o alcance da análise — sempre determinada pelo seu contexto histórico —, todos os marxistas que estudam ideologia partem da análise da luta de classes que determina o processo de formação das consciências, com um nítido compromisso teórico-político com a emancipação humana.

Mauro Iasi (2002, p. 95) afirma que, para Marx, o termo ideologia está "inseparavelmente ligado à necessidade [da] [...] consciência justificar determinada relação de dominação, e, portanto, de velamento, inversão e naturalização de relações sociais que marcam o domínio de uma classe sobre outra". Essa ideologia, para exercer dominação, necessita de uma base: a alienação. Cabe, aqui, o entendimento da relação entre ideologia e alienação, bem como a diferença entre ambas. Elucida-nos Iasi (1999, p. 24):

> A alienação não é o mesmo que ideologia e dela se diferencia substancialmente. A alienação que se expressa na primeira forma de consciência é subjetiva, profundamente enraizada como carga afetiva, baseada em modelos e identificações de fundo psíquico. A ideologia agirá sobre esta base e servirá de suas características fundamentais para exercer uma dominação que, agindo de fora para dentro, encontra nos indivíduos um suporte para estabelecer-se subjetivamente.

Lendro Konder, também seguindo o pensamento de Marx, ressalta que o essencial da ideologia consiste na "expressão da incapacidade de cotejar as ideias com o uso histórico delas, com a sua inserção prática no movimento da sociedade" (2002, p. 40). Daí a importância de buscar compreender a ideologia no plano concreto da historicidade. Assim, para desvelar o "enigma" da ideologia, é necessário compreender as relações materiais que a produzem e quem ela representa. Afinal, como apontam Marx e Engels (2009), na *A ideologia alemã*, a ideologia tem como fundamento as relações materiais dominantes concebidas como ideias.

O germe da ideologia, em sua "acepção negativa",[8] encontra-se na divisão social do trabalho na sociedade de classes, à medida que o ser social fragmenta sua capacidade de apreensão da totalidade sobre seu processo de trabalho. A divisão social do trabalho surge com a divisão entre o trabalho material e espiritual. A partir desse momento, "a consciência pode realmente dar-se a fantasia de ser algo diferente da consciência da práxis existente, de representar alguma coisa sem representar nada de real [...]" (Marx e Engels, 2009, p. 45). Surgem, então, as bases concretas para o desenvolvimento da alienação que, segundo Mészáros (2006 [1970]), baseado nos estudos marxianos, expressa-se em três aspectos/níveis organicamente vinculados: o ser humano alienado da natureza; o ser humano alienado de si; e o ser humano alienado da sua espécie.

Isso ocorre porque a divisão entre trabalho intelectual e manual impede que o ser humano exerça sua capacidade teleológica, que crie, execute e domine seu processo de trabalho. Em outras palavras, essa divisão impede que o ser humano se efetive e se reconheça no produto do seu trabalho, ele o estranha. Para haver o reconhecimento e a realização do ser humano como ser social, há a necessidade de apreensão consciente da totalidade do processo de trabalho, garantindo a satisfação de suas necessidades naturais e sociais. Essa fragmentação gera, portanto, um estranhamento e não um reconhecimento do ser social no resultado do seu trabalho. O estranhamento do trabalhador em seu objeto se expressa, segundo Marx (2009a, p. 82) pelas leis nacional-econômicas:

> [...] em que quanto mais o trabalhador produz, menos tem para consumir; que quanto mais valores cria, mais sem-valor e indigno ele se

---

8. A ideologia também foi concebida em uma acepção positiva, inclusive por autores marxistas como Gramsci e Lênin, que defenderam a possibilidade da construção de uma ideologia revolucionária comprometida com os interesses do proletariado. Essa ideologia Gramsci nomeou de "historicamente orgânica", contrária às "ideologias arbitrárias" (ideologia negativa que distorce a realidade e contribui para a reprodução da dominação). A ideologia "historicamente orgânica" aponta para a necessidade do "historicismo absoluto" não apenas para as ideias e representações, mas para os sistemas filosóficos e teorias científicas, assim, distancia-se da alienação, base do desenvolvimento das ideologias "arbitrárias" (ver Konder, 2002).

> torna; quanto mais bem formado o seu produto, tanto mais deformado ele fica; quanto mais civilizado seu objeto, mais bárbaro o trabalhador; que quanto mais poderoso o trabalho, mais impotente o trabalhador se torna; quanto mais rico de espírito o trabalho, mais pobre de espírito e servo da natureza se torna o trabalhador.

Esse trabalho estranhado, vale lembrar, tem como resultado a propriedade privada. Ao mesmo tempo, dialeticamente, a propriedade privada não é apenas o produto do trabalho estranhado, é também o meio que possibilita que o trabalho se exteriorize (Marx, 2009a, p. 87-8) e sofra a divisão social. Com isso, o trabalho que funda, centralmente, o ser humano como ser social, passa a ser um meio de alienação e não de realização.

Com o trabalho alienado o ser social se coisifica, não se reconhece no resultado do que produz, estranha-o. Assim, o ser social se distancia da natureza, fetichizando-a. O trabalho assalariado passa a ser uma obrigação para a sobrevivência e não "ação própria da vida", ou seja, "é atividade imposta que gera sofrimento e aflição", portanto, "não gera prazer". Ele é realizado para o outro pela ausência de uma alternativa diferente para garantir a sobrevivência, senão por meio da venda da força de trabalho. É importante lembrarmos que:

> [...] quanto mais o trabalhador se desgasta trabalhando, tanto mais poderoso se torna o mundo objetivo, alheio que cria diante de si, tanto mais pobre se torna ele mesmo, seu mundo interior, [e] tanto menos [o trabalhador] pertence a si próprio. [...] O trabalhador encerra sua vida no objeto; mas agora ela não pertence mais a ele, mas sim ao objeto. Por conseguinte, quão maior esta atividade, tanto mais sem-objeto é o trabalhador. *Ele não é o que é produto do seu trabalho. Portanto, quanto maior este produto, tanto menor ele mesmo é* (Marx, 2009a, p. 81; destaque nosso).

Há assim, a alienação do ser humano de si mesmo, tornando-se "coisa". E, ao passo que há alienação de si como ser humano, o indivíduo, também, distancia-se da sua espécie. Ocorre, utilizando as palavras de Marx (2009a), uma "exteriorização" do trabalhador em seu produto. Tal exteriorização não é resumida apenas no fato do resultado do trabalho ser um objeto, mas, por esse objeto parecer existir independente de quem o produziu, como algo estranho ao trabalhador que o fez. Com isso, o objeto torna-se uma "potência autônoma" diante do trabalhador e "a vida que ele concedeu ao objeto se lhe defronta hostil e estranha" (Marx, 2009a, p. 81).

Esse processo, segundo Marx (2009a), faz com que o trabalhador não se sinta bem, mas infeliz, não desenvolvendo "nenhuma energia física e espiritual livre", mas, "mortifica sua *physis* e arruína seu espírito". Por isso, o trabalho torna-se obrigatório e não voluntário, tampouco, prazeroso. Nas palavras do autor: "o trabalho no qual o homem se exterioriza, é um trabalho de autossacrifício, de mortificação. [...] a atividade do trabalhador não é sua autoatividade. Ela pertence a outro, é a perda de si mesmo" (Marx, 2009a, p. 82-83).

Dessa forma, "em vez do trabalho tornar-se o elo do indivíduo com a humanidade, a produção social da vida, metamorfoseia-se num meio individual de garantir a própria sobrevivência particular" (Iasi, 2007, p. 22-23).

A divisão social do trabalho, contudo, forja as condições para a sua superação, uma vez que, segundo Marx e Engels (2009, p. 46): "De toda essa porcaria [referindo-se a divisão do trabalho e seus desdobramentos] extraímos um só resultado, o de que [...] a força de produção, o estado da sociedade e a consciência, podem e têm de cair em contradição entre si". Para os autores, a possibilidade de não caírem em contradição só ocorreria com a superação da divisão do trabalho, já que com ela "está dada a possibilidade, mais a realidade de a atividade espiritual e a atividade material, a fruição e o trabalho, a produção e o consumo caberem a indivíduos diferentes". Nesses termos, a consciência para a superação da alienação e da ideologia necessita da eliminação da divisão social do trabalho, que, por sua vez, não resultará da simples vontade ou do desejo da consciência, mas, da ação política concreta da classe trabalhadora. Todavia, as contradições entre a consciência e a realidade são fundamentais para esse desdobramento político, como veremos adiante.

Além da superação da divisão social do trabalho, Marx e Engels (2009, p. 50-51) também apontam como necessidade para superação da alienação:

> [...] uma grande massa da humanidade absolutamente "destituída de propriedade" [...] e ao mesmo tempo em contradição com um mundo existente de riqueza e cultura, o que pressupõe um grande aumento da força produtiva, um grau elevado do seu desenvolvimento e, por outro lado, esse desenvolvimento das forças produtivas [...] é também uma premissa prática absolutamente necessária porque sem ele só a *escassez* [...] se generaliza, e, portanto, com a *carência* [...] também teria que começar a luta pelo necessário (destaques dos autores).

Isso posto, entendemos que a divisão social do trabalho associada à propriedade privada sintetizam as determinações da desigualdade social e da alienação advindas do modo de produção do capital.

A sociedade capitalista, ao ser baseada na "generalização da produção de mercadorias", faz com que "o movimento dos objetos" invada "todas as esferas da vida humana" e com isso, camufle os "movimentos subjetivos". Como vimos, até mesmo a força de trabalho é vendida em troca de um salário, tornando-a uma mercadoria. Dessa forma, o indivíduo trabalha por meio de uma "racionalização *instrumental*, ditada por um objetivo exterior, comprometida com o objeto que o trabalho vai produzir" e não consigo ou com a satisfação da necessidade da sua espécie (Konder, 2002, p. 60; destaque do autor).

Para Lukács (2003), essa "razão instrumental" é "quantificadora", pois a quantidade passa a determinar tudo. Por isso, provoca uma desqualificação na subjetividade, transformando-a em "mera origem de falhas". Com essa "razão instrumental", os indivíduos são sacrificados nas suas qualidades. Em torno dessa reflexão de Lukács, Leandro Konder conclui que a dinâmica do sistema capitalista "tende a destruir todos os valores intrinsecamente qualitativos, o fundamento das convicções dos homens. Os sujeitos individuais são induzidos a aceitar serem colocados num plano no qual as máquinas podem substituí-los e superá-los, rendendo mais do que eles" (Konder, 2002, p. 61). É sobre essa base social que há o processo de formação da consciência, embebido por relações de alienação que proporcionam o desenvolvimento das distorções ideológicas sobre o conhecimento da realidade.

A alienação é "profundamente enraizada como carga afetiva, baseada em modelos e identificações de fundo psicológico" (Iasi, 2007, p. 20). Ela é entendida como "a primeira forma de consciência gerada da percepção imediata e sensível da pessoa que forma sua concepção de mundo" (Iasi, 2002, p. 111).

A primeira forma de consciência, segundo Mauro Iasi (2007, p. 18), possui como principais características:

> 1. a vivência de relações que já estavam preestabelecidas como realidade dada;
> 2. a percepção da parte pelo todo, em que o que é vivido particularmente como uma realidade pontual torna-se "a realidade" (ultrageneralização);
> 3. por esse mecanismo, as relações vividas perdem seu caráter histórico e cultural para se tornarem naturais, levando a percepção de que "sempre foi assim e sempre será";
> 4. a satisfação das necessidades, seja da sobrevivência ou do desejo, deve respeitar a forma e a ocasião que não são definidas por quem sente, mas pelo outro que tem o poder de determinar o quando e como;
> 5. essas relações não permanecem externas, mas se interiorizam como normas, valores e padrões de comportamento, formando com o SUPEREGO, um componente que o indivíduo vê como dele, como autocobrança e não como uma exigência externa;
> 6. na luta entre a satisfação do desejo e a sobrevivência, o indivíduo tende a garantir a sobrevivência, reprimindo ou deslocando o desejo;
> 7. assim, o indivíduo submete-se às relações dadas e interioriza os valores como seus, zelando por sua aplicação, desenvolvimento e reprodução.

Como já comentamos, a consciência é um processo. Por isso, essas características da sua primeira forma de expressão podem ser superadas — parcialmente ou em sua totalidade — a depender das relações que o indivíduo venha a estabelecer e da forma como as apreende, vivencia e interioriza. Ressaltamos, todavia, que, ainda que o indivíduo atinja outras formas de consciência, algumas dessas características podem retornar, dado o processo dialético e histórico da formação da consciência em uma sociedade contraditória, dividida por classes e interesses antagônicos.

Para se desencadear a possibilidade de superação dessas características da primeira forma de consciência, é necessário, inicialmente, que ocorra uma "crise ideológica". O "germe" dessa crise reside, segundo Iasi (2007, p. 27), no desenvolvimento das forças produtivas que promove uma "dissonância entre as relações interiorizadas como ideologia e a forma concreta como se efetivam na realidade em mudança".

Essa crise se manifesta na forma de "revolta", proporcionada pela percepção do indivíduo da "injustiça" nas relações. Com isso, existe, a princípio, uma disposição dos indivíduos em não se submeterem às injustiças. No entanto, essas injustiças são apreendidas como inevitáveis. Em alguma medida, portanto, permanece a naturalização das relações sociais, já que, por mais que sejam percebidas como injustas, são concebidas como insuperáveis. Contudo, essa revolta abre a possibilidade, no seio da "crise ideológica", do indivíduo ir além da primeira forma de consciência. Em outras palavras, em "certas condições", essa "revolta pode se tornar uma passagem para uma nova etapa do processo de consciência" (Iasi, 2007, p. 28).

A segunda forma de consciência, também denominada de "consciência em si" ou "consciência da reivindicação", é facilitada pelo grupo, que age como um catalisador para que a "revolta" — gerada pela "crise ideológica" com a primeira forma de consciência — saia do plano meramente individual e passe para uma dimensão coletiva. Isso ocorre porque o grupo possibilita a identificação ou o reconhecimento no outro das mesmas injustiças sofridas e percebidas, no primeiro momento, individualmente. É, fundamentalmente, a "identidade com o outro" que produz um "salto de qualidade" da primeira forma de consciência para a segunda forma (Iasi, 2007).

Com esse salto de qualidade, a construção de ações concretas contra as injustiças ganha possibilidades mais materiais. Segundo Iasi (2007), a manifestação mais clássica da segunda forma de consciência é a luta sindical, portanto, sua forma de organização mais típica é o sindicato. Contudo, ainda segundo o autor, podemos, também, incluir como manifestação dessa forma de consciência as "lutas populares, os movimentos culturais, o movimento de mulheres[9] e outras manifestações de lutas coletivas de setores, grupos e categorias sociais das mais diversas". O que caracteriza a particularidade dessa segunda forma de consciência é, portanto, "a percepção dos vínculos e da identidade do grupo e seus interesses próprios, que conflitam com os grupos que lhe são opostos" (Iasi, 2007, p. 30-31).

Apesar desse salto, ainda que essa consciência não se dê apenas com base no indivíduo e sim no grupo ou na categoria, podendo evoluir até a consciência de classe, ela ainda "se baseia na vivência das relações imediatas", o que possibilita a negação de apenas uma parte da ideologia dominante, não superando, portanto, todos os traços da forma anterior da consciência. Isso denota que: "[...] apesar de 'consciente' de parte da contradição do sistema [...], a pessoa ainda trabalha, age, pensa sob a influência dos valores anteriormente assumidos, que, apesar de serem parte da mesma contradição, continuam sendo vistos pela pessoa como naturais e verdadeiros" (Iasi, 2007, p. 30).

Dessa forma, assim como na primeira forma de consciência há uma "crise ideológica" gerada pelas contradições desta sociedade refletidas no indivíduo, na segunda forma também há contradições e limites:

> A consciência ainda reproduz o mecanismo pelo qual a satisfação do desejo cabe ao outro. Agora, ela manifesta o inconformismo e não a submissão, reivindica a solução de um problema ou injustiça, mas quem reivindica ainda reivindica de alguém [...] temos que nos submeter às formas e condições estabelecidas por outros para manifestar esse

---

9. Isso não significa, todavia, que as mulheres não estavam presentes em outras organizações e/ou movimentos, inclusive o sindical, por exemplo.

> inconformismo. [...] Esses não são [...] apenas limites de uma certa forma de consciência, mas também limites dos instrumentos políticos que correspondem a essa consciência: as greves e o sindicato (Iasi, 2007, p. 31).

O que o autor procura nos chamar atenção é que a "consciência em si" pode até permitir ao proletariado uma consciência de classe, mas ela se limita às reivindicações mais imediatas. Não há ainda uma totalidade determinando essa consciência ao ponto de possibilitar a percepção das determinações estruturais das injustiças sentidas e protestadas pelo proletariado. Assim, a reivindicação não ganha a perspectiva da luta para além do capital, para a eliminação da sociedade de classe. As lutas são travadas nos limites da sociedade capitalista, sem apontar para a necessidade de sua transformação.

A "consciência em si" é determinada pelo alcance do que Marx (2008) denominou de "classe em si". Ao perceberem seus interesses em comum, os(as) proletários(as) tornam-se uma classe "em si" em relação ao capital, mas, para Marx (2008), ainda não são uma classe "para si". A "classe em si" é marcada pelo corporativismo, pela luta econômica em nome da satisfação das necessidades que atendem à sobrevivência imediata e, no máximo, a uma melhor condição de vida. A luta é econômica e não política, no sentido da busca pela transformação da sociedade. Não garante, portanto, a dimensão emancipatória, que só é possível com a eliminação das classes sociais. Marx nos explica:

> As condições econômicas transformaram, em primeiro lugar, a massa do povo em trabalhadores. A dominação do capital sobre os trabalhadores criou a situação comum e os interesses comuns dessa classe. Assim, essa massa já é uma classe em relação ao capital, mas não ainda uma classe para si mesma. Na luta, da qual indicamos apenas algumas fases, essa massa se une e forma uma classe para si. Os interesses que ela defende tornam-se interesses de classe (1982, p. 5).

Um bom exemplo da "classe em si" e da sua forma de consciência é a reivindicação por melhores salários em uma greve. Percebe-se a injustiça dos baixos salários, reivindica-se um aumento, porém, não se questiona a existência do trabalho assalariado, suas determinações e a necessidade de sua eliminação.

Apesar disso, não temos como negar a importância da possibilidade que essa forma de consciência permite ao proletariado: o reconhecimento de si, em alguma medida, como classe, embora, esse reconhecimento e o processo de reivindicação afirmem a existência da sua classe e da classe que o domina, ou seja, "ao se assumir enquanto classe, o proletariado nega o capitalismo afirmando-o" (Iasi, 2007, p. 32). Assim, a "classe em si" desnaturaliza as injustiças e, mais que isso, contesta-as, mas não busca superar as classes e suas determinações estruturais, ao contrário, afirma-as. Isso ocorre por não possuir a apreensão da realidade em sua totalidade. A reivindicação da segunda forma de consciência, portanto, é parcial e, consequentemente, a negação da ideologia dominante também.

A terceira forma de consciência, também denominada por Iasi (2007) como "consciência para si" é possibilitada pelo processo de superação da "classe em si", para a "classe para si". Esta, por sua vez, de acordo com Ricardo Antunes, dissertando sobre o pensamento de Lukács, "só pode se efetivar através da centralidade conferida ao 'guia consciente da revolução, encarnação da ideia de revolução'" (1996, p. 98).

Nessa forma de consciência, portanto, não há apenas o reconhecimento do proletariado como classe, mas também a necessidade de superação das classes. A reivindicação, nos limites do capital, passa a ser insuficiente e o proletariado assume sua tarefa revolucionária de superação do capitalismo e construção da emancipação humana. Nas palavras de Engels (1984), em sua obra *Do socialismo utópico ao socialismo científico*, seria o salto da humanidade "do reino da necessidade ao reino da liberdade".

Para Mauro Iasi, a "verdadeira consciência", a "consciência da transformação", é fruto de uma "dupla negação": "num primeiro momento, o proletariado nega o capitalismo assumindo sua posição de classe, para depois negar-se a si próprio enquanto classe, assumindo a luta de toda a sociedade por sua emancipação contra o capital" (2007,

p. 32). Essa "dupla negação", contudo, não pode ser percebida como momentos separados ou isolados. O importante é compreender que a consciência de classe não está na consciência em si ou para si, mas no movimento que leva uma à outra. Até porque a consciência não é linearmente progressiva. Ou seja, ao alcançar a consciência revolucionária, o ser social e mesmo a classe não estão livres de "recuos" aos níveis mais baixos da consciência. Nesse movimento, o papel do partido deve estar voltado para assegurar que as reivindicações imediatas, parciais, sejam associadas à negação do capital e das classes em sua totalidade, ou seja, que as universalize.

Esse processo emancipatório demanda, necessariamente, a existência de um sujeito coletivo e histórico que compreende a necessidade da tarefa revolucionária: a classe trabalhadora e, centralmente, o proletariado. Essa defesa se fundamenta na reflexão de Lukács (2003) de que, para o proletariado, o conhecimento de si mesmo é também o conhecimento objetivo da essência da sociedade.

Para o proletariado alcançar a perspectiva da luta revolucionária é indispensável que seus interesses estejam associados à estratégia do socialismo. Para isso, segundo Lukács (2003), é necessário que na consciência de classe do proletariado surja a contradição dialética entre o interesse imediato e o final, ou seja, entre o momento isolado e a totalidade. Isso significa alcançar a "luta política" pela transformação da sociedade capitalista, não se limitando à "luta econômica" imediata, ou, nas palavras de Gramsci (2000a), superando a consciência econômico-corporativa (que corresponde aos interesses das categorias profissionais isoladamente, sem unidade de interesse com o grupo social mais amplo) e a sindicalista (na qual há solidariedade entre os interesses de um grupo mais amplo, mas não ultrapassa a dimensão econômica). Esse momento de superação da dimensão econômica da consciência de classe, Gramsci (2000a, p. 41) denomina de "fase hegemônica":

> [...] em que se adquire a consciência de que os próprios interesses corporativos, em seu desenvolvimento atual e futuro, superam o círculo

> corporativo, de grupo meramente econômico, e podem e devem tornar-se os interesses de outros grupos subordinados. Esta é a fase mais estritamente política, que assinala a passagem nítida da estrutura para a esfera das superestruturas complexas; é a fase em que as ideologias geradas anteriormente se transformam em "partido", entram em confrontação e lutam até que uma delas, ou pelo menos uma única combinação delas, tenda a prevalecer, a se impor, a se irradiar por toda a área social, determinando, além da unicidade dos fins econômicos e políticos, também a unidade intelectual e moral, pondo todas as questões em torno das quais ferve a luta não no plano corporativo, mas num plano "universal", criando assim a hegemonia de um grupo social fundamental sobre uma série de grupos subordinados.

A dimensão corporativa da luta "econômica" também é explicada por Lênin (2010), ao demonstrar que, devido às condições de trabalho serem "extremamente variadas", ela "deve, forçosamente, ser travada por profissões". Assim, a luta econômica "é a luta coletiva dos operários contra os patrões, para conseguir condições vantajosas de venda da força de trabalho, *melhorar* suas condições de trabalho e de vida" (Lênin, 2010, p. 125; destaque nosso). Esse processo Lênin (2010) associa à política "*trade*-unionista",[10] a qual diferencia da política revolucionária, por se limitar às lutas pelas necessidades mais imediatas da classe trabalhadora e, portanto, não estar voltada para uma ruptura com o capitalismo. Essa política também ficou conhecida como reformismo, por buscar apenas reformas no âmbito do sistema capitalista e não a sua superação.

A questão fundamental que limita a "luta econômica" reside na busca da *melhoria* e não da *transformação* das condições de trabalho e de vida. A "luta econômica" é, portanto, segmentada, não imprime o caráter de negação do capitalismo em sua totalidade e não confere,

---

10. As *trade-unions*, como o nome sugere, eram uniões sindicais na Inglaterra, que se limitavam à luta econômica. Dentre outros fatores, lutavam por melhores salários e condições de trabalho.

por conseguinte, um caráter de demanda generalizada para a classe trabalhadora como na "luta política". Marx[11] nos explica:

> O movimento político da classe operária tem como objetivo último, é claro, a conquista do poder político para a classe operária [...] todo movimento em que a classe operária atua como classe contra as classes dominantes e trata de forçá-las "pressionando do exterior", é um movimento político. Por exemplo, a tentativa de obrigar, através das greves, os capitalistas isolados à redução da jornada de trabalho em determinada fábrica ou ramo da indústria, é um movimento puramente econômico; pelo contrário, o movimento visando obrigar que se decrete a lei da jornada de oito horas etc., é um movimento político. Assim, pois, dos movimentos dos operários separados por motivos econômicos, nasce em todas as partes um movimento político, ou seja, um movimento de classe, cujo alvo é que se dê satisfação a seus interesses em forma geral.

A luta política, portanto, não é contra os patrões isoladamente e sim contra as classes dominantes, contra o capital em sua totalidade. Para tender para a totalidade, a crítica não pode negar apenas a parte, mas o todo desta sociedade para que possa ultrapassar o que nega. É fundamental, portanto, a articulação entre "luta econômica" ("objetivo parcial") e "luta política" ("objetivo final") como uma unidade possibilitada pela busca da totalidade (Lukács, 2003). Não se trata, assim, de "fases", ou seja, adquirir conquistas econômicas, reformas limitadas à ordem capitalista, para depois se travar a "luta política" pela transformação dessa sociedade. Trata-se de nunca subordinar o todo às partes isoladas, não submetendo a luta revolucionária à luta reformista, o que exige não perder de vista a estratégia, o objetivo final das lutas: o socialismo.

Cabe à classe trabalhadora, portanto, desvelar essa sociedade capitalista e sua ideologia dominante de que o mundo burguês é "o mundo" e de que suas ideias são "as ideias". Mais do que isso,

---

11. Marx. *Carta a Friedrich Bolte*, escrita em 1871.

fundamentalmente, cabe a essa classe, com sua ação política, destruir a ideologia de que o "destino da humanidade se converteu no destino do capital" (Iasi, 2002, p. 26).

Para se concretizar como revolucionária, é insuficiente que a classe tenha uma consciência revolucionária; é necessária a sua intervenção política concreta na realidade de forma a despertar as massas para a reivindicação dos interesses universais, como explica Marx (1993, p. 90):

> Só em nome dos interesses gerais da sociedade é que uma classe particular pode reivindicar a supremacia geral. Para alcançar esta posição libertadora e a direção política de todas as esferas da sociedade, não bastam a energia e a consciência revolucionárias. *Para que a revolução de um povo e a emancipação de uma classe represente o todo da sociedade, outra classe tem de concentrar em si todos os males da sociedade, uma classe particular deve encarar e representar um obstáculo e uma limitação geral* (destaques nossos).

Nesse sentido, Iasi (2002, p. 132, destaques do autor) ratifica o pensamento de Marx, ao também defender que a condição da emancipação hoje "está na definição de uma classe *na sociedade civil* que *não seja uma classe da sociedade civil*". O que significa percebermos que a sociedade civil não é neutra ou homogênea, mas permeada e definida pela luta de classes. Assim, a definição de uma classe na sociedade civil é condição para o alcance da emancipação porque necessitamos de um sujeito revolucionário que possa superar a cisão de classe da sociedade, no sentido de representar a universalidade dos interesses humanos.

Apenas o proletariado é capaz de representar os interesses da sociedade de forma universal, superando as classes, a divisão social do trabalho e a desumanização delas decorrentes. Por isso, embora o proletariado seja uma "classe particular", ele é capaz de antecipar "elementos da perspectiva da humanidade reunificada, unindo teoria e prática [...]" (Konder, 2002, p. 62). Isso ocorre, fundamentalmente, porque:

> Da perspectiva do movimento operário, torna-se possível questionar revolucionariamente tanto a ideologia comprometida com a coisificação como a sociedade burguesa que engendra essa ideologia. O ponto de vista da força que impulsiona na prática a criação da sociedade futura permite a superação da percepção da realidade como um amálgama de *coisas* ou de *fatos* (Konder, 2002, p. 63).

Para que esta capacidade do proletariado se concretize e deixe de ser apenas uma capacidade em potencial, é necessário que a "percepção empírica" que essa classe tem sobre a sociedade seja ultrapassada. Afinal, tal percepção é embebida de "distorções ideológicas". Lukács afirma que essas distorções devem ser superadas por uma consciência "acrescentada". O pensador húngaro distingue a "consciência real", a que existe, de uma "consciência possível". A "consciência possível" é a que permite a ultrapassagem da percepção empírica, da "fragmentaridade", superando, portanto, as distorções ideológicas ao possibilitar a "totalização" que apreende a História como "processo unitário" (Konder, 2002, p. 62-63).

A questão reside na contradição entre a possibilidade do proletariado — por sua posição de classe — alcançar a universalidade e a condição em que vive ser adversa a essa possibilidade. Em outras palavras, como o proletariado pode alcançar a percepção da totalidade, superando a parcialidade e as distorções ideológicas dela advindas, estando inserido em uma sociedade alienadora?

Em razão da contradição do proletariado entre guardar a possibilidade da universalidade, mas não ter as condições de, sozinho, alcançá-la, muitos pensadores como Lênin e Lukács, embora com diferenciações entre eles, defenderam a necessidade de uma consciência atribuída, ou seja, vinda de fora. A "consciência possível" vem nesse sentido. Nas palavras de Lênin: "A consciência política de classe não pode ser levada ao operariado *senão do exterior*, isto é, de fora da luta econômica, de fora da esfera das relações entre operários e patrões. A única esfera de onde se poderá extrair esses conhecimentos é a das relações de *todas* as classes entre si" (2010, p. 145; destaques do autor).

É importante, contudo, a reflexão de que essa consciência vinda de fora não ocorre de forma mecânica, como se o proletariado não tivesse condições de reflexão e apenas incorporasse uma consciência alheia, o que não o retiraria da condição de alienação. Apesar do uso dos termos "consciência de fora" e "consciência adjudicada", Lênin e Lukács entenderam isso, ou seja, o proletariado não é apenas um depósito. Afinal, estamos falando de um sujeito político que tem um papel revolucionário. É nesse sentido que Lênin, dissertando sobre uma *organização de revolucionários*, enfatizou que "*deve desaparecer por completo toda distinção entre operários e intelectuais*, que vale, ainda mais, para a distinção entre as diversas profissões de uns e de outros" (2010, p. 181; destaques do autor).

Por sua vez, Lukács (2003), perseguindo a preocupação em efetivar transformações estruturais na sociedade, lança o desafio de haver a modificação da "consciência cotidiana" dos "homens comuns", sobre a qual, elucida Leandro Konder:

> No dia a dia de sua existência, os indivíduos recorrem (e não podem deixar de recorrer) a interferências simplificadamente analógicas e a generalizações abusivas. A dimensão *teórica* da consciência deles é obrigada a autolimitar-se, em função de uma entrega inevitável do espírito às múltiplas demandas de constantes adaptações e ações práticas imediatas. Mesmo grandes artistas e grandes cientistas não poderiam ser o tempo todo grandes artistas e grandes cientistas (2002, p. 66).

Sabemos que o cotidiano é a esfera da heterogeneidade, da imediaticidade e da superficialidade — organicamente vinculadas — e, portanto, uma esfera na qual a alienação é facilmente impregnada, o que dificulta, significativamente, o alcance de uma consciência crítica pautada na totalidade. Por outro lado, primeiro é preciso reconhecer que não temos como fugir da vivência dessa cotidianidade. É nesse sentido que Ricardo Antunes (1996, p. 99) afirma que seria impossível compreender a consciência de classe "se não se considerar que trabalho, vida cotidiana e consciência do ser social se inter-relacionam e se articulam de maneira indissolúvel". Segundo, porque o cotidiano, nesta sociedade, apesar de atravessado pela mercantilização e pela alienação, é histórico, e, como tal, guarda também a possibilidade de ser marcado por condições propícias à construção de uma consciência revolucionária. Em outras palavras, é no cotidiano que tanto a alienação quanto a revolução são construídas. A história se concretiza no cotidiano, portanto, ele guarda o horizonte histórico.

> A consciência cotidiana, assim, não é ontologicamente degradada: o desafio que ela nos apresenta é decisivo para pensarmos com maior rigor a ação transformadora, revolucionária, criativa, e também os obstáculos ideológicos a essa ação, que estão ancorados na cotidianidade (sobretudo nas condições da cotidianidade dos homens do século XX, tão marcada pela televisão e pelos entretenimentos da chamada *indústria cultural*) (Konder, 2002, p. 67; destaque do autor).

Cabe aqui, a mediação da política entre a teoria e a vida concreta, cotidiana, da classe trabalhadora. Partindo da compreensão de que a vivência das relações particulares não revela por si mesma o conjunto das determinações da sociedade nem do indivíduo, é impossível esse indivíduo, sozinho, alcançar a totalidade. Por isso, a consciência para se completar demanda um "campo extravivencial", uma "esfera teórica". O alcance da totalidade como condição para a consciência revolucionária guarda, assim, uma relação orgânica com o *papel do intelectual* (Iasi, 2002, p. 159; destaque nosso).

Como já indicamos, a questão reside em compreendermos quais as possibilidades de desenvolvimento de uma consciência revolucionária em uma sociedade marcada pela alienação e pela ideologia dominante. Acreditamos que a resposta se encontra no papel do intelectual (na concepção gramsciana) e na sua relação com a política. Konder (2002, p. 110), seguindo o pensamento de Gramsci, afirma: "A história pressupõe [...] não só a ação dos líderes e atuação dos de *cima*, mas também a ineliminável possibilidade da intervenção ativa e consciente dos de *baixo*" (grifos do autor). É nesse sentido que o marxista italiano irá desenvolver a concepção dos intelectuais.

Para Gramsci (2000, p. 18), "todos os homens são intelectuais, mas nem todos os homens têm a função de intelectuais (assim, o fato de que alguém possa, em determinado momento, fritar dois ovos ou costurar um rasgão no paletó não significa que todos sejam cozinheiros ou alfaiates)". Da mesma forma podemos pensar o contrário, ou seja, não é porque alguém nunca fritou um ovo que não possa fazê-lo. Com o mesmo raciocínio afirmamos que, ainda que um ser social não exerça a função de intelectual, ele pode passar a exercer. Outrossim, como nos ensina Gramsci, todos são intelectuais, ainda que não exerçam essa função. É a capacidade de reflexão, de apreensão, de elaboração de uma concepção sobre o mundo que torna todos intelectuais, ainda que em condições diferenciadas de desenvolvimento desta capacidade.

Da mesma forma que as classes dominantes possuem seus intelectuais, a classe trabalhadora possui os seus. São esses que têm o papel político de contribuir com o processo de formação da consciência revolucionária de forma a desvelar criticamente as relações de alienação e a fortalecer as relações emancipatórias. Nesse sentido, explica Gramsci:

> Todo grupo social, nascendo no terreno originário de uma função essencial no mundo da produção econômica, cria para si, ao mesmo tempo, organicamente, uma ou mais camadas de intelectuais que lhe dão homogeneidade e consciência da própria função, não apenas no campo econômico, mas também no social e político (2000, p. 15).

Duriguetto (2007, p. 64), comungando com o pensamento gramsciano, argumenta que cabe ao intelectual orgânico da classe trabalhadora

> [...] articular em unidade, em um projeto totalizador, suas aspirações particulares e fragmentadas. Mas essa articulação não se efetiva pela imposição, mas pela adesão crítica, ativa e consensual dos grupos sociais ao projeto de classe que quer ser hegemônico. A tarefa primordial dos intelectuais consiste em estabelecer nexos nos caracteres difusos e dispersos do "senso comum" das classes subalternas para uma elaboração

superior de sua visão de mundo, para uma construção ativa de sua própria história.

Esse processo em curso gera novos intelectuais orgânicos da classe trabalhadora, à medida que seus sujeitos tomam consciência da sua condição no mundo e passam a agir politicamente em luta pela transformação social.

Embora saibamos que se faz necessário o papel dos intelectuais no despertar da consciência revolucionária no proletariado, esse sujeito político é capaz de intervir de forma consciente na luta de classes, ainda que com gradações diferenciadas de consciência entre os seus integrantes.

Não podemos, contudo, ter ilusões com o que Gramsci denominou de "senso comum". O marxista italiano ressalta que o "senso comum" possui "bom senso" e por meio dele pode haver o desenvolvimento de um espírito crítico. Isso implica, por um lado, refutar a concepção do senso comum apenas como um depósito de sabedoria vinda de fora. Por outro lado, Gramsci adverte para os limites do senso comum, pois ele sozinho não é capaz de chegar a uma consciência revolucionária, uma vez que é em si mesmo "difuso e incoerente" (apud Konder, 2002, p. 103). Reside aí a importância dos intelectuais orgânicos e da teoria revolucionária no processo de formação da consciência.

CAPÍTULO 2

Fundamentos teórico-políticos do feminismo: uma contribuição indispensável ao socialismo

> A experiência de todos os movimentos libertadores atesta que o sucesso de uma revolução depende do grau de participação das mulheres.
>
> *Lênin (1979)*

Tem sido pauta constante no feminismo a apreensão e a elaboração de categorias teóricas que possam contribuir para a compreensão crítica da subordinação histórica e das desigualdades que marcam a vida das mulheres, como forma de se instrumentalizar para intervir politicamente na reversão dessa condição. O movimento feminista, entretanto, possui, em seu seio, uma diversidade de perspectivas, tanto no que diz respeito à dimensão teórica como política. Por isso, é importante evidenciar que trabalharemos com uma perspectiva marxista do feminismo, orientada para a estratégia socialista e com uma grande aproximação com o chamado feminismo materialista francófono, com o qual trabalharemos ao longo deste capítulo, mais diretamente no item 2.4.1.

Assim, neste capítulo, dedicaremos especial atenção para trabalhar categorias e conceitos que dão corpo ao pensamento e ao próprio movimento feministas. Ou seja, categorias e conceitos que fundamentam as reflexões e ações do feminismo na luta contra as relações patriarcal-racista-capitalistas e em defesa da emancipação humana.

Dentre as categorias e conceitos feministas que trabalharemos, destacamos: relações sociais de sexo, patriarcado, família e divisão sexual do trabalho. Associada a essa fundamentação feminista, buscaremos empreender uma crítica à ideologia naturalista, com base, especialmente, no pensamento de Colette Guillaumin, autora de grande envergadura na literatura feminista francesa e que, segundo Falquet (2012, p. 141), foi a "primeira na França a ter desconstruído sistematicamente os processos de naturalização e analisou seu funcionamento por meio das relações sociais de sexo e de 'raça'" (tradução nossa).

Em seguida, traçaremos um breve panorama histórico do feminismo, destacando dilemas contemporâneos que o impactaram, mais particularmente, no contexto brasileiro, em torno do processo de "onguização", sem, contudo, deixar de considerar as resistências a esse processo.

2.1 A consubstancialidade das relações sociais de sexo, "raça" e classe

A título de introdução deste item, consideramos relevante chamarmos atenção da opção em se utilizar, prioritariamente, a concepção de "relações sociais" de sexo, "raça" e classe e não de "sistemas". Para tanto, citamos os argumentos de Falquet (2012, p. 13):

> Em primeiro lugar, porque a perspectiva de sistemas tende a fechar, a bloquear. Em seguida, porque ela corre o risco de produzir uma visão cujos diferentes sistemas aparecem como objetos bem delimitados, o que é improvável, por isso, são vistos como imbricados: eles parecem

> frequentemente justapostos, hierarquizados, no melhor dos casos interseccionados ou se encobrem parcialmente uns pelos outros. O conceito de relações [*rapports*] sociais, por outro lado, permite pensar por meio da sociedade, os indivíduos e as classes. As relações [*rapports*] sociais podem efetivamente ser vistas como tensões dinâmicas, sem cessar em recomposição, que constroem oposições e polarizam o campo social com mais ou menos força segundo o ponto em que se encontra a relação [*rapport*] de origem dessas tensões. Nesse sentido, elas permitem também compreender melhor a posição relativa de diferentes sujeitos sociais submissos simultaneamente a várias dessas relações de força, que exercem sobre diferentes planos, permitindo uma visão multidimensional e histórica das coisas (tradução nossa).

Embora concordemos com esses argumentos defendidos por Falquet (2012), cremos que, por vezes, faz-se necessária a utilização do termo sistema patriarcal-racista-capitalista, já que ele caracteriza o atual modelo societário. Contudo, gostaríamos de ressaltar que as relações sociais de "raça" e sexo extrapolam o sistema em que vivemos, ainda que tenham sido incorporadas por ele, mas, nem surgiram tampouco se esgotam nele. E é exatamente pela compreensão de que tais relações não se esgotam no atual modelo societário, que reforçamos a importância do feminismo para a construção do socialismo, posto que uma alteração no atual modo de produção descolada da perspectiva feminista não garante a emancipação das mulheres, como veremos no item 2.4.

Antes de entrarmos propriamente na discussão da "consubstancialidade" e "coextensividade" das relações entre "raça", classe e sexo, faremos, ainda, uma breve explanação sobre o porquê da utilização prioritária da categoria *relações sociais de sexo* e não do conceito de *gênero.* Conceito esse muito mais corrente na literatura feminista brasileira. Acreditamos que a adoção do conceito feminista francófono de "relações sociais de sexo" corresponde mais diretamente à perspectiva teórico-política que buscamos empreender neste livro: a marxista. Passamos a fundamentar essa opção teórica.

Gênero e relações sociais de sexo são distintos, embora, por vezes, sejam tratados como sinônimos. Para entendermos o segundo é fundamental que se localize sua origem e seu significado. Advindo da escola feminista francófona, na língua original é chamado *rapports sociaux de sexe*. Observemos que na língua francesa esse conceito não é denominado *relations sociales de sexe*. Expliquemos melhor. No francês existem duas palavras para uma única tradução no português: relações. *Rapport* designa relações mais amplas, estruturais, enquanto *relations* diz respeito às relações mais pessoais, individuais, cotidianas. O conceito de *rapports sociaux de sexe* é diretamente fundamentado no de relações sociais de classe. Uma relação [*rapport*] social está vinculada aos conflitos e tensões entre os grupos sociais com interesses antagônicos. Portanto, atravessa todo o tecido do campo social e dos fenômenos daí decorrentes. Nas palavras de Kergoat (2012, p. 126), com base no pensamento de Goldelier (1982): "Uma *rapport* social é uma relação antagônica entre dois grupos sociais, construída em torno de uma problemática. É uma relação de produção material e ideal" (tradução nossa).

Ainda para entendermos a diferença entre *relations sociales* e *rapports sociaux*, Jules Falquet (2012, p. 138), com base no pensamento de Kergoat (2012), ressalta que:

> *As relações sociais se produzem num nível microssocial*, são relações interindividuais. *Elas são relativamente fáceis de modificar, mesmo individualmente. As relações* [rapports] *sociais surgem de um nível macroestrutural. Elas se articulam entre grupos e só podem ser percebidas ou transformadas indiretamente, coletivamente* (tradução e destaques nossos).

Assim, para entendermos o conceito de rapports sociaux de sexe, é necessário compreender a concepção de relação (no sentido de rapport) social a que está associado. Anne-Marie Devreux localiza a categoria rapports sociaux na perspectiva marxista e afirma que a mesma é "uma oposição estrutural de duas classes com interesses antagônicos" (2011, p. 7). Para Devreux (2005, p. 564), "não pode haver relação social com uma categoria única. Não pode haver relação social sem confrontação". Por isso, a relação social de sexo nomeia os sujeitos, uma vez que designa a confrontação entre as consideradas categorias de homens e mulheres, que envolvem conflitos e antagonismo de ordem estrutural, ainda que também reflitam nas relações (relations) pessoais. Nesse sentido, uma outra possibilidade de denominar a categoria relações sociais de sexo em português seria a utilização de "relações patricarcais de sexo"[1] (Almeida, 2017), uma vez que o patriarcado remete ao entendimento antagônico, hierárquico e conflital entre homens e mulheres, assegurando o sentido de rapports, que dá origem à categoria em discussão. Nas palavras de Janaiky Almeida (2017, p. 72):

> O termo relações por si só, na particularidade da língua portuguesa, não expressa à noção de contradição. Há sempre a necessidade de justificar seu significado na língua francesa, apontando a diferença entre as palavras *rapport* (relações estruturais) e *relations* (relações mais pessoais, cotidianas). Desta forma, consideramos que o termo relações patriarcais de sexo contemplaria as relações de contradição entre homens e mulheres na sociedade pelo fato do termo patriarcal já caracterizar a base sobre a qual estão estruturadas tais relações.

Na perspectiva de compreender o conceito de *rapport sociaux* no seio do marxismo, Annie Bidet-Morel e Jaques Bidet (2010) reafirmam que *rapports sociaux* não designam as "simples relações entre indivíduos", mas dizem respeito às "relações sociais antagônicas". Ainda segundo os autores, essa perspectiva marxista permite "elucidar a *estrutura* de classe para compreender a *dinâmica* histórica" (Bidet-Morel e Bidet, 2010, p. 31; destaques dos autores; tradução nossa). Aqui uma ressalva importante. A compreensão da importância da estrutura das classes sociais para o entendimento das relações sociais de sexo

1. A primeira vez em que essa categoria *relações patriarcais de sexo* foi descrita teve como autora a feminista Janaiky Almeida (2017) em sua importante tese de doutorado (*Organismos Internacionais e Enfrentamento à Precarização do Trabalho das Mulheres na América Latina*), não apenas como uma alternativa à ausência de uma tradução específica em português ao termo *rapport*, mas como uma forma de dar visibilidade ao patriarcado, algo indispensável ao considerarmos a nossa formação sócio-histórica e econômica do Brasil.

não significa que estas se reduzem às primeiras, ou seja, "a relação social de sexo não se reduz ao fato de 'se realizar' dentro das relações sociais de classe" (Bidet-Morel e Bidet, 2010, p. 41; tradução nossa).

Devreux também nos explica a utilização desse conceito no singular, ou seja, *rapport sociale de sexe*, que designa uma

> síntese teórica das múltiplas dimensões de dominação masculina [...], uma representação científica que traduz a unicidade da lógica da organização do social que constitui essa dominação das mulheres pelos homens e a irredutibilidade dessa dominação a outra relação social (2011, p. 10).

Outra dimensão importante que merece destaque no conceito de *rapports sociaux de sexe* é que o mesmo surge no início dos anos 1980, diretamente vinculado e em estreita conexão com os estudos sobre a divisão sexual do trabalho, categoria muito cara para os estudos feministas marxistas. Assim, podemos afirmar que a utilização do conceito de *rapports sociaux de sexe*, além de sublinhar a dimensão antagônica das classes, assegura o não esquecimento da centralidade do trabalho para os estudos feministas. Já com relação ao conceito de gênero, não podemos afirmar a mesma coisa, uma vez que, por vezes, sua utilização é destituída da noção de hierarquia entre os sexos e das de outras desigualdades estruturantes, como as de classe, inaugurando um outro contexto ou mesmo uma nova conotação teórico-política para o feminismo, bem menos confrontante e mais institucionalizada, como nos explica Falquet (2012, p. 108):

> Tema destacado da academia estado-unidense, o gênero é introduzido na região principalmente pelos teóricos(as) praticantes da cooperação, governamental ou multilateral. Embora muitas vezes usados de forma indiscriminada, muitas vezes para evitar o estigmatizado termo "*feminismo*" ou para fornecer um "*plus*" para a palavra "mulher" — o gênero também introduz uma renovação teórica. Para algumas, ele permite desnaturalizar a opressão das mulheres: no decorrer de milhares de oficinas que foram organizadas no continente para conhecer a teoria do

> "*sistema de sexo-gênero*", cada uma aprende que gênero é uma construção *social*, ainda que se baseie numa diferença biológica (o sexo). Nessas formações aceleradas sobre gênero, a noção de hierarquia entre os sexos é muitas vezes apagada. Quanto às outras relações [*rapports*] sociais, elas simplesmente desaparecem. Por outro lado, cada vez mais, acrescenta-se à sexualidade, especialmente *gay* e *queer*, a palavra gênero, a tal ponto que as mulheres quase desaparecem deste discurso para serem substituídas pelas preocupações sobre financiamentos concernentes à discriminação contra *gays* e trans (destaques da autora; tradução nossa).

Roland Pfefferkorn (2012) destaca três das principais críticas ou mesmo resistências para a utilização do conceito de gênero. A primeira se refere "à polarização sobre os discursos de uma parte dos pesquisadores de gênero conjugados aos pressupostos culturalistas frequentes nos Estados Unidos" (2012, p. 71; tradução nossa). Segundo Pfefferkorn, essa polarização levou numerosas teóricas a se interessarem pelos "aspectos simbólicos da opressão das mulheres e às representações mais que aos aspectos materiais" (p. 71; tradução nossa).

A segunda crítica ancora-se no questionamento à distinção entre sexo e gênero, pois, se por um lado o conceito de gênero contribuiu para a ruptura com o naturalismo ao enfatizar a construção social das mulheres e dos homens, por outro, contribuiu para a biologização do conceito de sexo, o que leva ao risco de deixar de fora a análise social e histórica dos corpos sexuados. Ou seja, essa dicotomização sexo/gênero pode levar à naturalização do sexo, não o concebendo, também, como construção social e histórica.

Por fim, o terceiro aspecto destacado por Pfefferkorn (2012) refere-se ao ocultamento da dimensão crítica e conflitual que algumas análises fazem com a utilização do conceito de gênero, como já sinalizamos, também, com Falquet (2012).

Em síntese, os estudos de gênero, se comparados aos estudos feministas, adquirem, por vezes, um caráter mais "neutro", menos ofensivo, ou seja, mais polido ao gosto das instituições multilaterais e governamentais, além de ser *aparentemente* mais "acadêmico" ou "científico". Não é à toa, portanto, que os chamados "estudos de gênero" conseguiram uma maior aceitação, penetrando mais facilmente nas "universidades, e mais ainda nas administrações públicas ou nas instituições internacionais" (Pfefferkorn, 2012, p. 79; tradução nossa).

Apesar das críticas sistematizadas por Pfefferkorn (2012), com as quais concordamos, o autor defende que gênero é um conceito útil, especialmente onde ele permite unificar as(os) pesquisadoras(es) e o debate sobre as relações entre homens e mulheres. Há, contudo, a necessidade de conservar sua dimensão crítica. Embora concordemos com o autor e reconheçamos que utilizar gênero não implica, necessariamente, abrir mão de uma perspectiva crítica — haja vista sua utilização por inúmeras pesquisadoras feministas marxistas, consideramos mais pertinente a utilização do conceito de "relações sociais de sexo". Passemos a qualificar e a aprofundar os fundamentos que nos levam a essa opção teórico-política.

Nos estudos franceses em torno da apropriação dos homens sobre as mulheres, segundo Anne-Marie Devreux (2011), a preferência da adoção da utilização do conceito de relações sociais de sexo ao conceito de gênero se dá por várias razões, dentre as quais, destaca-se: a acentuação do fato de que as relações entre homens e mulheres constituem uma relação social enquanto o gênero diz mais da categorização do sexo, que, para a autora, é um dos resultados da relação, mas não de toda a relação; relações sociais de sexo nomeiam explicitamente os sujeitos, enquanto gênero evita mencioná-lo e o eufemiza. Além disso, em francês [como em português], gênero é uma palavra polissêmica, o que leva a uma definição vaga ou incerta do conceito. Na avaliação da autora:

> [...] a utilização do conceito de "gênero" permitiu às pesquisadoras francesas serem percebidas como menos agressivas, menos "feministas" por suas instituições e seus colegas. Não chocando, elas pensavam chegar mais facilmente a um consenso científico sobre a questão da dominação masculina, mantendo-se mais politicamente corretas. De certa maneira, elas eram mais "polidas", não nomeando nem a violência e o antagonismo contidos na ideia de "relação social", nem o critério um pouco animal de "sexo". É o que também permitiu [...] que pesquisadores

> homens ingressassem nessa área de pesquisa científica, tornada, assim, mais consensual. [...] o termo "gênero" evoca a ideia de um problema social sofrido pelas mulheres, de uma desigualdade social construída, mas na qual os homens não seriam atores. [...] A relação social de sexo nomeia explicitamente a confrontação entre duas classes de sexo. [...] Não pode haver relação social sem confrontação (Devreux, 2011, p. 9; tradução nossa).

Nessa mesma linha analítica, ressalta Saffioti (2004, p. 138): "Gênero é um conceito por demais palatável, porque é excessivamente geral, a-histórico, apolítico e pretensamente neutro. Exatamente em função de sua generalidade excessiva, apresenta grande grau de extensão, mas *baixo nível de compreensão*" (destaque nosso). Mediante essa análise de Saffioti, podemos acrescentar um outro elemento crítico ao conceito de gênero. Além de polissêmico, mais palatável, ou pretensamente neutro e de não nomear explicitamente os sujeitos das relações sociais de sexo, o conceito de gênero, por vezes, possibilita um distanciamento do sujeito político *mulher* e de suas lutas, circunscrevendo-se no chamado "feminismo acadêmico".[2] É, portanto, um conceito cujo conteúdo, se apartado das relações sociais de classe e "raça", e da luta pela erradicação das explorações e opressões daí decorrentes, pouco oferece como "arma da crítica".

Cremos, então, que gênero dificulta a compreensão da problemática que envolve as relações sociais de sexo. A começar pela ocultação que muitas vezes promove ao sujeito político mulher, especialmente quando não é utilizado de forma associada ao patriarcado e/ou à categoria mulher, a qual os "estudos de gênero" substituiu em grande medida. Isso provoca um sério problema político em termos de desdobramentos para o feminismo, afinal, não podemos, em nenhuma situação, ocultar o seu sujeito político central: a mulher. Sem esse sujeito, o movimento feminista perde o seu sentido e dilui o seu propósito.

---

2. Os "estudos de gênero" foram fortemente desenvolvidos dentro de instituições universitárias, ou seja, no espaço acadêmico, sem, muitas vezes, estarem associadas à luta política do movimento feminista. Daí a expressão "feminismo acadêmico".

Nessa perspectiva, concordamos com Bandeira (2000, p. 37-38) ao afirmar que: "Gênero é uma palavra que não tem maior consequência quando empregada separadamente da palavra mulher". Com o advento do conceito de gênero, a categoria mulher, de acordo com Piscitelli (2002, p. 7), "passou a ser quase execrada por uma geração para a qual o binômio feminismo/'mulher' parece ter se tornado símbolo de enfoques ultrapassados". Por essas razões e críticas expostas, optamos pela utilização prioritária da categoria relações sociais de sexo.

O conceito francês de relações sociais de sexo, que entende tais relações como *rapports*, ou seja, as que dizem respeito às relações sociais mais amplas, permeadas pelos conflitos e antagonismos de classe, facilita-nos a fundamentação do nosso posicionamento teórico-político de que é impensável estudar as relações sociais entre os sexos dissociadas das dimensões de "raça" e de classe. Partimos do pressuposto de que classe, "raça" e relações sociais de sexo (incluindo a sexualidade) não compõem apenas relações superpostas, tampouco adicionais ou mesmo com "intersecções", como defende Crenshaw (1995) entre as relações de "gênero" e "raça". Ao considerar, por exemplo, que elas seriam relações adicionais, ou seja, somáveis, cairíamos na segmentação positivista de entendê-las como relações separadas e não enoveladas, como nos propõe Saffioti (2004, p. 125):

> O importante é analisar estas contradições na condição de fundidas e enoveladas ou enlaçadas em um nó. [...] Não que cada uma destas condições atue livre e isoladamente. No nó, elas passam a apresentar uma dinâmica especial, própria do nó. Ou seja, a dinâmica de cada uma condiciona-se à nova realidade. De acordo com as circunstâncias históricas, cada uma das contradições integrantes do nó adquire relevos distintos. E esta motilidade é importante reter, a fim de não se tomar nada como fixo, aí inclusa a organização social destas subestruturas na estrutura global, ou seja, destas contradições no seio da nova realidade — novelo patriarcado-racismo-capitalismo — historicamente constituída.

Seguindo essa linha do pensamento de Saffioti, defendemos que as relações sociais de sexo, "raça" e classe são "consubstanciais" e "coextensivas" (Kergoat, 2008, 2010, 2012). Até porque "a força de trabalho que se vende é indissociável do corpo que a porta, e as suas formas de apropriação e exploração estão definidas não só pelas relações de classe como também de 'raça' e de gênero" (Ávila, 2011, p. 65). Sobre a consubstancialidade e coextensividade das relações (*rapports*) sociais, explica-nos Kergoat:

> As relações sociais são consubstanciais: elas formam um nó que não pode ser sequenciado ao nível das práticas sociais, apenas em uma perspectiva analítica da sociologia; e elas são coextensivas: implantando as relações sociais de classe, de gênero e de "raça", se reproduzem e se coproduzem mutuamente (2012, p. 126-127; tradução nossa).

Nesse sentido, acreditamos ser "indispensável integrar plenamente em nossas análises os efeitos conjugados de várias relações sociais de poder: de sexo (incluso sexualidade), de classe e de 'raça'" (Falquet, 2008, p. 122). Para tanto, é fundamental considerar "sobretudo as interpretações das feministas racializadas e/ou proletárias e/ou lésbicas que devem, a meu ver, ser ouvidas e estudadas, se desejarmos produzir uma teoria e uma prática úteis à transformação social radical mais do que nunca necessária" (Falquet, 2008).

Como já sumariamente apontamos no Capítulo 1, as relações sociais de sexo e de "raça" são elementos indispensáveis para entendermos a exploração do mundo do trabalho, especialmente no que Falquet (2008; 2012) denomina de "trabalho desvalorizado" e "trabalho considerado feminino". Falquet (2012, p. 163) os explica: "[...] as mulheres efetuam sempre majoritariamente 'trabalho de mulheres' com condições de trabalho de mulheres (informalidade, precarização, abuso de todos os tipos, incluindo o assédio sexual e o *plafond de verre*)[3] e

3. A tradução literal de *plafond de verre* para o português seria "teto de vidro". *Plafond de verre* foi uma expressão cunhada nos Estados Unidos no final dos anos 1970. Em inglês, é chamada *glass ceiling* e diz respeito a uma estrutura hierárquica, na qual os níveis superiores não são acessíveis a determinadas categorias de pessoas. Em outras palavras, essa expressão assinala a dificuldade de acesso das mulheres aos cargos superiores.

os salários das mulheres" (Falquet, 2012, p. 163; tradução nossa). O "trabalho desvalorizado" e o "trabalho considerado feminino" são entendidos, ainda, como tudo o que se encontra entre a extração de trabalho mediante salário e a extração de trabalhos gratuitos. Extrações essas que são "coconstruídas" (Falquet, 2008). Nos explica Falquet (2012, p. 170):

> [...] Em termos de classe e das relações de exploração, o "trabalho desvalorizado" ou "trabalho considerado feminino", tipo de trabalho proletário que não teria atingido o estágio de desenvolvimento completo, permite fazer uma relação entre sexo e classe por um lado, entre "raça" e classe por outro. Na verdade, este trabalho desvalorizado obriga que a mão de obra desfavorecida se deixe apropriar precisamente para completar o salário muito baixo obtido por meio da exploração. É em torno desse trabalho desvalorizado que se desenvolve a rearticulação neoliberal das relações sociais, no que eu proponho chamar de uma lógica de *vasos comunicantes* (destaque da autora; tradução nossa).

A análise das relações [*rapports*] sociais de classe, raça e sexo como "vasos comunicantes" na atual conjuntura de mundialização do capital, permite-nos, segundo Falquet (2012), apreender as mudanças dos diferentes e incessantes modos de obtenção do trabalho, uma vez que:

> As relações de sexo e de "raça", todas duas organizadas em torno da apropriação, se reforçam ou se enfraquecem à medida que a apropriação evolui para a exploração, isto é, para as relações de classe, e simultaneamente como evolui a apropriação individual para a relação de apropriação coletiva. Essa afirmação tem pelo menos quatro consequências fundamentais. (1) Nenhuma das três relações jamais desaparece completamente. (2) Mesmo se pensarmos que podemos mudar uma de cada vez, sua transformação, inevitavelmente, impactaria sobre as outras. (3) Todas as transformações são reversíveis [...]. (4) Uma das questões centrais é saber se é um jogo de soma zero ou não: a quantidade total (e a qualidade) de trabalho obtido, seja por exploração, seja por apropriação, é constante? Esta questão, obviamente, depende, entre outras, da escala de tempo a ser considerada (Falquet, 2012, p. 170; tradução nossa).

Assim, por meio das apropriações advindas das relações de raça e sexo, o capitalismo amplia o contingente humano disponível para os mais baixos salários, aumentando, portanto, sua capacidade de exploração do trabalho associada a essas apropriações.

Nesse mesmo sentido, Souza-Lobo (2011, p. 288) afirma que "sexismo e racismo são questões políticas, que fazem parte da nossa vida, do dia a dia das que procuram emprego, vão a hospitais ou postos de saúde, abortam escondidas como criminosas, amam, andam pelas ruas, cuidam dos filhos". Isso significa que essas dimensões não são meras abstrações, mas são relações sociais que interferem concretamente na vida das mulheres. A autora destaca como exemplos vivos do sexismo e do racismo alguns anúncios reais de emprego registrados no Sistema Nacional de Empregos (Sine), em São Paulo:

> **Procura-se**:
>
> Secretária com um ano de experiência, 1° grau completo, hiperbonita para trabalhar com diretor de firma.
>
> Recepcionista com boa apresentação, boa aparência, que não seja de cor, nem japonesa.
>
> Engenheira civil feminina, recém-formada e japonesa.
>
> Faxineira magra e esperta.
>
> Cozinheira que não seja gorda (Souza-Lobo, 2011, p. 287).

Nessa citação percebemos que, associados ao machismo que pesa sobre as mulheres, ainda encontramos a "ditadura da beleza" que estabelece como padrão do belo, além da cor branca, a magreza.

Uma importante transformação na configuração do racismo merece ser destacada. A partir dos anos 1980, há uma alteração no "racismo clássico", quando o racismo contra a população migrante ganha uma forte tônica, contudo, sem prejuízo à fusão clássica entre racismo e classe, como nos elucida Balibar (1988, p. 275):

> O racismo anti-imigrante realiza a identificação máxima da situação de classe e da origem étnica (cujas bases reais sempre existiram na

> mobilidade inter-regional, internacional ou intercontinental da classe operária, ora massiva ora residual, mas jamais abolida, o que é precisamente um dos traços especificamente proletários de sua condição.

Importante ressaltar, ainda, que nessa perspectiva da migração relacionada ao racismo, há também a relação com a dimensão de sexo, uma vez que, segundo Falquet (2008, p. 127), a própria ONU reconhece que "metade das migrações internacionais é feita por mulheres".

Falquet (2008, p. 127), como base em uma pesquisa realizada por Saskia Sassen (1991), afirma que existe uma força de trabalho "migrante e precarizada, majoritariamente feminina e do sul (radicalizada), para assegurar a baixo preço o trabalho subterrâneo, invisível, frequentemente informal e, no entanto, indispensável à globalização nas metrópoles globais".

Ainda de acordo com Falquet (2008), com a crise do *Welfare State* e a emergência da plataforma neoliberal, o Estado, ao não mais assegurar uma grande parte dos serviços, especialmente os vinculados ao trabalho da reprodução social, fez com que houvesse um maior deslocamento desse trabalho para a família e para o setor privado. Talvez o maior exemplo disso seja a transferência do trabalho doméstico e o cuidado das crianças e idosos(as) para as mulheres migrantes,[4] que caracterizam o fundamento do chamado *care*, que nada mais é do que uma parte integrante do trabalho reprodutivo realizado pelas mulheres que, por sua vez, não se limita ao ambiente doméstico. Como outros exemplos de atividades realizadas no trabalho em domicílio, realizados muitas vezes por mulheres migrantes, destacamos o trabalho como diarista, faxineira, babá, quase sempre mal remuneradas. Além desses, há ainda, a venda de "serviços sexuais", como pode ser aprofundado em Falquet (Falquet et al., 2010).

---

4. De acordo com a antropóloga feminista Paola Tabet (2004, p. 141): "As mulheres migrantes [...] são, com bem mais frequência do que os homens, levadas às relações de trabalho análogas ao escravismo, como a prostituição, o serviço doméstico ou casamento (como têm mostrado Wijers e Lap-Chew, 1997) [...]".

Segundo Diane Elson (2010, p. 58), o trabalho do *care* é "necessário para reproduzir a sociedade de maneira cotidiana e intergeracional" (tradução nossa). Há, nesse processo, uma intensa exploração sobre o trabalho das mulheres. Além disso, existe a exploração do amor que pesa sobre as imigrantes, um amor naturalizado por serem consideradas de culturas que valorizam mais a maternidade e o afeto. Segundo Falquet (2008, p. 128), a novidade que esse contexto inaugura é:

> [...] a maneira como as mulheres dos países industrializados e as mulheres privilegiadas dos países do Sul tenham sido levadas a também empurrar este trabalho para outras pessoas, principalmente mulheres imigrantes (ilegais ou não), como oferta em bandeja de prata pelas políticas migratórias e sociais dos diferentes Estados, tanto como importadores como exportadores de mão de obra.

Essas reflexões nos remetem à necessidade não apenas de analisar criticamente a utilização da mulher imigrante pelo sistema, seja como forma de amortecer crises, seja para o aumento dos seus lucros por meio do sobretrabalho mal pago feminino, "mas de saber *como sexo, a 'raça' e a classe são mobilizadas e reorganizadas para construir uma nova divisão social do trabalho ao nível da família, de cada Estado e do conjunto do globo*" (Falquet, 2008, p. 128; destaque da autora). Para isso, é insuficiente pensar a divisão sexual do trabalho ou mesmo a apropriação da mulher apenas no âmbito doméstico. É necessário analisar em sua totalidade a apropriação, inclusive física (que vai além da conotação meramente sexual, como veremos no item 2.3) sobre a mulher e sua relação com a exploração em toda a dinâmica da produção e reprodução sociais.

Ao desvelar as trilhas desse caminho, podemos compreender a atual e "profunda divisão internacional, racista e sexista do trabalho" (Falquet, 2008, p. 136), possibilitada, em grande medida, pela exploração do "trabalho desvalorizado" e do "trabalho considerado feminino" (Falquet, 2012).

Cremos que o patriarcado permanece como uma base estruturante da exploração e da apropriação das mulheres. Para entender a força e o vigor do patriarcado, categoria indispensável para compreender criticamente e em uma perspectiva de totalidade a subordinação da mulher e os seus fundamentos, recorreremos aos estudos de Danda Prado (1985), Pateman (1993), Delphy (2009, 2009a, 2009b), Engels (1979a) e Saffioti (2004).

A dominação do pai sobre a mulher e sobre os(as) filhos(as) estabelece as bases para o que chamamos de patriarcado. Segundo Christine Delphy (2009b, p. 174), "'patriarcado' vem da combinação das palavras gregas *pater* (pai) e *arke* (origem e comando). [...] Portanto, o patriarcado é literalmente a autoridade do pai". De acordo com Delphy (2009b, p. 171), na acepção feminista, o patriarcado "designa uma formação social em que os homens detêm o poder, ou ainda, mais simplesmente, o poder é dos homens. Ele é, assim, quase sinônimo de 'dominação masculina' ou de opressão das mulheres".

Segundo a tradição marxista, com o surgimento da propriedade privada, a subordinação feminina ganha uma base estruturante. Ainda segundo essa tradição, a propriedade privada é o marco inicial da luta de classes.[5] De acordo com Engels (1979a), anteriormente ao surgimento da propriedade privada, muitas sociedades possuíam uma organização matrilinear. Posterior à propriedade privada, as formações sociais tornam-se predominantemente patriarcais, pautadas na superioridade masculina e no direito do homem sobre a mulher, filhos(as), escravos e bens materiais ligados à produção. Se não temos dados históricos com os quais possamos provar que é com a propriedade privada que ocorre a origem da subordinação da mulher, não temos dúvida de que, a partir dela, o patriarcado se torna uma grande determinação estrutural.

Segundo Saffioti (2004), dois fatores históricos marcaram as bases de constituição do patriarcado: 1. A produção de excedente econômico, núcleo do desenvolvimento da propriedade privada e, portanto, do domínio e da exploração do homem sobre o homem/mulher, no caso,

---

5. Para um maior aprofundamento histórico, ver Engels (1979a) em *A origem da família, da propriedade privada e do Estado.*

ainda mais fortemente, sobre a mulher. 2. A descoberta da participação dos homens na procriação dos(das) filhos(as), pois, antes isso era entendido como um poder divino das mulheres.

O controle sobre o corpo e a vida das mulheres, a dominação, a apropriação, a opressão e a exploração que o patriarcado desenvolveu sobre a mulher veio atender a dois interesses. Primeiro, a garantia de controle sobre a prole, o que significava mais força de trabalho e, portanto, mais possibilidade de produção de riqueza. Segundo, e em decorrência do primeiro, garantir que os filhos seriam seus assegurava aos homens, detentores da propriedade privada, a perpetuação desta por meio da herança.

A origem do patriarcado, portanto, está radicalmente ligada à apropriação masculina sobre o corpo da mulher, ou seja, ele veio legitimar a possibilidade de o homem poder "impor à mulher um grande número de gravidezes a fim de gerar mão de obra abundante em seu próprio benefício" (Prado, 1985, p. 55). Nas palavras de Saffioti (2004, p. 58), esse novo sistema tornou as mulheres "objetos de satisfação sexual dos homens, reprodutoras de herdeiros, de força de trabalho e novas reprodutoras".

Decorre desse processo a necessidade da *monogamia feminina* que vem coroar a construção de um modelo de família baseada no patriarcado, ao assegurar a prole aos homens, garantindo-lhes força de trabalho e herdeiros legítimos (Engels, 1979a). Destacamos a monogamia como feminina porque, historicamente, a monogamia só foi exigida às mulheres. Mesmo em sociedades onde legalmente a poligamia é proibida também aos homens, socialmente ela é legitimada, prova disso é a crescente prostituição e tráfico de mulheres que vêm, progressivamente alimentando o "mercado do sexo", com forte expressão no turismo sexual. As relações extraconjugais praticadas por homens são, portanto, estimuladas pelo "mercado do sexo". Já uma mulher que pratica o adultério não apenas é deslegitimada, mas é moralmente julgada e condenada, podendo, ainda hoje, receber sentença de morte por apedrejamento, em alguns países como Paquistão, Afeganistão, Sudão, Iêmen, Emirados Árabes Unidos, Indonésia, Nigéria, Somália e Irã.

Segundo Engels (1979a), a prostituição surgiu em decorrência da monogamia, como faces de uma mesma moeda, no processo de consolidação do patriarcado. Assim, para ele, a monogamia controla a sexualidade das mulheres casadas, enquanto aos maridos é permitida a prática de relações extraconjugais. Na atualidade, essa análise merece um maior aprofundamento e novas mediações. Por um lado, ela permanece atual no sentido de que se vivêssemos relações livres, a prostituição perderia seu fundamento central. Por outro lado, a precarização das condições de vida, que afeta a sobrevivência de muitas mulheres, associada ao crescente "mercado do sexo", também se constitui em uma forte determinação para a prostituição, ainda que não esgotem a compreensão desse fenômeno. Até porque, contraditoriamente, se a prostituição legitima o patriarcado, em alguma medida as prostitutas também o subvertem, ao não corresponderem ao moralismo do controle sobre sua sexualidade, no sentido de não se limitarem a um parceiro.

Cremos que, mais do que a prostituição em si, mas a apropriação sexual das mulheres, ou a chamada "obrigação sexual", é uma das mais fortes expressões do patriarcado, ou seja, da persistência da dominação masculina e subserviência feminina. O sentimento de obrigação sexual, que muitas chamam de obrigação conjugal, torna o corpo da mulher uma propriedade do homem, para seu usufruto, ainda que contrarie a vontade e/ou o desejo da mulher. Há, nesse processo patriarcal, a construção de um "contrato sexual" de sujeição das mulheres que possibilitará o "contrato original". Esse dá direitos aos homens em detrimento da liberdade da mulher, ou seja, se configura como um contrato de subordinação feminina que possibilita a dominação masculina. Carole Pateman (1993, p. 16 e 17) nos explica:

> O contrato social é uma história de liberdade; o contrato sexual é uma história de sujeição. O contrato original cria ambas, a liberdade do homem e a sujeição da mulher derivam do contrato original e o sentido da liberdade civil não pode ser compreendido sem a metade perdida da história, que revela como o direito patriarcal dos homens sobre as

mulheres é criado pelo contrato. A liberdade civil não é universal — é um atributo masculino e depende do direito patriarcal.

Em síntese, podemos dizer que o patriarcado tem sua consolidação histórica associada à produção da propriedade privada. Diferente do que prega a ideologia da subordinação da mulher como algo existente desde os primórdios da humanidade, o patriarcado é resultado de um processo histórico. Devido à resistência das mulheres, os homens tiveram que lutar cerca de dois milênios para consolidá-lo como sistema (Saffioti, 2004). De acordo com esse autor, se formos levar em consideração o início do processo de mudança, pode-se dizer que o patriarcado tem cerca de 5.203-4 anos. Agora, se formos considerar o "fim do processo de transformação das relações homem-mulher", a idade do patriarcado é de apenas 2.603-4 anos, portanto, um "recém-nascido" frente à idade da humanidade (Saffioti, 2004, p. 60).

Partindo de outra perspectiva de análise, diferentemente de feministas como Scott, Rowbotham, Castro e Lavinas, que consideram o patriarcado uma categoria "a-histórica" e "biologizante", Saffioti (2004) afirma que o patriarcado não torna as diferenças entre os sexos fixas e imutáveis, como defende a perspectiva cultural-simbólica. O patriarcado qualifica as relações sociais de sexo ao explicitar o vetor de dominação e exploração do homem sobre a mulher presente nesta sociedade. Dessa forma, o patriarcado é uma forma específica das "relações de gênero", entendido como "relações hierarquizadas entre seres socialmente desiguais, enquanto o gênero compreende também relações igualitárias" (Saffioti, 2004, p. 119). Nesse mesmo sentido, complementa pertinentemente Oberti (2000, p. 3):

> "[...] o patriarcado, ou como queiramos denominar o sistema de dominação, não é um sistema fechado [...], mas, sim, formas hegemônicas de poder — masculino — que revelam suas próprias falhas [...], a tarefa estratégica do feminismo é explorar essas brechas onde houver e também ajudar a produzi-las.

Assim, diferentemente da categoria gênero, quando utilizamos patriarcado, necessariamente estamos nos referindo às relações de dominação, opressão e exploração masculinas na apropriação sobre o corpo, a vida e o trabalho das mulheres. Ou seja, o patriarcado nomeia as desigualdades que marcam as relações sociais de sexo em vigor na sociedade. Daí a importância de o considerarmos, até porque:

> O patriarcado ou ordem patriarcal de gênero, ao contrário [de gênero], como vem explícito em seu nome, só se aplica a uma fase histórica, não tendo a pretensão da generalidade nem da neutralidade, e deixando propositadamente explícito o vetor da dominação-exploração. Entra-se, assim, no reino da História. Trata-se, pois, da falocracia, do androcentrismo, da primazia masculina. É, por conseguinte, um conceito de ordem política (Saffioti, 2004, p. 139).

O controle sobre as mulheres empreendido pelo patriarcado se desdobra ainda no medo a ele associado. Ou seja, "a dinâmica entre controle e medo rege o patriarcado" (Saffioti, 2004, p. 136). Tornar explícito esse sistema de opressão das mulheres é condição primeira para podermos analisar crítica e politicamente as relações sociais de sexo que vivenciamos e, com isso, termos a possibilidade de vislumbrar a construção de relações igualitárias.

Diante da rejeição por parte de algumas feministas da utilização teórica do patriarcado, Saffioti (2004, p. 57-58) sintetiza alguns argumentos em defesa da permanência de sua utilização, especialmente porque:

> 1. não se trata de uma relação privada, mas civil;
> 2. dá direitos sexuais aos homens sobre as mulheres, praticamente sem restrições [...];
> 3. configura um tipo hierárquico de relação, que invade todos os espaços da sociedade;
> 4. tem uma base material;
> 5. corporifica-se;
> 6. representa uma estrutura de poder baseada tanto na ideologia quanto na violência.

Compreender, entretanto, que o patriarcado se configura, em bases materiais e simbólicas, como um sistema de apropriação sobre as mulheres, não significa conceber como estáticas e imutáveis as relações sociais de sexo daí resultantes. Não há, portanto, no uso da categoria patriarcado a impossibilidade de pensarmos a transformação deste sistema, uma vez que ele não "cristaliza" esta dominação, apenas a explicita.

Pateman (1993) também defende a importância política da utilização da categoria patriarcado, por destacá-lo como o único conceito que se refere especificamente à sujeição da mulher, bem como por singularizar a forma de direito político que todos os homens exercem por serem homens. Para a autora, deixar a utilização do patriarcado implicaria a perda de uma história política que ainda está para ser mapeada.

É importante perceber que o patriarcado se configura como uma relação social estrutural e superestrutural, ou seja, entendida no sentido francês de *rapport*, como explicamos no início deste item. O poder hegemônico do patriarcado nas relações sociais vigentes permite que o mesmo se efetive até na ausência do homem, uma vez que as mulheres, também, incorporam-no e o reproduzem, seja entre si ou na educação de seus filhos e filhas. Isso não ocorre devido à concordância ou à conivência consciente das mulheres, mas devido ao fato do patriarcado funcionar como um sistema regido pelo medo e embebido de ideologia, concretizado em uma sociedade permeada por relações de alienação. Saffioti (2004, p. 101-102) ilustra esse processo ao se referir ao filme *Lanternas vermelhas*:

> [...] nem sequer a presença do patriarca é imprescindível para mover a máquina do patriarcado, levando à forca a terceira esposa, pela transgressão cometida contra a *ordem patriarcal* de gênero. [...] Além de o patriarcado fomentar a guerra entre as mulheres, funciona como uma engrenagem quase automática, pois pode ser acionada por qualquer um, inclusive por mulheres. Quando a quarto esposa, em estado etílico, denuncia a terceira, que estava com seu amante, à segunda, é esta que faz o flagrante e que toma as providências para que se cumpra a tradição: o assassinato da "traidora".

Exemplos cotidianos do funcionamento do patriarcado mesmo na ausência do homem é o julgamento moral realizado por parte de uma mulher sobre outra por esta possuir vários parceiros ou por optar em não se casar ou, ainda, a responsabilização da mulher por ser traída pelo marido. Isso não quer dizer que as mulheres são "culpadas" em reproduzir esse sistema. Como vimos, as mulheres são sínteses das relações que estabelecem, mediadas por uma sociedade alienante e alienadora.

Além do entendimento do patriarcado como uma relação social de subordinação das mulheres, é importante ressaltar que o patriarcado deve ser compreendido como um sistema que possui uma base econômica que, para Delphy (2009, t. I) consiste no "modo de produção doméstico", que detalharemos no próximo item (2.2).

O regime da heterossexualidade compulsória é, também, uma das dimensões fundamentais para a consolidação do patriarcado. Para entender essa concepção, é importante compreender que quando falamos em heterossexualidade não estamos nos referindo simplesmente "às pulsões e práticas sexuais". Para Monique Wittig (2007, p. 13): "A heterossexualidade é o regime político sob o qual nós vivemos, fundado sobre a escravização de mulheres" (tradução nossa). Um dos primeiros elementos, portanto, para compreensão crítica da heterossexualidade compulsória é a sua constituição como um regime relacionado às relações de dominação e exploração sobre as mulheres. Trata-se, nas palavras de Jules Falquet (2008):

> [...] de uma potente instituição social, amplamente endossada ao Estado e à Nação e que desempenha um importante papel na circulação de pessoas. Veremos que ela contribui de modo central não somente na organização da aliança, da filiação e da herança, mas de modo mais fortemente ainda na construção e na naturalização dos sexos, mas também das "raças" e das classes.

Segundo Falquet (2008, p. 132), a heterossexualidade possibilita estabelecer o sistema de filiação legítimo e o recebimento ou a transmissão da herança, o que garante o acesso mais rápido aos recursos. Condição que é o "ponto de partida e de chegada das relações sociais de poder".

Essas relações racista-patriarcais encontram sua base de sustentação, fundamentalmente, por meio da família ancorada na divisão sexual do trabalho, que conforma, por sua vez, as bases para a garantia da reprodução social da força de trabalho e da exploração do "trabalho desvalorizado" das mulheres, indispensáveis à lógica de acumulação capitalista. Passemos, pois, a discutir essas categorias desveladoras do sistema de apropriação e de exploração das mulheres.

2.2 Família, divisão sexual do trabalho e reprodução social

Para adentrarmos em uma perspectiva de análise crítica sobre as apropriações, explorações e opressões que pesam sobre o universo feminino, é necessário partirmos da percepção de que na maioria das sociedades as mulheres trabalham mais do que os homens, contudo, ganham menores salários, têm menor acesso à riqueza, ao crédito, à informação e ao conhecimento (Elson, 2010). Além disso, Diane Elson (2010) chama-nos atenção para a desigualdade no que diz respeito ao poder de decisão, uma vez que as mulheres também possuem essa desvantagem em relação aos homens.

De acordo com Saffioti (1979, p. 79), para entendermos as raízes do modo pelo qual as mulheres são sacrificadas:

> [...] é preciso não esquecer que entre um sistema produtivo de bens e serviços e a marginalização de uma categoria de sexo em relação a ele medeia a estrutura familial na qual a mulher desempenha suas funções [consideradas] naturais e mais a de trabalhadora doméstica e socializadora dos filhos.

A família, portanto, é uma importante chave para o entendimento histórico da exploração e da opressão sobre as mulheres. Por isso, comecemos por entender o significado histórico e etimológico da família. De acordo com Danda Prado (1985, p. 51), o termo família encontra sua origem no latim *famulus*, que significa "conjunto de servos e dependentes de um chefe ou senhor". Nessa mesma perspectiva, complementa Delphy:

> [...] a família é uma unidade de produção. Família em latim designa um conjunto de terras, de escravos, de mulheres e crianças submissos ao poder (então sinônimo de propriedade) do pai de família. Nessa unidade o pai de família é dominante: o trabalho dos indivíduos sob sua autoridade lhe pertence ou em outros termos a família é um conjunto de indivíduos que devem seu trabalho a um chefe (2009, t. I, p. 39; tradução nossa).

Segundo Waters (1979, p. 84), o surgimento da família ocorreu com a destruição das tradições igualitárias e das estruturas da sociedade pré-classista. Sobre esse momento histórico, a autora nos explica:

> [...] os indivíduos começaram a se apropriar do excedente criado pelo trabalho coletivo da comunidade, conservando-o como propriedade pessoal ou privada. Conforme começou o desenvolvimento da propriedade privada, teria que criar-se um mecanismo ou instituição que regularia e manteria a distribuição desigual e as necessidades de vida (Waters, 1979, p. 84-85; tradução nossa).

Outra função da família seria perpetuar essa divisão desigual de uma geração à outra, por meio da herança. Daí, também, decorre a necessidade do regime da heterossexualidade compulsória, como já sublinhamos anteriormente. Outra vantagem que o sistema familiar oferecera para a classe dominante foi ter permitido "a forma mais barata possível para a reprodução de novas gerações de massas trabalhadoras" (Waters, 1979, p. 86; tradução nossa). Barateamento proporcionado, fundamentalmente, pela divisão sexual do trabalho que responsabiliza a mulher pela satisfação das necessidades dos membros da família por meio de um trabalho não remunerado. Por isso, "este sistema serve perfeitamente para maximizar a acumulação privada de riqueza social, e para perpetuar a opressão da mulher" (Waters, 1979, p. 87; tradução nossa).

Há ainda a importante função ideológica que a instituição familiar cumpre, função não menos importante que as demais. Como nos alerta Mészáros (2002, p. 271), a família nuclear "não deixa de ser profundamente autoritária devido às funções que lhe são atribuídas num sistema de controle metabólico dominado pelo capital que determina a orientação de indivíduos particulares por meio de seu sistema incontestável de valores". Para conseguir manter esse "sistema incontestável" de valores, a família conta com a ideologia de que é o "lugar de aconchego e paz". Na verdade, isso não passa de um mito "que mascara a prática da violência em suas diversas formas: violência física, psicológica e sexual e maus-tratos contra mulheres, crianças, adolescentes e idosas(os)" (Plataforma Feminista, 2002, p. 26). Com essa idealização da família, o crescimento da violência no cotidiano é encoberto, dificultando, portanto, o necessário combate.

A família patriarcal realiza o papel ideológico na difusão do conservadorismo "ao ensinar as crianças desde a infância que devem aceitar as estruturas e premissas básicas da sociedade de classe" (Waters, 1979, p. 88; tradução nossa). Há, assim, por meio desse modelo familiar, uma internalização de valores conservadores, ou melhor, (des) valores junto às crianças: "desigualdade, competitividade, autoridade e hierarquia, preconceitos e funções sexistas" (Waters, 1979, tradução nossa). Logo, concordamos com esse autor que o sistema familiar "é também um pilar indispensável ao Estado" (tradução nossa). Evidente que, juntamente com a família, como também nos lembra Waters (1979), foi necessário criar, seja para o aspecto ideológico, seja para manter a divisão de riqueza por meio da força, outras instituições como a Igreja, a polícia, as leis, as prisões.

A família patriarcal, portanto, é uma instituição que "permite perpetuar a opressão específica das mulheres com o sexo", uma vez que o "sistema familiar está baseado na escravização doméstica e na dependência econômica da mulher" (Waters, 1979, p. 81; tradução nossa). Ainda que com a industrialização a família tenha perdido significativamente seu caráter de unidade de produção, esse não foi de todo eliminado, dada a permanência do trabalho doméstico não remunerado. Contudo, não trataremos a família como unidade econômica, mas como uma "instituição econômica" (Delphy, 2009, t. I, p. 95; tradução nossa). Em outras palavras, em que pesem as transformações estruturais que afetaram a configuração da família nuclear, podemos afirmar, concordando com Mészáros (2002, p. 278), que a família permanece ocupando "uma posição de importância essencial na reprodução do próprio sistema do capital". Afinal, justifica o autor: "ela é seu 'microcosmo' insubstituível de reprodução e consumo", além de garantir a perpetuação da propriedade privada.

Mesmo quando a família não assegura, por meio do trabalho doméstico não remunerado, a reprodução social, é o trabalho feminino desvalorizado e mal remunerado que, via de regra, a garante. Lembremos do *care* para ilustrar essa afirmação, especialmente no contexto das políticas de ajuste neoliberais.

É por meio da família que se estrutura o que Delphy (2009, t. I) chama de modo de produção doméstico, que incorpora e reproduz um modo de circulação e de consumação de bens e serviços baseados na exploração das mulheres. Nas palavras de Delphy (2009, p. 35-36): "A família é o lugar de uma exploração econômica: das mulheres" (tradução nossa). Essa exploração é realizada, fundamentalmente, pelos trabalhos domésticos não remunerados e pela responsabilidade com o cuidado das crianças, inválidos(as) e velhos(as).

A família é um lugar por excelência de exploração da mulher, mas não o único. Até porque tem crescido enormemente, como já apontamos, a exploração do trabalho feminino fora do ambiente doméstico. Por isso, confluímos com o pensamento de Falquet (2008), na sua análise sobre o "trabalho desvalorizado", que engloba o que vai do trabalho não remunerado ao assalariado, mas marcado por relações de exploração e precarização. Enfim, cremos que o entendimento do trabalho feminino desvalorizado pode nos oferecer pistas para o entendimento da exploração capitalista sobre as mulheres.

Apesar de reconhecermos que a família é insuficiente para explicar a reprodução social, ela ainda nos parece indispensável. Ainda que novas configurações familiares estejam em forte curso histórico, a família permanece como uma significativa instituição na garantia da estrutura para a divisão sexual do trabalho e, por extensão, da reprodução social. Na Pesquisa Nacional por Amostra de Domicílios (PNAD), do Instituto Brasileiro de Geografia e Estatística (IBGE), referente ao ano de 2011,[6] foi comprovada uma mínima alteração na participação masculina com os afazeres domésticos. Segundo o resultado da pesquisa, os homens ocupados dedicavam dez horas semanais com os afazeres domésticos em 2001. Em 2011, esse dado aumenta apenas oito minutos, ou seja, dez horas e oito minutos é o tempo que um homem empregado no Brasil dedica às atividades domésticas, enquanto as mulheres ocupadas destinavam vinte e quatro horas e quatro minutos no início da década passada. Em 2011, a atividade consumia vinte e duas horas e treze minutos. Esses dados revelam, portanto, que embora o avanço das forças produtivas tenha diminuído o trabalho doméstico feminino, ainda estamos longe de vê-lo eliminado.

Embora com todas as alterações sofridas, a família, mais precisamente, o trabalho reprodutivo considerado feminino, permanece imperativo aos estudos e às análises feministas. Os produtos garantidos pelo trabalho reprodutivo não têm sua consumação esgotada no interior da família, uma vez que eles serão destinados também ao mercado. Mais do que isso, o trabalho reprodutivo não remunerado garante a principal mercadoria do modo de produção capitalista: a força de trabalho, já que é somente por meio dela que se produz a riqueza. A importância das mulheres para a criação de mercadorias e de bens vitais "é atestada por toda a literatura etnológica e constitui uma pedra no jardim dos ideólogos que tentam explicar o estatuto

6. Disponível em: <https://ftp.ibge.gov.br/Trabalho_e_Rendimento/Pesquisa_Nacional_por_Amostra_de_Domicilios_anual/2011/Sintese_Indicadores/sintese_pnad2011.pdf>. Acesso em: 6 nov. 2012.

inferior das mulheres pelo seu papel secundário — pelo menos 'as origens' — na sobrevivência da espécie" (Delphy, 2009, t. I, p. 37; tradução nossa).

A apropriação do trabalho reprodutivo é parte integrante do modo de produção capitalista. Para compreendermos isso, é central desvelar que a exploração econômica das mulheres dentro da família é vinculada à exploração dentro do mundo do trabalho capitalista, ou seja, "o trabalho gratuito de uma mulher é [...] contado na economia geral da exploração" (Delphy, t. I, 2009, p. 38; tradução nossa). Em outras palavras, o que Delphy denomina de "modo de produção doméstico" é parte integrante e indispensável ao modo de produção capitalista. Esse modo de produção se apoia na exploração do trabalho doméstico da mulher, assim como na exploração da força de trabalho feminina na esfera produtiva, na qual, via de regra, recebem baixos salários e são desvalorizadas. Em síntese, podemos dizer, então, que o modo de produção capitalista encontra na exploração do trabalho da mulher, seja na esfera produtiva, seja na esfera reprodutiva (em trabalho remunerado ou não), uma das suas bases de sustentação.

Delphy (2009) defende que existem dois modos de produção na nossa sociedade. Explica a autora:

> Constatamos a existência de dois modos de produção na nossa sociedade: a maioria das mercadorias é produzida pelo modo industrial; os serviços domésticos, a criação das crianças e um certo número de mercadorias são produzidas pelo modo familiar. O primeiro modo de produção dá lugar à exploração capitalista. O segundo dá lugar à exploração familiar, ou mais exatamente patriarcal (tradução nossa).

De modo diferente, cremos na existência de um único modo de produção em vigor. Cabe, contudo, entender que ele não se restringe à esfera produtiva. Até porque essa esfera depende da reprodução social que, por sua vez, é garantida em grande medida pelo que Delphy (2009, t. I) denomina de "modo de produção doméstico". Esse modo de produção se realiza por meio da exploração patriarcal sobre o "trabalho desvalorizado" das mulheres, realizado não apenas nos limites da casa, mas, também, fora dela, como vimos anteriormente. Em outras palavras, as esferas produtivas e reprodutivas são indissociáveis, consubstanciais. Sendo esse modo de produção estruturado pelas relações de classe, "raça" e sexo (incluindo sexualidade), podemos denominá-lo de modo de produção racista-patriarcal-capitalista. Temos, portanto, um único sistema, um único modo de produção, mas, conformados por essas relações — mediações e contradições — que são dialeticamente "consubstanciais" e "coextensivas".

Entrando mais na especificidade do que ora tratamos, gostaríamos de destacar a gravidade da exploração do trabalho reprodutivo não remunerado. Essa é comparada à relação de escravização, como nos afirma Delphy: "O fornecimento gratuito do trabalho no contexto de uma relação global e pessoal (o casamento), constitui precisamente uma relação de escravização" (2009, t. I, p. 51; tradução nossa). Nas palavras de Marx (2009a, p. 104), o casamento "é certamente uma *forma de propriedade privada exclusiva*" (destaques do autor).

Para analisarmos com mais profundidade essa relação de escravização, é indispensável compreendermos a divisão sexual do trabalho (DST) na condição de mola propulsora do sistema patriarcal. Paola Tabet (2005) nos chama atenção para perceber que a divisão sexual do trabalho não é algo natural, tampouco corresponde a uma complementariedade e reciprocidade entre homens e mulheres. Ao contrário, trata-se, segundo Tabet, de uma relação de domínio. Nessa perspectiva, a feminista apresenta a tese de que a divisão sexual do trabalho "*não é neutra e sim orientada e assimétrica*" (Tabet, 2005, p. 63; destaque da autora; tradução nossa). Dessa forma, entendemos que a DST possui determinações sociais e atende a interesses, uma vez que é marcada pela assimetria, ou, por que não dizer, pela desigualdade.

Concordamos com Tabet ao afirmar que a divisão sexual do trabalho expressa "as relações de classe entre os dois sexos, ainda antes das definições ideológicas que acompanham as tarefas em si (por exemplo a valorização das atividades masculinas)" (tradução nossa). Afinal, não é a ideologia que determina a desigualdade entre os sexos, posto que ambas (ideologia e desigualdade) resultam das relações materiais concretas, como vimos no Capítulo 1.

Paola Tabet (2005) ainda nos alerta para a necessidade de analisar a divisão sexual do trabalho considerando sua relação com a apropriação e controle dos instrumentos de trabalho por parte dos homens, posto que as mulheres realizam determinados trabalhos e são excluídas de outros, segundo o acesso (ou não) aos instrumentos. Para ela, esse controle masculino sobre os instrumentos constitui um dos elementos da relação de classe entre mulheres e homens. Esclarece a autora:

> A presença de instrumentos sempre mais complexos abre a possibilidade de uma produtividade de trabalho mais constante e bem mais elevada. Está em jogo um poder sobre a matéria e uma apropriação da natureza muito mais além dos limites do corpo humano. O controle da produção e da sociedade exige um *controle direto também sobre os instrumentos de produção* (Tabet, 2005, p. 111; destaque da autora; tradução nossa).

Não apenas o controle dos instrumentos, mas, também, o controle das armas, segundo Tabet (2005), garante o poder dos homens sobre as mulheres. Assim, o monopólio das armas-instrumento possibilita o domínio masculino. Tais elementos, contudo, são insuficientes para a compreensão da divisão sexual do trabalho, bem como do domínio masculino. Paola Tabet (2005) complementa seu pensamento afirmando que a análise dos produtos obtidos dessa divisão sexual do trabalho, do acesso à matéria-prima e à tecnologia também são indispensáveis para aprofundar as razões da separação hierárquica entre os sexos e a realização dos seus respectivos trabalhos. Trata-se, portanto, "do controle das técnicas e das matérias-primas sem as quais não se podem produzir nem armas, nem instrumentos" (Tabet, 2005, p. 117; tradução nossa).

Para Danièle Kergoat (2012, p. 214) a divisão sexual do trabalho é:

> [...] a forma de divisão do trabalho social decorrente das relações sociais de sexo; essa forma é modulada historicamente e socialmente. Ela tem por características a destinação prioritária dos homens à esfera produtiva e das mulheres à esfera reprodutiva e, simultaneamente, a ocupação pelos homens das funções de forte valor social agregado (políticas, religiosas, militares etc.) (tradução nossa).

Assim, a divisão entre a esfera produtiva e reprodutiva fortaleceu a hierarquia e a desigualdade entre homens e mulheres. A esfera produtiva é a da valorização, da *produção* da riqueza e, portanto, é tida como um espaço privilegiadamente masculino. A esfera da *reprodução social* — aqui entendida como as atividades necessárias para garantir a manutenção e reprodução da força de trabalho —, é considerada um espaço feminino.

Logo, a divisão sexual do trabalho é a base estruturante da exploração e da opressão da mulher. Ela é entendida como relação social e, como tal, é histórica, portanto, sujeita a transformações. A DST, contudo, mantém seus dois "princípios organizadores" que funcionam como "invariantes" nesta categoria: a "hierarquia", por agregar sempre maior valor ao trabalho masculino em detrimento do feminino; e a "separação" entre o que é trabalho do homem e da mulher (Kergoat, 2009, 2010, 2010a, 2012).

A divisão sexual do trabalho, por conseguinte, não pode ser compreendida apenas como uma diferença entre os trabalhos realizados por homens e mulheres e sim como a base das assimetrias e hierarquias contidas nessa divisão, e que se expressam nas desigualdades existentes, dentre outros aspectos, nas carreiras, nas qualificações[7] e nos salários entre os sexos.

Segundo Souza-Lobo (2011), as pesquisas sobre a divisão sexual do trabalho apontam que a subordinação é o ponto em comum das

---

7. Segundo Souza-Lobo, a qualificação profissional para as mulheres constitui uma "possibilidade excepcional". Por isso, ainda segundo a autora, "a desqualificação profissional das trabalhadoras remete às relações de gênero, as rupturas são individuais e configuram situações excepcionas" (2011, p. 100).

mais variadas experiências de trabalho realizado por mulheres. "A divisão sexual do trabalho produz e reproduz a assimetria entre práticas femininas e masculinas, constrói e reconstrói mecanismos de sujeição e disciplinamento das mulheres, produz e reproduz a subordinação do gênero dominação" (Souza-Lobo, 2011, p. 174).

Para Souza-Lobo (2011, p. 152), a divisão sexual do trabalho "não só separa e articula produção e reprodução, mas estrutura as relações no trabalho produtivo, permite recolocar a questão da relação entre a dinâmica das relações capitalistas de trabalho e a força de trabalho feminina sob um ângulo que integra os dois níveis, sexualizando as relações de trabalho e as relações sociais". Isso, ainda segundo a autora, permite questionar as generalidades, "fazendo emergir as relações invisíveis que estruturam o trabalho doméstico ou a própria divisão sexual do trabalho e das tarefas nas várias relações sociais".

A divisão sexual do trabalho não diz respeito "apenas" às relações sociais de sexo, uma vez que opera como uma divisão social:

> A organização social do compartilhamento do trabalho (e, portanto, também, do emprego) entre os dois grupos de sexo. Essa divisão sexual do trabalho atravessa a sociedade e articula os campos do trabalho produtivo e do trabalho reprodutivo. Não os separa: ela os articula, excluindo ou integrando, segundo os momentos e as necessidades dos dominantes, as mulheres à esfera produtiva, devolvendo-as global ou parcialmente à esfera reprodutiva (Devreux, 2011, p. 12-13).

Dessa forma, para entender a divisão sexual do trabalho é necessário que analisemos não apenas a esfera da produção, mas a sua relação com a reprodução social. Apenas com essa análise mais ampliada é que é possível compreendê-la "como uma estratégia de gestão da força de trabalho, através de representações e de linguagem do capital" (Souza-Lobo, 2011, p. 68). Podemos ousar em ir um pouco mais adiante do que Souza-Lobo, ao dizer que a análise crítica da divisão sexual do trabalho na relação entre produção e reprodução social permite-nos desvelar, em grande medida, não apenas uma estratégia de gestão, mas, também, da própria produção e reprodução da força de trabalho, sem a qual não haveria capital, já que se constitui na única mercadoria capaz de gerar riqueza.

Logo, a divisão sexual do trabalho não pode ser analisada apenas nas "fábricas", no mundo do trabalho, mas, também, no mundo da política, da família e de suas extensões. Por isso,

> é necessário combinar a análise do cotidiano da fábrica e do sindicato com o da família operária. E a partir desse cotidiano visível e invisível, na fábrica e em casa, que se pode começar a discutir a autonomia das práticas sociais dos homens e das mulheres dentro da classe operária e sua integração nas lutas do movimento operário no Brasil (Souza-Lobo, 2011, p. 49).

A importância em se perceber a relação da divisão sexual do trabalho no espaço da casa e da fábrica está em compreender que essa divisão é determinada por um único sistema que integra esses universos de forma a se apropriar das "qualidades" ditas femininas, para ampliação dos lucros na fábrica. Assim é que

> os dedos ágeis, a paciência, a resistência à monotonia são considerados próprios da força de trabalho feminina. [...] a própria qualificação é sexuada e reflete critérios diferentes para o trabalho de homens e mulheres, ocorrendo frequentemente uma desqualificação do trabalho feminino, assimilado a dons naturais, desconsiderando-se o treinamento informal (Souza-Lobo, 2011, p. 154).

A apropriação dessas "qualidades" tidas como femininas desconsidera o treinamento informal das mulheres, atribuindo tais "qualidades" a uma suposta "natureza feminina". Isso permite que as atividades realizadas pelas mulheres não sejam percebidas, tampouco, valorizadas como um trabalho especializado, o que serve de justificativa para os baixos salários. Como nos aponta Souza-Lobo, "a assimetria nas relações de trabalho masculinas e femininas se manifesta não apenas na divisão [do trabalho] de tarefas [*sic*] mas nos critérios que definem a qualificação das tarefas, nos salários, na disciplina de trabalho" (2011, p. 169; inserção nossa).

A divisão sexual do poder, assim como a divisão sexual do trabalho e a categorização de sexo, é transversal. A divisão de poderes entre os sexos não resulta de uma questão natural. Isso significa que não está vinculada às capacidades físicas dos homens e das mulheres. Essa divisão está vinculada à "sexuação social" que encontra apoio na divisão sexual do trabalho e na categorização do sexo, tendo a divisão entre público e privado como uma determinação importante (Devreux, 2011).

A categorização do sexo ocorre de forma concomitante com a divisão sexual do trabalho e a divisão sexual do poder, ou melhor, ocorrem no mesmo processo. Nas palavras de Devreux (2011, p. 13): "Cada vez que há divisão sexual do trabalho ou do poder, há criação e reiteração de categorizações sexuadas".

A primeira categorização social do sexo ocorre com a partição dos indivíduos em categorias de sexo, entre homens e mulheres. Tal partição obedece a um sistema de valores, atributos e normas que fixam o que é considerado "feminino" e "masculino". Assim, desde a infância, meninos e meninas recebem uma educação sexista, ou seja, aquela que não apenas diferencia os sexos, mas educa homens e mulheres de forma desigual. Para isso, o sistema patriarcal conta com algumas instituições na difusão da sua ideologia, das quais destacamos a família, a igreja e a escola. Meninas são educadas para lavar, cozinhar, passar, cuidar dos(as) filhos(as) e do marido e serem submissas, passivas e tímidas. Meninos são educados para serem fortes, valentes, decididos e provedores. Cabe, portanto, às mulheres, no sistema patriarcal que foi incorporado pelo capitalismo, a responsabilidade com o trabalho reprodutivo, sem o qual a produção social seria fortemente dificultada já que ele garante, em grande medida, a reprodução da força de trabalho.

Em outras palavras, a categorização que cria grupos antagônicos, operada por meio das relações sociais de sexo, consiste em fixar como verdades definições sociais, estabelecendo o que é um homem e uma mulher, o que é ou não trabalho, o que tem ou não valor, o que é ou não produção. Além, evidentemente, de estabelecer o que é e o que não é socialmente aceitável (Devreux, 2011, p. 14).

Essa categorização do sexo que naturaliza a divisão sexual do trabalho com base no regime heterossexual faz-se presente, também, em relações homoafetivas. Por exemplo, é comum percebermos em um casal lésbico uma corresponder ao padrão do que se considera feminino e a outra ao masculino, tanto na divisão do trabalho como no comportamento de uma maneira geral. Dessa forma, não se rompe completamente com o regime heterossexual, ao deixar intocada a divisão sexual do trabalho. Daí concebermos que esse regime não se restringe à definição das práticas de orientação sexual, mas funciona em sintonia harmoniosa com as relações patriarcais.

O binarismo de gênero (homem-mulher) ancorado na heterossexualidade compulsória tem por finalidade, portanto, "garantir a divisão sexual do trabalho" (Falquet, 2012, p. 146; tradução nossa). Logo, mais do que nos preocupar em combater esse binarismo, precisamos nos preocupar em superar o que o fundamenta: a divisão sexual do trabalho. Até porque "O problema não é, claro, a binaridade (que é um resultado), mas sua causa: a ideologia da diferença. Combater a binaridade pela sua expansão ou mesmo a "trans" identidade, não resolve nada se sua causa não é atacada" (tradução nossa).

Trabalhamos até aqui algumas bases materiais que fundamentam a reprodução da ideologia patriarcal e racista, que ainda imperam no capitalismo contemporâneo, fortalecendo os antagonismos entre as classes sociais e as diferenças que as configuram. Tal ideologia é, fundamentalmente, reproduzida devido à naturalização dos sexos que, por sua vez, é possibilitada pela alienação. Essa ideologia naturalista, segundo Kergoat (2010a), legitima os dois princípios organizadores do trabalho: o da separação e o da hierarquia. Daí a importância de empreendermos uma crítica à ideologia naturalista.

2.3 Alienação e ideologia a serviço das relações patriarcal-racista-capitalistas: crítica à ideia de natureza

A perspectiva pós-estruturalista, pós-moderna ou mesmo "pós-feminista"[8] atribui, de uma maneira geral, a desigualdade entre homens e mulheres à cultura, sem vinculá-la às relações estruturais de dominação e de desigualdades. É certo que a cultura que vivenciamos fomenta modelos conservadores de comportamento considerados "femininos" ou "masculinos" que, em grande medida, reproduzem a desigualdade histórica entre homens e mulheres. Isso ocorre porque é por meio da cultura que os valores, costumes, comportamentos, modos de pensar e de se expressar são reproduzidos.

Agora, cabe-nos perguntar: De onde vem a cultura? Como ela é determinada e reproduzida? Quem a produz? A cultura, como nos ensina a tradição marxista, possui determinações materiais. Ela é produzida nas e pelas relações sociais que estabelecemos, em um terreno marcado pela luta de classes antagônicas. Na particularidade das "relações sociais de sexo", como nos lembra Delphy (2009a, p. 253-254), "a construção social dos valores, o masculino e o feminino são as criações culturais de uma sociedade fundada, entre outras hierarquias, sobre uma hierarquia de gênero". As hierarquias e os interesses que elas guardam/atendem, devem, portanto, ser desvelados criticamente para o entendimento dos valores e do que

8. De acordo com Mary Garcia Castro (2000, p. 98), "o pós-feminismo toma formato de movimento a partir de 1990 — não somente na Europa, onde se iniciara, mas também nos EUA. Critica-se o que se identificaria como 'postura feminista', isto é, o 'policiamento' da sexualidade e a redução da mulher à vítima. E afasta-se de conceitos como patriarcado, das distinções entre o feminino e o masculino e da ênfase em relações entre tais constructos. Também se recusa o conceito de gênero, por considerar que levaria ao ocultamento da homo e da bissexualidade. Celebram-se as diferenças culturais (o que herda também do pós-estruturalismo) e, na esteira do pós-modernismo, rejeita-se o capitalismo, no plano discursivo, e o marxismo, caricaturado como perspectiva 'economicista' e totalizante que, ao enfatizar a igualdade, tenderia a homogeneizar experiências e a considerar que só haveria um sujeito na revolução, o proletariado (aliás, revolução termo também abolido do léxico dos 'pós', seria uma 'metanarrativa' incompatível com uma ideologia que preza o 'eterno presente')".

se concebe como feminino e masculino. Nessa linha de raciocínio, elucida-nos Saffioti:

> [...] a formação econômico-social capitalista, estágio mais avançado das sociedades baseadas na propriedade privada dos meios de produção, se configura como aquela que, por ter desnudado o fundamento econômico de si própria, necessita construir a mais ampla e bem elaborada capa sob a qual oculta as injustiças sociais. Assim, na defesa de valores real ou supostamente mais altos, como o equilíbrio das relações familiares, o bom andamento dos serviços domésticos, a preservação dos métodos tradicionais de socialização dos imaturos, o respeito ao princípio moral da distância entre os sexos, faz-se a mais completa e racional utilização de critérios irracionais, tais como a debilidade física, a instabilidade emocional e a pequena inteligência femininas, a fim de imprimir-se ao trabalho feminino o caráter de trabalho subsidiário e tornar a mulher elemento constitutivo por excelência do enorme contingente humano diretamente marginalizado das funções produtivas (1979, p. 234).

Assim, permeada pela ideologia que atende aos interesses das classes dominantes, a cultura não pode ser entendida com uma esfera abstrata, isolada das relações estruturais da sociedade que, por sua vez, compõem a base de produção da ideologia. Para entender a cultura, é necessário compreender como e por que as relações materiais produzem a ideologia. Dessa forma, evitamos cair na sedução da naturalização da cultura ou do relativismo cultural, que a considera como algo que não pode ser alterado.

A ideologia dominante, patriarcal-racista-capitalista, penetra na consciência dos indivíduos devido à naturalização das relações de dominação e exploração que a alienação produz. Essa naturalização dificulta a possibilidade de se pensar e agir de forma transformadora. Com isso, muitos indivíduos não percebem essas relações como tais [de dominação e exploração] ou, quando percebem, não acham possível alterá-las. É essa alienação que faz com que mulheres naturalizem e reproduzam sua condição de subalternidade e subserviência como algo inato ou mesmo biológico.

Como já explicitado anteriormente, a incorporação da subalternidade pelas mulheres é histórica e possui um passado longínquo. Segundo Bebel (1976, [1879]):[9] a mulher foi o primeiro ser a sofrer com o escravismo, mesmo antes dos escravizados e de se tornar fundamento de um modo de produção. Há, portanto, uma histórica estruturação das relações de apropriação e exploração que pesam sobre as mulheres, associadas a uma forte ideologia patriarcal que se enraizou de tal maneira que as condições de vida das mulheres lhes parece, muitas vezes, naturais e imutáveis. Por isso, a naturalização da subalternidade é tão forte nas mulheres e o processo de conscientização de sua condição não é tão simples de ser alcançado.

Se toda ideologia é determinada por uma base material, sabemos que no caso da subordinação da mulher pousam sobre a exploração e a apropriação femininas as suas bases materiais estruturantes. Nesse sentido, segundo Samora Machel (1982, p. 34):

> A exploração da Mulher é um aspecto do sistema geral de exploração do homem pelo homem. É esta exploração que cria as condições de alienação da mulher, a reduz à passividade e a exclui da esfera da tomada de decisões da sociedade. Assim, as contradições antagônicas que existem são entre a mulher e a ordem social exploradora. Estas contradições são as mesmas que opõem a totalidade das massas exploradas do nosso país e do mundo às classes exploradoras.

Ainda que concordemos, em essência, com a citação anterior, gostaríamos apenas de enfatizar que se pensam sobre as mulheres tamanha carga ideológica que levam muitas à passividade, há tantas outras que resistiram e resistem à naturalização da subordinação feminina.

Vale lembrar, como já assinalado no item 2.1, que a heterossexualidade é, segundo Falquet (2008), fundamental para o entendimento

---

9. O livro de August Bebel, *A mulher e o socialismo*, é considerado a primeira obra escrita por um marxista sobre a questão da mulher. Bebel foi um dos fundadores do socialismo marxista alemão e um de seus melhores protagonistas, segundo Vicente Romano García, no Prefácio da edição castelhana do livro de Bebel, publicada em 1976.

do processo de naturalização dos sexos. Em uma palavra: "A heterossexualidade constrói e naturaliza os sexos — tanto para a sexualidade como para o trabalho" (Falquet, 2008, p. 133). A desnaturalização dos sexos não é apenas importante para o entendimento crítico da subordinação da mulher, bem como do racismo e da heterossexualidade compulsória, ela é indispensável para o combate às relações racistas, patriarcais e homofóbicas.

Cabe aqui o célebre pensamento, encontrado em uma das principais obras do feminismo, *O segundo sexo*, de Simone de Beauvoir (1980, v. 2, p. 9): "Ninguém nasce mulher: torna-se mulher. Nenhum destino biológico, psíquico, econômico define a forma que a fêmea humana assume no seio da sociedade; é o conjunto da civilização que elabora esse produto intermediário entre o macho e o castrado que qualificam de feminino". Apesar da pertinência e importância desse pensamento de Beauvoir, Jules Falquet (2012, p. 166), coerentemente nos chama atenção:

> [...] o tornar-se não é apenas o resultado de uma socialização progressiva que se estende pelos anos e continua até a morte: ele possui uma dimensão instantânea que se processa desde o nascimento ou na ecografia, no momento preciso onde é designado(a) como do sexo feminino ou masculino, com base na observação dos órgãos sexuais. A formulação mais adequada da afirmação beauvoiriana é, portanto, "não se nasce mulher: converte-se no mesmo momento em que se é designada como tal no nascimento" (tradução nossa).

Esse processo de naturalização da mulher, iniciado com a descoberta do sexo genital, que a aprisiona a uma suposta biologia determinista da forma de ser e agir femininos precisa ser problematizado em sua totalidade. Para tanto, como nos ensina Simone de Beauvoir (1980, v. 1, p. 57), é "à luz de um contexto ontológico, econômico, social e psicológico" [e político], "que teremos que esclarecer os dados da biologia". Afinal, "a biologia não basta para fornecer uma resposta à pergunta que nos preocupa: por que a mulher é o *outro*? Trata-se de saber como a natureza foi nela revista através da história; trata-se de saber o que a humanidade fez da fêmea humana" (destaque da autora). Poderíamos ainda dizer que a biologia não é apenas insuficiente, mas, na verdade, desnecessária para responder a isso.

> [...] uma sociedade não é uma espécie: nela, a espécie realiza-se como existência; transcende-se para o mundo e para o futuro; seus costumes não se deduzem da biologia; os indivíduos nunca são abandonados à sua natureza; obedecem a essa segunda natureza que é o costume e na qual se refletem os desejos e os temores que traduzem sua atualidade ontológica. Não é enquanto corpo, é enquanto corpos submetidos a tabus, a leis, que o sujeito toma consciência de si mesmo e se realiza: é em nome de certos valores que ele se valoriza. E, diga-se mais uma vez, não é a fisiologia que pode criar valores. Os dados biológicos revestem os que o existente lhes confere (Beauvoir, 1980, v. 1, p. 56).

Concordamos com Gurgel (2011, p. 39) quando afirma a atualidade d'*O segundo sexo* e a importância de Beauvoir para os estudos feministas ao explorar a "situação da mulher como uma alienação, como o outro. Daí a importância da perspectiva da autodesignação e emancipação que o feminismo sintetiza como sujeito de liberdade".

Com base no pensamento de Beauvoir, podemos compreender que nós não nascemos naturalmente submissas e passivas, mas incorporamos essa ideologia que expressa historicamente os interesses dominantes. Por isso, mulheres reproduzem o patriarcado independente da presença masculina e não porque gostam de ser submissas. Em outras palavras, é um equívoco atribuir às mulheres a responsabilidade pela reprodução do patriarcado, muitas vezes, alegando que são elas que educam os homens ou, ainda, que "gostam" de ser submissas ou mesmo de sofrer violência. Isso é responsabilizar o indivíduo desconsiderando seu contexto histórico e as relações sociais que se inserem, permeadas de alienação.

Nenhum ser humano dotado de consciência da sua condição social gosta de ser vítima de violência, de ser explorado e submisso. É por isso que precisamos desvelar o sistema de dominação e exploração sobre as mulheres, ou seja, o patriarcado, para entender as bases materiais da ideologia que naturaliza e reproduz a condição de inferioridade feminina.

Um exemplo da força dessa ideologia é sabermos que pensadores que exerceram forte influência na sociedade, como Hegel e Auguste Comte, no século XIX, reforçavam-na. Hegel, por exemplo, em sua obra *Princípios da filosofia do direito* [publicada originalmente em Berlim, em 1821], falava que havia uma "vocação natural dos dois sexos":

> A diferença que há entre o homem e a mulher é a mesma que há entre um animal e uma planta. O animal corresponde mais ao temperamento masculino, a planta mais ao da mulher, pois o seu desenvolvimento é mais tranquilo, tendo como princípio a unidade indeterminada da sensibilidade. Se as mulheres estiverem à frente do governo, o Estado está em perigo, pois elas não agem segundo as exigências de universalidade, mas segundo as inclinações e as opiniões contingentes. A formação das mulheres ocorre, não se sabe ao certo como, mais por meio [...] das circunstâncias da vida do que pela aquisição de conhecimentos. Os homens, ao contrário, só se impõem pela conquista do pensamento e pelos numerosos esforços de ordem técnica (Hegel, 1940, § 166, nota 21).

Auguste Comte, por sua vez, consegue ir mais longe, acreditando em uma "inaptidão radical do sexo feminino para o governo, mesmo da simples família". Comte justifica tal pensamento com o argumento de que as mulheres se caracterizam por uma "espécie de estado infantil contínuo". Daí decorre a sua defesa de que a família, a casa, os núcleos da esfera privada, não poderiam ser-lhes entregues sem controle, mas dentro de limites determinados (Perrot, 2001, p. 178).

A feminista francesa Colette Guillaumin (2005), em um importante artigo publicado originalmente na revista *Questions féministes*,[10] em 1978, chamado "Pratique du pouvoir et idée de nature" ("Prática de poder e a ideia de natureza", tradução nossa), oferece-nos uma preciosa análise sobre essa ideologia que naturaliza a subordinação das mulheres. Para ela, repousa sobre a ideia de uma "natureza"

10. A revista *Questions féministes* foi fundada por Simone de Beauvoir, em 1977.

feminina a base ideológica dessa subordinação. Uma natureza que supostamente justifica o que seriam as mulheres.

Para Guillaumin (2005), é por meio da ideologia naturalista que se legitima a apropriação das mulheres em um processo de coisificação e naturalização irracional do seu ser. Tal ideologia, que concebe as mulheres como naturais e com um destino biológico a seguir, ou melhor, a cumprir, tem como base a "sexagem".

O termo "sexagem" foi elaborado por Guillaumin (1992, [1978]), como um prolongamento dos conceitos de escravização e servidão[11] (Falquet, 2012). Por meio da sexagem, as mulheres são resumidas ao sexo, sendo apropriadas não apenas no que diz respeito a sua força de trabalho, mas, também, ao seu corpo e a sua vida. Em outras palavras, a sexagem denota a apropriação material concreta da individualidade corporal das mulheres, em um processo que as tira da condição de sujeito e as tornam "coisas" (Guillaumin, 2005).

Ao concordar com Guillaumin, Nicole Claude Mathieu (2005, p. 160) ressalta que a sexagem designa a "relação social de classe que se revela na apropriação do corpo, do trabalho e do tempo do conjunto das mulheres para o benefício pessoal e social dos homens em seu conjunto". Para tanto, a ideologia do naturalismo funciona como elemento difusor para a aceitação acrítica desse processo.

Ao definir as relações [*rapports*] de sexagem como relações de apropriação física direta, Guillaumin (1992 [1978], 2005) afirma que há dois tipos de apropriação: a individual ou privada e a coletiva. A apropriação individual é a realizada dentro da família, por meio do casamento. A coletiva, além de anterior, é mais profunda que a individual ou privada e é realizada, fundamentalmente, por meio das Igrejas, do Estado e das empresas. Como um exemplo da apropriação

---

11. De acordo com Jules Falquet (2012, p. 140), com base no pensamento de Guillaumin, existem duas razões objetivas para se estabelecer um paralelo entre as relações [*rapports*] de "sexagem" com as de servidão e escravidão: "(1) o processo ideológico de *naturalização das relações sociais* [*rapports sociaux*], e (2) sua diferença comum com o assalariamento, ou se preferirmos, com o modo de produção capitalista" (destaque da autora; tradução nossa).

coletiva, Guillaumin cita as religiosas. E, como meios de obtenção das apropriações individual e coletiva, ela destaca: o mercado de trabalho; o confinamento no espaço; a demonstração de força; a coerção sexual; o arsenal jurídico; e o direito consuetudinário.

Jules Falquet (2012) propõe acrescentar a esses meios: *la contrainte procréative*[12] [a coerção procriativa; tradução nossa). Além disso, a autora sugere:

> (1) considerar o mercado de trabalho (seu primeiro meio) como resultante dos outros meios, (2) ter em mente os meios do sistema jurídico ou habitual, acrescentando as políticas públicas decorrentes das leis a que estão relacionadas, (3) renomear e conceitualizar mais amplamente os três outros meios (Falquet, 2012, p. 186; destaques da autora; tradução nossa).

Para ampliar o entendimento desses meios de apropriação, Falquet (2012, p. 210-211) propõe:

> [...] transformar a ideia de *confinamento no espaço*, que pode facilmente ser lida como a ação de um marido restringindo sua esposa ao espaço doméstico, em *restrição de mobilidade*, que inclui mais ostensivamente as políticas migratórias restritivas em relação às mulheres ou a obrigação de fugir dos territórios em guerra sob a ameaça das agressões sexuais. Da mesma forma, a *demonstração de força* (as agressões) *torna-se um continuum da violência masculina* (*violência e guerra*) permitindo perceber melhor a forte dimensão de "gênero" das guerras, assim como os determinantes e consequências econômicas da violência doméstica ou sexual. Por fim, a *coerção sexual* torna-se — provisoriamente — *heterossexualidade como obrigação relacional para as mulheres* (destaque da autora; tradução nossa).

---

12. "Eu entendo por isso, o trabalho de ter uma gravidez, e em seguida de dar viabilidade a um bebê, na alimentação, cuidando e educando por um tempo frequentemente muito longo, muitas vezes, por várias décadas. Certamente, nem todas as mulheres têm filhos, nem necessariamente muitos filhos. No entanto, quase todas as mulheres são vistas — e se veem — antes de mais nada como mães (reais ou em potencial)" (Falquet, 2012, p. 177; tradução nossa).

Como podemos perceber o naturalismo possui fundamentos materiais baseados no processo de apropriação e exploração, como já mencionamos. Desvelar esse naturalismo no terreno da história é um passo fundamental para o processo de formação da consciência das mulheres e de superação das relações de apropriação e exploração que se encontram implicadas. Para Guillaumin (2012, p. 273), o naturalismo pode ser chamado de racismo e de sexismo. Segundo a autora, com o naturalismo a natureza assume o lugar dos deuses, e fixa regras sociais. Com isso, a dominação é compreendida como resultado dos "[...] elementos pré-programados dessa natureza" (tradução nossa).

Destarte, o ponto central do pensamento tecido por Guillaumin (2005) consiste na crítica à concepção de que homens e mulheres possuem uma essência natural, determinada biologicamente. Esse discurso da Natureza é "movido por leis mecânicas naturais, ou eventualmente místico-naturais, mas, em nenhum caso por leis sociais, históricas, dialéticas, intelectuais e ainda menos políticas" (Guillaumin, 2005, p. 56; tradução nossa). Para a autora, os homens e as mulheres são definidos(as) nas e pelas relações sociais que, por sua vez, são materiais, concretas e históricas.

Nessa mesma perspectiva crítica à naturalização da mulher, Nicole Claude Mathieu (2005, p. 158) levanta duas questões pertinentes para a nossa reflexão: "1. Em que medida as sociedades *usam a ideologia da definição* biológica do sexo para construir a 'hierarquia' de gênero? 2. Em que medida as sociedades *manipulam a realidade* biológica do sexo com o fim de obter esta diferenciação social?" (destaques da autora; tradução nossa). Tais questões nos conduzem a analisar que a diferenciação social entre homens e mulheres, ou melhor, as desigualdades sociais entre ambos, são justificadas como algo natural — ao ponto de manipular a própria realidade biológica — para ocultar o que de fato as definem: as relações sociais.

Com essa perspectiva naturalista e manipuladora da realidade, a ideologia naturalista dificulta a consciência de que a desigualdade ente os sexos é determinada por interesses socialmente construídos. Segundo Guillaumin (2012, p. 275-276), devido à ideologia naturalista

> [...] praticamente as mulheres não dispõem delas mesmas — elas são diretamente objetos — ideologicamente elas são um sexo, sem mediação nem autonomia. [...]. A relação de classe que as faz objetos é expressa até no seu sexo anatomo-fisiológico, sem que elas possam ter decisão ou mesmo uma simples prática autônoma como sujeito (tradução nossa).

Com essa perspectiva, a mulher pertence a uma ideia de natureza sem nenhuma mediação social. Por isso, Guillaumin (2005) ressalta a importância de percebermos que as relações sociais não são naturais, mas sim, vinculadas ao sistema de produção, ao trabalho e à exploração de uma classe sobre a outra. Em suas palavras, "em função do fato de que as mulheres são uma propriedade material concreta, se desenvolve sobre elas (e contra elas) um discurso de Natureza" (Guillaumin, 2012, p. 296; tradução nossa).

Nesse sentido, a autora vai ao encontro da perspectiva marxista de ideologia, a qual assevera que há uma base material para o desenvolvimento de qualquer ideologia. Assim é que para a produção do efeito ideológico de uma "suposta natureza" feminina, Guillaumin assegura haver um fato material: "uma relação de poder", "a imposição ilegítima permanente que constitui a apropriação [...] das mulheres por parte [...] dos homens" (2005, p. 22-23; tradução nossa). Dessa forma:

> O efeito ideológico não é de maneira alguma uma categoria empírica autônoma, mas, a forma mental que tomam determinadas relações sociais; o fato e o efeito ideológico são as duas caras de um mesmo fenômeno. A primeira é uma relação social em que certos atores são reduzidos ao estado de unidade material (e não de simples portadores de força de trabalho). A outra, a cara ideológico-discursiva, é a construção mental que faz desses mesmos atores elementos da natureza: "coisas" no pensamento mesmo (Guillaumin, 2005, p. 23; tradução nossa).

A sexagem, ou seja, a apropriação da mulher, segundo Guillaumin, é a base para a análise das "relações sociais de sexo". Comum com as condições dos escravizados, a exploração das mulheres, segundo a autora, não se restringe à apropriação da sua força de trabalho, mas, como já sinalizamos, há uma apropriação física do seu corpo, da sua sexualidade, da sua vida. Processo que a autora designa de "sexagem". Contudo, diferente dos escravizados, as mulheres ofereciam duas outras vantagens: "é uma fonte de prazer, e sobretudo é uma produtora de outros trabalhadores, uma produtora de várias fontes de riqueza" (Machel, 1982, p. 22). Como vimos anteriormente, a mulher assegura, ainda, a produção dos herdeiros, ou seja, garante a reprodução do sistema de herança que, por sua vez, assegura a perpetuação da propriedade privada.

Além disso, esse processo de apropriação não implica, na maioria das vezes, em uma contrapartida contratual para as mulheres, já que suas atividades são vistas como obrigações para cumprirem seu "papel natural" feminino. Logo, suas atividades não são percebidas, tampouco, valorizadas como trabalho. Esse é um aspecto que nos diferencia dos demais grupos oprimidos, ou seja, não temos, muitas vezes, a nossa força de trabalho percebida como tal, o que nos possibilitaria estabelecer uma relação contratual na condição de trabalhadoras. Assim, "contrariamente aos outros grupos dominados da sociedade industrial contemporânea, não temos a possibilidade de negociar ou vender essa força de trabalho, precisamente em função do fato de que ela é derivada do corpo físico e que, de antemão, este corpo é apropriado" (Guillaumin, 2005, p. 42; tradução nossa).

As expressões particulares dessas relações de sexagem que provocam a apropriação do conjunto das mulheres, bem como do corpo individual de cada uma delas são, de acordo com Guillaumin: "a) a apropriação do tempo; b) a apropriação dos produtos do corpo; c) a obrigação sexual; d) a carga física dos membros inválidos do grupo (inválidos por idade, bebês, crianças, idosos ou doentes e deficientes), assim como os *membros válidos do sexo masculino*" (p. 26; destaque da autora; tradução nossa).

Percebemos nessas expressões das relações de sexagem, antes citadas, a sobrecarga de responsabilidade e a intensidade da apropriação sobre o corpo, a vida e o tempo das mulheres. É importante ressaltar que tais expressões não se limitam às mulheres esposas, mas, também, às mães, irmãs, filhas, tias, avós, enfim, estendem-se ao sexo feminino.

A apropriação do tempo das mulheres está radicalmente vinculada à responsabilização feminina pela reprodução social antroponômica,[13] em especial, por meio do trabalho doméstico e do cuidado com todos os membros da família (tanto com relação aos "inválidos", como com os válidos — homens — como vimos acima com Guillaumin), demandando atividades quase ininterruptas que acarretam, por sua vez, uma grande sobrecarga física às mulheres. O que reflete diretamente na sua saúde, inclusive, a mental. É nesse sentido que concordamos com Paola Tabet (1998), que considera a reprodução como um trabalho socialmente organizado, como qualquer outro. Daí decorre a importância de analisar as "relações sociais de sexo" no âmbito do mundo do trabalho (produtivo e reprodutivo), apreendendo a apropriação e exploração do trabalho e do corpo da mulher.

Uma prova que Guillaumin (2005, p. 27) destaca para ilustrar a atualidade da apropriação dos produtos do corpo da mulher é "a ausência para a maioria das mulheres de uma possibilidade real para contracepção e aborto é a consequência disso" (tradução nossa). Para a autora (p. 28), "a violência da resistência a um método de contracepção (ou aborto) efetivamente acessível às mulheres e a todas as mulheres, mostra efetivamente que se trata de um conflito de poder" (tradução nossa). Um conflito de poder que denuncia o controle político das mulheres por parte dos homens.

O uso sexual das mulheres, por sua vez, manifesta-se por duas formas principais: por meio do contrato não monetário estabelecido no casamento, e pelo que é diretamente monetarizável, ou seja, pela prostituição. Entre uma e outra há uma significativa diferença, a apropriação física realizada pela prostituição restringe-se ao uso sexual. Já no casamento, o uso físico é estendido para todas as dimensões possíveis, não só sexual, embora a relação sexual seja central no contrato matrimonial.

13. Para Falquet (2012, p. 131-132), o trabalho de reprodução social, no sentido antroponômico (*anthroponomique*), refere-se ao cuidado com a educação das crianças, cuidado com os idosos e com as pessoas doentes, manutenção material das residências, dos espaços de estudo, de trabalho e de vida social (tradução nossa). Assim, quando nos referirmos neste trabalho à responsabilização da mulher pela reprodução social, será nesse sentido antroponômico.

A naturalização do uso sexual do corpo feminino como uma obrigação ou um papel da mulher, a revelia do seu desejo, apenas para satisfazer o "direito" do homem, bem como para a garantia do casamento ou da sobrevivência demonstra a falta de autonomia que muitas mulheres têm sobre si. Nas palavras de Guillaumin (2005), o problema central reside em sermos "*despossuídas de nós mesmas*" e sermos "propriedades" alheias. "É porque 'pertencemos' que somos menosprezadas por nossos proprietários, é porque somos apropriadas [...] que estamos 'despossuídas' de nós mesmas" (Guillaumin, 2005, p. 34; tradução nossa). Daí a importância que a autora destaca para retomarmos a propriedade de nós mesmas, tanto individual, como social e materialmente.

A apropriação do seu corpo pelo outro está relacionada à perda do direito ao usufruto dos próprios desejos, o que faz com que muitas mulheres cheguem ao final da vida sem terem sentido prazer sexual, sem conhecerem o próprio corpo, sem sequer alcançarem um orgasmo.[14] O que é concebido, portanto, como direito do homem, legitimado pelo casamento, implica, muitas vezes, tão somente uma obrigação para a mulher.

Nesse contexto, por mais que reconheçamos que alguns homens passaram a respeitar os desejos sexuais das mulheres e/ou muitas mulheres passaram a se perceber como sujeitos de direitos, incluindo o direito ao prazer sexual, ainda predomina a ideologia patriarcal sobre a obrigação sexual das mulheres.

A carga física das mulheres que, sumariamente, já associamos à apropriação do tempo delas, trata-se, segundo Guillaumin (2005, p. 35; tradução nossa): "a) de uma prestação não monetária", e "b) realizada em um marco de uma relação personalizada durável".

De uma maneira geral, cabe às mulheres, segundo a ideologia patriarcal, o cuidado corporal, material e afetivo para com os membros sociais que convive. Os serviços e tarefas consideradas femininas

---

14. Segundo Hite (1992), 70% das mulheres não atingem o orgasmo com a penetração vaginal.

ocorrem por meio de uma apropriação física direta sobre as mulheres. Aqui, é importante ressaltar que quando falamos em apropriação física, ela vai muito além da "obrigação sexual". Como nos lembra Falquet (2012, p. 176), a obrigação sexual, na perspectiva de Guillaumin, "não constitui uma das expressões concretas da apropriação, no mesmo título que a apropriação do tempo, dos produtos do corpo e da carga física de membros do grupo" (tradução nossa).

Para evitar essa conotação sexual em torno da expressão de "apropriação física direta", Falquet (2012) propõe a utilização do termo "*appropriation matérielle de la personne*" [apropriação material da pessoa; tradução nossa]. Nas palavras de Jules Falquet (2012, p. 177):

> Substituir "físico" por "material" visa neutralizar a dimensão sexual que o primeiro termo pode implicar. Substituir o "corpo-portador da força de trabalho" por "pessoa" visa incluir mais claramente a apropriação da *psique* no trabalho emocional ou na apropriação do tempo [...] e, mais uma vez, tirar de cena o corpo das mulheres, tão extravagantemente reduzido à sexualidade (*straight*)[15] (destaque da autora; tradução nossa).

Visando melhor compreensão da apropriação na atualidade, a feminista francesa recomenda ainda a adoção dos termos "*appropriation personnalisée et appropriation impersonnelle*" [apropriação personalizada e apropriação impessoal; tradução nossa], que Guillaumin designa, respectivamente, como apropriação individual e apropriação coletiva (Falquet, 2012). Falquet avalia que os termos apropriação personalizada e apropriação impessoal oferecem maior nitidez para a análise das apropriações sobre as mulheres e podem evitar interpretações

15. A tradução de *straight* seria retilíneo, direto, reto. Não utilizamos a tradução porque é um termo que se convencionou a ser utilizado pelo feminismo para designar a heterossexualidade como regime político pautado na binaridade entre homens e mulheres, segundo critérios biológicos de suas genitálias, como fundamentos das suas identidades sexuais. Esse termo é cunhado por Monique Wittig ([1992] 2007), na obra *The straight mind and other essays*, que foi traduzida para o francês com o título *La pensée straight*. O pensamento *straight* refere-se, portanto, a "um pensamento que, ao longo dos séculos, construiu a heterossexualidade como dada", de forma a naturalizar os sexos (tradução nossa).

equivocadas, como as que restringem a apropriação a conotações meramente sexuais. Segundo a autora, a apropriação impessoal favorece a apropriação personalizada, que designa, muitas vezes, "formas de escravização moderna" (tradução nossa).

Sobre a concepção de apropriação coletiva e individual, Juteau e Laurin (1988) também acrescentam e atualizam pertinentemente o pensamento de Guillaumin, percebendo essas apropriações como interligadas, além de se retroalimentarem:

> [...] a apropriação privada e coletiva das mulheres não são contraditórias, mas se tornam completamente favoráveis uma à outra. As condições salariais das mulheres são tais que elas devem, além de trabalhar fora de casa, se manter a serviço dos homens na família, de maneira a assegurar a sua subsistência e a dos seus filhos (tradução nossa).

Para Guillaumin, tanto no serviço físico como no serviço sexual, "a relação de apropriação se manifesta no fato comum e cotidiano de que a apropriada está destinada ao serviço material do corpo do dominante e dos corpos que pertencem ao, ou dependem do mesmo" (2005, p. 35; tradução nossa).

Guillaumin (2005) ainda ressalta que as tarefas de cuidado físico também existem no circuito monetário, ou seja, às vezes envolve profissionalização em troca de salário. Tais serviços, contudo, permanecem quase que exclusivamente realizados por mulheres, ou seja, a responsabilidade com a reprodução social continua feminina, sendo remunerada ou não. Além disso, se compararmos as horas de trabalho assalariadas com as horas de trabalho não assalariadas, essas últimas, de acordo com Guillaumin (2005), constituem uma ampla maioria.

Um dos exemplos que a autora nos lembra sobre a apropriação física direta sobre as mulheres ou, nas palavras de Falquet (2012), "apropriação material sobre a pessoa", são os trabalhos não remunerados intermediados por instituições religiosas, que as absorvem para realizar trabalhos gratuitos em hospitais, orfanatos, hospícios, asilos etc. Assim, as mulheres são responsabilizadas, especialmente, por intermédio de instituições como a família e a Igreja, pelo cuidado com as pessoas velhas, enfermas e pelas crianças, além dos entes "válidos", ou seja, os homens, como já comentamos.

Destarte, além dessa pesada carga física, as mulheres sofrem com a carga sexual, e ambas "estão efetivamente no centro das relações de sexo" (Guillaumin, 2005, p. 36, tradução nossa).

É importante, também, destacar no pensamento de Guillaumin que a crítica que faz ao matrimônio não está restrita a ele em si. Ainda que este represente a expressão legalizada da apropriação material do corpo e da individualidade física das mulheres. Para essa feminista, o casamento é uma expressão das macrorrelações sociais. O contrato matrimonial é apenas "a expressão individualizada — no sentido em que estabelece uma relação cotidiana e específica entre os indivíduos particulares — de uma relação de classes geral em que o conjunto de uma está à disposição da outra" (Guillaumin, 2005, p. 43; tradução nossa). Logo, o matrimônio apenas "legaliza e confirma uma relação social que existe *antes* e *por fora* dele, a apropriação material [...] das mulheres por parte [...] dos homens: a sexagem" (p. 44; tradução nossa; destaque da autora). Todavia, não podemos analisar as relações sociais de sexo apenas de forma individualizada, posto que dessa maneira ocultaríamos as relações sociais mais amplas que envolvem a apropriação das mulheres.

A luta contra a ideia de natureza feminina é fundamental para revertermos tais formas de apropriação da mulher. Daí o chamado de Nicole Claude Mathieu (2005) para a necessidade de uma "politização da anatomia" que se oponha à "anatomização do político".

Para nós, essa oposição ao naturalismo deve estar direcionada para a construção de um processo de formação de uma consciência militante afinada com o feminismo e a revolução socialista. Condição indispensável para a emancipação das mulheres e também dos homens. Concomitante à luta contra a ideologia naturalista patriarcal, devemos empreender todos os esforços contra o patriarcado como sistema. Afinal, "a exploração patriarcal constitui a *opressão comum, específica* e *principal* das mulheres" (Delphy, 2009, p. 54; tradução e destaques nossos). Logo, concordamos com a conclusão de que o sistema patriarcal é o "inimigo principal" das mulheres. Por isso, a nossa libertação "não se fará sem a destruição total do sistema de produção e reprodução patriarcal" (Delphy, 2009, t. I, p. 55; tradução nossa).

Esse deve ser, portanto, o objetivo último do Movimento de libertação das mulheres. Para tanto, Delphy (2009, p. 56) afirma que esse Movimento "deve se preparar para um luta revolucionária" (tradução nossa) sobre a qual, explica-nos: "Luta revolucionária, nesse contexto, é basicamente o contrário de desenvolvimentismo ou de reformismo. [...] luta revolucionária significa luta que visa destruir completamente e absolutamente o patriarcado" (Delphy, 2009, t. I, p. 249; tradução nossa).

A luta revolucionária, por sua vez, exige do Movimento feminista alianças estratégicas e táticas com outros grupos, Movimentos e partidos revolucionários; contudo, é necessário que esses compartilhem do objetivo de destruição do patriarcado e que expressem essa vontade "claramente" e "oficialmente" (Delphy, 2009, t. I).

Considerando a importância da luta revolucionária para o feminismo, uma vez que se faz necessária a destruição do sistema patriarcal-racista-capitalista, passemos a discutir a relação entre feminismo e socialismo, no sentido de entender a importância de ambos para a conquista da emancipação humana.

2.4 Feminismo e socialismo: uma relação necessária

> Uma revolução socialista não é possível sem uma larga participação de uma fração das trabalhadoras.
>
> ***Lênin** (1979)*

A relação entre o movimento feminista e movimento socialista proletário remota ao fundamento que os originam. Ambos, como nos elucida Waters (1979, p. 70): "[...] alcançaram sua etapa histórica com o nascimento do capitalismo industrial. Foram gerados pelas transformações que o capitalismo introduziu nas relações sociais de produção e de reprodução" (tradução nossa).

Foi a partir do avanço das forças produtivas e das condições materiais que o capitalismo proporcionou que a libertação das mulheres passou a ser algo realizável, bem como o socialismo deixou de ser um sonho utópico (Waters, 1979). Ainda que não possamos esquecer que, contraditoriamente, "[...] o sistema fabril se construiu sobre a base da superexploração da mulher" (p. 77; tradução nossa). Como nos diz Waters (1979):

> A ampla aceitação da discriminação sexista como algo "natural" é uma das ideias mais proveitosas que o capitalismo tem a seu favor. A desigualdade dos sexos está incorporada nos próprios fundamentos do capitalismo; daí que a luta contra esta discriminação em todos os níveis forma uma parte indispensável da luta pelo socialismo (tradução nossa).

A relação entre socialismo e feminismo foi marcada, entretanto, tanto no campo teórico quanto no prático-operativo, por dilemas que implicaram limites e equívocos de compreensão em relação à emancipação feminina. Os principais limites das análises sobre a opressão das mulheres por parte das esquerdas encontram suas raízes na concepção de que:

> 1. A opressão das mulheres refletia a exploração de classe na sociedade capitalista, deixando, pois, de existir numa sociedade capitalista.
> 2. A desigualdade entre homens e mulheres se fundava no acesso ao trabalho assalariado. Tratava-se, pois, de integrar as mulheres ao mercado de trabalho e incentivar sua participação política.
> 3. A questão organizativa — as associações, departamentos femininos — como a maioria das organizações de massa criadas e propostas pelos PCs do período, padecia de um monolitismo rigoroso, imposto pelo Komintern, que limitava, quando não paralisava, sua ação (Souza-Lobo, 2011, p. 212).

Um exemplo do conservadorismo de esquerda e da incompreensão da luta das mulheres no seio do movimento "revolucionário" ocorreu em 1866, no Congresso da 1ª. Internacional dos Trabalhadores, quando "os delegados foram contrários ao trabalho feminino". Isso provocou reação das feministas por meio de manifestações, petições públicas e que levaram, em 1868, à fundação da Primeira Liga das Mulheres (Gurgel, 2011, p. 33).

Impossível não lembrar a participação decisiva das mulheres em 1871, na Comuna de Paris, para nós, a primeira experiência histórica de luta pela liberdade substantiva da mulher e de toda a humanidade, mesmo que não tenha alcançado a importância histórica da experiência da Revolução Russa. Sobre as mulheres na Comuna de Paris, destaca Dunayevskaya (2003, p. 109): "[...] três mil mulheres do Comitê para a Defesa de Paris, em sua maioria trabalhadoras, não só ocuparam postos nas barricadas, mas mantiveram seu local aberto as vinte e quatro horas do dia, incluindo durante as jornadas mais críticas da batalha" (tradução nossa).

Para Telma Gurgel (2011, p. 33), as mulheres assumiram na experiência da Comuna, como em outros momentos da história, "um claro compromisso de classe com a luta socialista" (Gurgel, 2011, p. 33). Essa experiência histórica revolucionária nos comprova, no mínimo, o potencial de força política das mulheres para a construção de uma sociedade substantivamente igualitária.

Clara Zetkin, uma das primeiras e maiores agitadoras e propagandistas do feminismo no seio do movimento socialista internacionalista, já em 1889, cem anos após a tomada da Bastilha, em uma das suas conferências, intitulada "Pela libertação das mulheres", considerada a primeira declaração política da classe trabalhadora europeia sobre a questão da mulher (González, 2010, p. 61), evidenciou a importância do encontro entre o feminismo e o socialismo, ambos mediados pela necessidade da emancipação humana. Nas palavras da revolucionária:

> As mulheres operárias estão totalmente convencidas de que a questão da emancipação das mulheres não é uma questão isolada. Sabem claramente

que na sociedade atual não pode ser resolvida sem uma transformação básica da sociedade [...] A emancipação das mulheres, assim como de toda a humanidade, só ocorrerá no marco da emancipação do trabalho do capital. Só em uma sociedade socialista as mulheres, assim como os trabalhadores, alcançarão seus plenos direitos (Zetkin, apud Forner, 1984, p. 64-50).

Também é importante ressaltar o papel de mulheres, como da feminista anarquista Emma Goldman (1978) que, em 1906, já ressaltava a importância da auto-organização das mulheres para a sua libertação. Goldman afirmava que nem a igualdade no trabalho, nem o direito ao voto eram suficientes para alterar a situação das mulheres na sociedade. Para isso, seria necessário, segundo a feminista, a ruptura, pelas próprias mulheres, com as relações de submissão e opressão, bem como com as práticas sociais de homens e mulheres estabelecidas.

Sobre a Revolução Russa, Mary-Alice Waters (1979, p. 65) afirma que ela iniciou com "a manifestação massiva de mulheres no 8 de março de 1917 (23 de fevereiro no calendário russo), quando as mulheres de Petrogrado se arrojaram nas ruas exigindo 'pão para os nossos filhos', e 'o regresso dos nossos maridos das trincheiras'" (tradução nossa).

Hobsbawm (1994) também nos confirma a importância das mulheres para a derrubada do czar. De acordo com esse importante historiador, o governo do czar desmoronou com a manifestação de mulheres operárias no dia 8 de março, que combinou com um *lock-out* industrial na metalúrgica Putilov. Esse processo produziu uma greve geral e a ocupação do centro da capital, que manifestava a exigência básica por pão. Após quatro dias de caos, o czar foi substituído, inicialmente, por um governo liberal provisório (Hobsbawm, 1994).

Com os direitos de cidadania para as mulheres conquistadas após a Revolução Russa, especialmente com a vitória dos bolcheviques em outubro, quando Alexandra Kollontai se tornou a primeira mulher a ocupar o cargo de ministra [do Bem-Estar Social] e, posteriormente, a primeira embaixadora da história, "o aristocrático corpo diplomático do mundo estremeceu" (Waters, 1979, p. 66).

De acordo com Perrot (1979), a questão dos direitos da mulher ou da igualdade entre os sexos surge nas conjunturas históricas marcadas pelos projetos de transformação social e política ou pelas grandes utopias revolucionárias. Segundo Souza-Lobo (2011, p. 181):

> As mulheres estiveram presentes nas lutas populares da revolução industrial e da revolução francesa, nos movimentos abolicionistas. A questão da "igualdade entre os sexos" atravessou as correntes anarquista e socialista, e a revolução russa. A revolução sexual e a liberação das mulheres ressurgiu nas utopias dos anos 1960. Os movimentos, como as revoluções, podem ser institucionalizados e perder sua radicalidade, mas o tema da hierarquia entre os gêneros emerge a cada vez que as sociedades se colocam em questão e discutem democracia e direitos.

Todavia, Souza-Lobo (2011, p. 181) nos alerta: "as mulheres desaparecem quando a ordem volta a reinar e a sociedade se disciplina". Por isso, o processo de organização do movimento de mulheres deve promover uma luta não apenas contrária ao sistema, mas, também, ao conservadorismo presente nas organizações de esquerda, o que, para nós, é indispensável para a consolidação de um movimento, de fato, revolucionário. Nas palavras de Waters (1979, p. 14):

> O nascimento e a consolidação de um Movimento de Libertação das Mulheres é a resposta à condição de trabalhadora e de mulher oprimida sob o sistema capitalista. E o potencial revolucionário de sua luta organizada não só põe em questionamento as bases do sistema em si, mas também constitui um golpe mortal para as posições dentro do movimento operário que pedem "moderação, paciência e sabedoria", tentando conter a combatividade feminina dentro dos limites do sistema (tradução nossa).

Foi em decorrência do processo organizativo e de luta das mulheres, inclusive no interior das organizações de esquerdas, que muitas destas passaram a buscar superar seus limites e rever suas concepções em relação aos propósitos feministas. Foi a partir de 1968 que tivemos uma ruptura mais significativa com esses limites, contudo, não podemos afirmar que foram completamente superados. Como nos explica Souza-Lobo (2011, p. 214), a partir de 1968 há uma "ausência de uma distinção ordenada entre o que era político, o que era reflexão e o que era pessoal" nos e pelos grupos feministas. A partir de então, ainda segundo Souza-Lobo, a dissolução das fronteiras entre o pessoal, o político e o teórico, passou a ser o principal desafio do movimento de mulheres, tornando a recriação continuada de suas práticas uma exigência.

É necessário perceber que a luta feminista não é uma questão de interesse apenas das mulheres, mas da humanidade que se pretende livre. A reificação da mulher está associada a do homem, "pois quem se satisfaz com um objeto, quem não tem necessidade de entrar em relação com outro *ser humano*, perdeu toda sua humanidade" (Saffioti, 1979, p. 73-74; destaque nosso). Nesse mesmo sentido, aprofunda Marx (2009a, p. 104):

> Na relação com a *mulher* como *presa* e criada da volúpia comunitária está expressa a degradação infinita na qual o ser humano existe para si mesmo, pois o segredo desta relação tem a sua expressão *inequívoca*, decisiva, *evidente*, desvendada, na relação do *homem* com a *mulher* e no modo como é apreendida a relação genérica *imediata, natural*.

Fourier foi determinante para despertar essa percepção em Marx. Inclusive, Marx o cita reforçando o pensamento em discussão:

> A humilhação do sexo feminino é uma característica essencial tanto da civilização quanto da barbárie, porém com a diferença de que a ordem civilizada eleva todos os vícios que a barbárie comete de um modo simples a um modo de pensar bem mais complexo, de duplo sentido, equívoco e hipócrita... *A pena por manter a mulher na escravidão não atinge a ninguém de um modo mais profundo do que o próprio homem* (Fourier, apud Marx, 2009a, p. 219; destaques nossos).

O sentido de uma luta revolucionária, portanto, deve estar atento para a desalienação das relações sociais ao passo que luta pelo humano e sua humanização. Logo, a luta pelo fim das relações que tornam a mulher objeto de exploração, inclusive sexual, enfim, a luta pela emancipação das mulheres está associada à luta pela emancipação humana. Como ressalta Samora Machel (1982, p. 18):

> A emancipação da mulher não é um ato de caridade, não resulta de uma posição humanitária ou de compaixão. A libertação da mulher é uma necessidade fundamental da Revolução, uma garantia da sua continuidade, uma condição de seu triunfo. A Revolução tem por objetivo essencial a destruição do sistema de exploração, a construção duma nova sociedade libertadora das potencialidades do ser humano e que o reconcilia com o trabalho, com a natureza. É dentro deste contexto que surge a questão da emancipação da mulher.

Fica evidente que a emancipação da mulher não possui apenas uma dimensão restritamente econômica; ela envolve dimensões profundas da condição de se tornar humano, ou melhor, envolve a profundidade ontológica da construção do ser social como ser genérico. Abolir a propriedade privada e transformar a economia doméstica individual em uma economia doméstica socializada são premissas indispensáveis para a emancipação, contudo, insuficientes. A transformação da cultura e dos valores são também indispensáveis para tal propósito. Transformar hábitos fortemente enraizados não é fácil nem rápido. Como ressalta Saffioti, a socialização dos meios de produção e uma legislação não discriminatória são fundamentais para a elevação social da mulher, mas são insuficientes para levá-la à emancipação, pois, "é preciso que a sociedade se empenhe na eliminação de uma mentalidade habituada a promover a inferiorização de fato da mulher. Esta complexa tarefa não é trabalho de uma geração, mas de várias e, em parte, resulta da homogeneização do grau de desenvolvimento econômico e sociocultural" [...] (1979, p. 83).

Marx (2009a), ancorando-se no pensamento de Fourier, defende que a transformação de uma sociedade é determinada pelo progresso da mulher diante da liberdade. Para Fourier, a mudança de uma época histórica, pautada nessa relação, aparece de modo mais evidente "na relação entre a mulher e o homem", quando há "a vitória da natureza humana sobre a brutalidade". Daí decorre o famoso pensamento, muitas vezes difundido como sendo de Marx: "*O grau da emancipação feminina constitui a pauta natural da emancipação geral*" (Fourier, apud Marx, 2009a, p. 220; destaques nossos).

Lênin aponta, também, para a compreensão da importância da luta pela liberdade da mulher, reconhecendo nela, inclusive, condição para a vitória do comunismo, como ressalta em suas palavras:

> Fazer a mulher participar do trabalho produtivo social, libertando-a da "escravidão doméstica", libertando-a do jugo bruto e humilhante, eterno e exclusivo, da cozinha e do quarto dos filhos, eis a *tarefa principal*. Esta luta será longa. Exige uma transformação radical da técnica e dos costumes. Mas levará finalmente à vitória completa do comunismo (Lênin, 1979, p. 105; destaque nosso).

Apesar do importante reconhecimento de Lênin ao significado da liberdade das mulheres para a vitória do comunismo, o revolucionário atribui o alcance dessa liberdade apenas à necessidade de uma "transformação radical da técnica e dos costumes", o que pode nos conduzir ao idealismo. Assim, ainda que essa transformação seja, de fato, indispensável para a libertação da mulher, ela deve estar associada à transformação das relações materiais que dão origem aos "costumes", pois, como vimos no Capítulo 1, qualquer ideologia possui uma base material que a determina.

Por outro lado, as experiências do chamado "socialismo real" foram uma prova concreta de que as transformações na base produtiva não alteram automaticamente as relações de poder e desigualdade entre homens e mulheres. Por isso, defendemos a transformação das relações materiais que determinam as dominações e as desigualdades, bem como a transformação da cultura e dos valores a elas associadas. Foi nessa perspectiva que Alexandra Kollontai (1982, 2007) lutou pela construção de uma nova moral sexual, envolvendo a destruição do patriarcado e a incorporação das demandas de liberdade e autonomia das mulheres por parte da esquerda socialista mundial (Gurgel, 2011).

Sabemos que o capitalismo é incompatível com a igualdade. Lênin (1979, p. 104) ressalta essa incompatibilidade e a inviabilidade desse sistema: "mesmo na igualdade puramente formal (igualdade jurídica, 'igualdade' do bem alimentado e do faminto, do possuidor e do não possuidor), o capitalismo não pode ser consequente. E uma das inconsequências é a desigualdade da mulher e do homem". Daí a necessidade do feminismo em contestar esse sistema.

Desse modo, Lênin também reconhece na igualdade entre os sexos uma das questões fundamentais para o socialismo, assim como na igualdade entre as nações e no fim do jugo de uma classe sobre outra. Com isso, afirma:

> Quem falar em política, de democracia, de liberdade, de igualdade, de socialismo, sem passar por estas questões, sem as colocar em primeiro plano, sem lutar contra as tentativas de esconder, de fingir ou sufocar estas questões, é o pior inimigo dos trabalhadores, o lobo revestido de pele de cordeiro, o pior adversário dos operários e dos camponeses, um lacaio dos proprietários da terra, dos tzares, dos capitalistas. [...] Abaixo os mentirosos que falam de liberdade e igualdade para todos, enquanto existe um sexo oprimido, existem classes de opressores, existe a propriedade privada [...] Liberdade e igualdade para o sexo oprimido! Liberdade e igualdade para o operário, para o camponês trabalhador! Luta contra os opressores, luta contra os capitalistas [...] É este o nosso grito de guerra, esta a nossa verdade proletária, verdade de luta contra o capital [...] (Lênin, 1979, p. 120-121).

Por isso, partimos do entendimento de que o feminismo não deve ser um movimento que luta restritamente pelas questões específicas das mulheres, ainda que tais questões sejam incontestavelmente importantes e indispensáveis, como o direito ao aborto e a luta pelo fim das múltiplas formas de violência contra a mulher. Em outras palavras, embora algumas bandeiras de lutas do feminismo não estejam associadas diretamente à luta anticapitalista —, o que não tira sua importância e legitimidade —, o fundamento do feminismo sendo a emancipação das mulheres, encontra um limite estrutural: o capitalismo. Até porque a "democracia" burguesa é, segundo Lênin, "de frases pomposas, de promessas grandiloquentes, de sonoras palavras de ordem (*liberdade* e *igualdade*), mas na realidade ela dissimula a escravidão e a desigualdade da mulher, a escravidão, a desigualdade dos trabalhadores e dos explorados" (1979, p. 119). Assim, para Lênin, "não se pode assegurar a verdadeira liberdade, não se pode edificar a democracia [...] se não a [mulher] tirarmos da atmosfera brutal do lar e da cozinha" (1979, p. 59). E conclui: "Enquanto as mulheres não forem chamadas a participar livremente da vida pública em geral, cumprindo também as obrigações de um serviço cívico permanente e universal, não pode haver socialismo, nem sequer democracia integral e durável" (Lênin, 1979, p. 101).

O feminismo encontra assim seu sentido político maior na luta pelo socialismo. Feminismo e socialismo possuem uma congruência incontestável, afinal, ambos se pautam na liberdade e na igualdade reais. Nessa perspectiva, Gustavo Codas destaca a "contribuição decisiva" que o "feminismo socialista" pode e deve dar ao movimento da classe trabalhadora:

> [...] a incorporação da perspectiva de gênero na análise econômica marxista e na construção dos sujeitos políticos da transformação (incorporando a organização autônoma das mulheres no campo dos movimentos que lutam pelo socialismo) pode ser feita sem contrariar os fundamentos e a metodologia dessa teoria. [...] o marxismo se vê como uma ciência vinculada à luta de uma classe social. Assim, a incorporação da perspectiva de gênero depende de uma postura política: é necessário que, além de um ponto de vista de classe, de luta pela emancipação da classe trabalhadora, se parta também de um ponto de vista de luta pela emancipação das mulheres. Isso não é somente possível como necessário para a luta socialista. E essa é a contribuição decisiva que o feminismo socialista tem dado ao movimento da classe trabalhadora (2002, p. 22-23).

Nesse sentido, acreditamos que o socialismo e o feminismo têm muito a contribuir, mutuamente, na compreensão e construção do sujeito revolucionário responsável pela consolidação de uma sociedade substantivamente igualitária. Partimos do entendimento de que o projeto societário socialista demanda pensarmos nas relações entre sexo, "raça" e classe, tanto nas relações sociais mais amplas como no mundo do trabalho, mas também no interior das organizações políticas de esquerda e na vida privada.

Cremos que o feminismo socialista ao não dissociar teoria da prática, e o pessoal do político, permite-nos revisitar noções como prática, militância e política "à luz de uma consciência feminista como de uma consciência de classe, forjadas coletivamente". Com isso, podemos "ir mais além de nossos vários fragmentos: mulheres-homens, privado-político, casa-trabalho, geral-específico e de atualizar a utopia de homens e mulheres livres numa sociedade livre" (Souza-Lobo, 2011, p. 215).

Concordamos com o pensamento de Waters (1979, p. 116) de que "o desenvolvimento do movimento de mulheres faz avançar na atualidade a luta de classes, a fortalece, e melhora as perspectivas do socialismo" (tradução nossa), uma vez que o processo da revolução socialista "se acelerará e intensificará à medida que se realizem as bases materiais e ideológicas da nova ordem comunista" (tradução nossa). Em outras palavras, a consciência feminista e a luta das mulheres "têm sido uma *força motriz poderosa* do protesto social e da *radicalização da política*" (p. 133; tradução e destaques nossos).

Os revolucionários não devem se preocupar com a luta das mulheres somente porque darão um grande peso de mobilização para a luta de classes, ou até mesmo porque essa luta "é um assunto de vida ou morte para o movimento operário" (Waters, 1979, p. 150; tradução nossa), mas, pelo entendimento de que uma sociedade socialista é incompatível com qualquer sistema de opressão. Como nos diz Hilary Wainwright (1981, p. 14), o movimento de mulheres:

> despertou a consciência e encorajou a auto-organização de milhares de mulheres. Desse modo, também começou a desafiar as relações de poder. Se a esquerda deve alcançar a mudança na consciência e o crescimento

pela auto-organização, que é condição para que resolva o problema do poder, então os socialistas têm muito a aprender com os valores e as formas de organização do movimento de mulheres.

Ainda segundo Wainwright (1981), foi o movimento de mulheres que trouxe à tona a "compreensão real da subjetividade da opressão" e temas vinculados à relação entre a organização política pública e as relações pessoais, bem como dos "componentes emocionais" da consciência. Além disso, "ao desafiar cada aspecto do domínio do homem sobre a cultura, as ideias e o poder, começou a esclarecer o preconceito na linguagem que expressa o poder de definir como se entende o mundo e como se age sobre ele" (Rowbotham, 1981, p. 60).

Wainwright (1981) destaca que os *insights* do movimento de mulheres "não dizem respeito apenas ao tema do 'sexismo' numa organização socialista" (p. 24). A autora acredita que esse Movimento pode "contribuir de modo geral para a criação de um movimento socialista mais democrático, mais genuinamente popular e mais eficaz do que antes fora possível" (p. 25). Para fundamentar essa concepção, Wainwright ressalta:

> O movimento de mulheres, surgindo para combater uma opressão que provém de desigualdades de poder e confiança em relações interpessoais, e de uma divisão hierárquica (1981, p. 24) do trabalho, foi intensamente sensível e consciente quanto à desigualdade e hierarquia na própria criação de suas formas organizacionais. [...] devido à forma de organização que enfrenta [...] alargou radicalmente o campo de ação político e, com isto, transformou quem está envolvido em política e o seu modo de envolvimento [...]. Antes do movimento de mulheres, política socialista, como todas as outras espécies de política, parecia algo separado da vida cotidiana, alguma coisa sem ligação com cuidar de filhos, preocupar-se com as refeições e o serviço [...] Era algo profissional, para homens e entre homens [...] (1981, p. 25).

Com isso, o feminismo derrubou barreiras e passou a envolver mais pessoas na luta política, especialmente, mulheres, fortalecendo o movimento revolucionário com radicalidade democrática, ao buscar quebrar todas as formas de hierarquia, opressão e exploração. É importante, todavia, evidenciar que nos referimos ao feminismo materialista, orientado pelo e para o socialismo. Temos a convicção de que para chegar ao socialismo, o feminismo ainda precisa avançar muito na construção de um movimento de caráter popular, ou seja, com nítido compromisso com as demandas das mulheres da classe trabalhadora e suas condições de sobrevivência imediata, que requerem reformas de base — a exemplo da reforma agrária e urbana — e inúmeros direitos e políticas sociais que antecedem o próprio socialismo, ainda que devam estar associadas e/ou orientadas para a estratégia socialista. Estratégia essa que demanda a construção de uma contra-hegemonia em várias dimensões. Para Falquet (2012, p. 204), um "projeto de sociedade alternativo" (tradução nossa), em torno dessa contra-hegemonia deve:

> [...] abolir as relações de apropriação, a divisão do trabalho e os processos de separação e hierarquização dos grupos sociais, de construção da diferença e de naturalização dela. Em relação à apropriação de mulheres, ele implica em eliminar a divisão sexual do trabalho e o pensamento *straight*. Para a apropriação frequente das relações de "raça", a divisão internacional do trabalho, pós-colonial e relacionada a todos os tipos de colonização "interna", deverá visar a abolição, assim como da ideologia racista. Quanto à exploração de classe, são a ideologia capitalista, a propriedade privada e as relações de exploração salarial que ele deve tentar superar (tradução nossa).

Para tanto, Jules Falquet (2012, p. 205), defende uma "coalizão de movimentos sociais estruturada em torno de diferentes grupos que desempenham um papel incontornável no fornecimento de trabalho (sob formas de apropriação como de exploração" (tradução nossa). Comungamos com a pertinência e importância dessa coalizão de movimentos sociais, mas a consideramos insuficiente. Acreditamos na importância do papel de um partido revolucionário, como apontado no item 1.2.1, para desenvolver o processo de formação de consciência, bem como de coagular e universalizar as demandas e reivindicações dos diversos movimentos em prol de um projeto societário emancipatório que só poderá ser protagonizado pelo seu sujeito revolucionário: a classe trabalhadora, como vimos no Capítulo 1.

Esse sujeito revolucionário, por sua vez, deve estar voltado para a eliminação da divisão social e sexual do trabalho, da propriedade privada, do trabalho assalariado e "desvalorizado", do racismo, do patriarcado, da heterossexualidade compulsória, das mais variadas formas de colonização, bem como de toda ideologia naturalizante das desigualdades sociais. Enfim, esse sujeito, para ser revolucionário, precisa estar afinado com um projeto societário antirracista, antipatriarcal e anticapitalista para fundar uma nova sociabilidade verdadeiramente livre. Em outras palavras, esse sujeito deve corresponder à universalização das demandas pelo fim de todas as relações de apropriação, exploração, opressão e dominação, consubstanciadas pelas dimensões de classe, "raça" e sexo.

2.4.1 A contribuição do feminismo materialista francófono

De início queremos evidenciar que quando falamos de materialismo não estamos excluindo ou mesmo negando a importância da subjetividade e da dimensão ideológica. Trata-se de entender que qualquer fenômeno subjetivo guarda uma relação com uma determinação concreta. Ele não nasce de um processo natural, ainda que possa ser inconsciente, no sentido psicanalítico do termo. Mais do que isso, nada que se trate de relações humanas e sociais possui neutralidade ou surge de forma isolada no interior de um indivíduo, ainda que a vinculação do mundo interior desse indivíduo com o mundo exterior seja construída por "fios invisíveis". Como nos esclarece Marx e Engels: "A essência humana não é uma abstração inerente a cada indivíduo. Na sua realidade ela é o conjunto das relações sociais" (1985, p. 52).

Nesse sentido, não concordamos com a explicação subjetivista de que as mulheres são submissas porque simplesmente incorporam a submissão. Ao contrário, devemos perguntar: Por que elas incorporam essa submissão? Quais as determinações para isso ocorrer? Quais os interesses (e de quem) de reprodução dessa ideologia patriarcal de submissão das mulheres e dominação dos homens?

Ao contrário de negar a importância da dimensão subjetiva, queremos demonstrar como o feminismo enriqueceu o marxismo com o estudo das relações sociais de sexo, sobretudo por meio dos estudos dos "sistemas de representação" (Devreux, 2011). Para nós, esse enriquecimento se deu pelo desvelar dos sistemas de dominação ideológica que devem ser percebidos, de acordo com a autora, como "tão importantes quanto as práticas da divisão do trabalho e do poder, tão importantes quanto a dimensão material na dominação dos homens sobre as mulheres" (Devreux, 2011, p. 7). Trata-se, em síntese, de perceber como as relações materiais e ideológicas se entrelaçam e são permeadas por conflitos e disputas.

Segundo Kergoat, as disputas materiais e ideológicas das relações sociais, particularmente nas relações sociais de sexo, "são formadas pela divisão do trabalho entre os sexos e o controle social da sexualidade e da função reprodutiva das mulheres" (Kergoat, 2010, p. 99). Além da divisão sexual do trabalho, há, de acordo com Devreux (2011), mais duas modalidades de expressão das relações sociais de sexo: a divisão sexual do poder e a categorização do sexo. Segundo a autora, nenhuma dessas modalidades, em qualquer esfera ou momento de desenvolvimento de uma sociedade, pode preceder sobre as outras, ou seja, as relações sociais de sexos "exprimem-se simultânea e conjuntamente por essas três modalidades" (p. 12).

Outro aspecto que queremos destacar é que a recusa à análise materialista, histórica e dialética para o entendimento das raízes econômicas da opressão das mulheres pode nos levar a dois erros, segundo Waters (1979, p. 124-125): O primeiro seria negar ou subestimar a existência da opressão da mulher ao largo de toda a história da sociedade de classes, limitando-a à exploração da classe trabalhadora, o que nos referimos no Capítulo 1, como cegueira sexual da classe. O segundo erro seria negar que a luta das mulheres é um aspecto da luta de classes, ou seja, acreditar que a opressão da mulher não tem relação com a divisão de classes. Equívoco muito frequente em núcleos da política de "esquerda".

Seguindo o pensamento de Christine Delphy (2009, t. I), para entender a importância de um feminismo materialista, é necessário partirmos da compreensão de que o feminismo é um movimento social. E, como tal, necessariamente, envolve uma situação de opressão e um sujeito de revolta. No caso, a situação social das mulheres e as mesmas, em sua pluralidade e diversidade (mulheres cis, trans, lésbicas, bissexuais, heterossexuais, negras, indígenas, brancas etc.), como sujeitos centrais do movimento. Falamos em centrais e não exclusivos porque consideramos que outros sujeitos também são vitimizados pelo patriarcado ao serem associados ao sexo feminino — como as travestis (em geral se identificam como mulheres e devem ser reconhecidas conforme sua autodesignação de pertencimento de identidade de sexo) e *gays* considerados "afeminados" etc. Uma prova disso, é a precarização do trabalho e as violências que esses segmentos estão submetidos nessa sociedade, podendo se tornar sujeitos do feminismo na medida em que o incorporem como perspectiva para a construção de um projeto político coletivo em combate ao patriarcado na sua totalidade.

É interessante perceber que, como nos diz Delphy (idem), uma situação de revolta só existe contra uma situação que não é natural, portanto, não é inevitável. Além disso, uma situação de revolta envolve um processo de resistência, daí a importância do sujeito. Nessa linha de raciocínio, Delphy (2009, p. 259) ressalta: "O que é resistível não é inevitável [...] A implicação lógica e necessária da revolta das mulheres, como de toda revolta, é que sua situação pode ser mudada: senão, por que se revoltar?" (tradução nossa).

A situação de revolta é produzida pela opressão sofrida. Opressão que Delphy defende como um ponto de partida indispensável nos estudos feministas. Explica a autora feminista: "Um estudo feminista é um estudo cuja meta é dar conta da situação das mulheres; essa situação, estando definida como uma situação de opressão, torna impossível a utilização sem incoerência de premissas teóricas que não incluem esse conceito, o excluem" (p. 260; tradução nossa).

Para Delphy, opressão evoca a noção de uma causa política e social como algo integrante ao conceito. Por isso, ela afirma que utilizar opressão social é um "pleonasmo", posto que, se falamos em opressão, necessariamente, ela é social. Ao contrário de "condição feminina", que, não explicita tais dimensões (social e política). O termo "condição feminina" pode, inclusive, ser interpretado dentro da concepção naturalista das mulheres. Concepção essa que já analisamos com base, especialmente, no pensamento de Guillaumin (2005, 2012).

Aqui, sentimos a necessidade de acrescentar ao pensamento de Delphy a categoria de exploração, uma vez que essa vincula-se mais diretamente à dimensão econômica que, para nós, é indispensável para compreender a opressão feminina na sociedade patriarcal-capitalista, como anunciamos anteriormente. Daí porque optamos em falar de exploração sempre que abordamos opressão e vice-versa, ou de apropriação.

Delphy (2009, t. I) nos alerta quanto à necessidade primária de buscar explicar a opressão como ponto de partida de uma investigação feminista e/ou proletária. Para ter coerência com tal propósito, "inevitavelmente" [*inévitablement*], ela deve ser conduzida sobre uma "teoria da história" [*théorie de l'histoire*], inscrita e descrita "em termos de dominação de grupos sociais uns pelos outros. Da mesma forma, ela não pode considerar nenhum domínio, da realidade ou do conhecimento, como exterior a essa dinâmica fundamental" (p. 261; tradução nossa).

Em torno dessa reflexão, Delphy conclui enfaticamente: "Uma interpretação feminista da história é portanto 'materialista' no seu sentido amplo, quando suas premissas a conduzem a considerar as produções intelectuais como o produto de relações [*rapports*] sociais, e a considerá-las como de relações [*rapports*] de dominação" (p. 262; tradução nossa).

Quando um estudo/conhecimento parte da opressão das mulheres contribui para uma "revolução epistemológica, e não uma nova disciplina tendo as mulheres como objeto ou para uma explicação *ad hoc* de uma opressão particular" (p. 265; tradução nossa). Partir da opressão às mulheres é uma "expressão do materialismo, mas também uma renovação dele" (tradução nossa).

A luta das mulheres, para Delphy (p. 268), "[...] é a condição necessária à inclusão de novos domínios de experiências na análise marxista, reciprocamente a análise materialista de todos os lugares de sua opressão é um dos processos dessa luta, e um processo indispensável" (tradução nossa). Contudo, Delphy nos alerta que um domínio fora da luta de classe é um domínio fora do alcance do materialismo. Por isso, deve ser analisado no leito dos antagonismos reais que, por sua vez, devem tomar a forma "de um afrontamento conscientemente político" (tradução nossa).

Em uma brilhante síntese, Jules Falquet (2012, p. 137) afirma que as feministas materialistas possuem como pontos em comum:

> (1) seu antinaturalismo, (2) a pesquisa com bases materiais e sociais [...] e (3) sua afirmação central de que as mulheres e os homens constituem classes de sexo. Além disso, algumas têm começado a utilizar o conceito de gênero, mas a maioria continua a preferir o conceito de *rapports* sociais de sexo, que permite evitar as derivações naturalistas ou individualizantes de algumas utilizações do gênero[16] (tradução nossa).

Além desses pontos, acrescentaríamos ao feminismo materialista o engajamento político construído em torno da relação entre teoria e prática, voltado para o desvelar teórico e a superação política das relações sociais desiguais de classe, "raça" e sexo, ou seja, para a

16. Acreditamos que nossa perspectiva teórica vai ao encontro das feministas materialistas, ainda que não utilizemos diretamente o conceito de classes de sexo, ou seja, classe de homens e classe de mulheres, pois cremos que isso pode provocar interpretações teóricas conflituosas com nossa concepção de classe social. Ou seja, ainda que reconheçamos que as relações entre homens e mulheres estão permeadas por antagonismos estruturais e, portanto, perpassadas por conflitos de classe, evitamos utilizar classe de mulheres e classe de homens para que não corramos o risco de não deixar evidente a nossa concepção de que as mulheres também são divididas entre si pelas classes sociais, assim como os homens. Dimensão essa também reconhecida pelas feministas materialistas.

transformação da realidade em sua totalidade. Para ilustrar essa perspectiva, destacamos dois paradigmas fundamentais do feminismo materialista francófono: 1) o desvelar do processo de organização do trabalho, com base na divisão sexual do trabalho, elaborado destacadamente por Danièle Kergoat, entre outras, e 2) a forma como esse trabalho é obtido, ou melhor, explorado e apropriado. Dimensão essa fundamentada, especialmente, por intermédio da categoria de apropriação advinda das relações de sexagem, elaborada por Colette Guillaumin (1992 [1978], 2005) e atualizada pelas feministas canadenses Danielle Juteau e Nicole Laurin (1988) e pela francesa Jules Falquet (2012). Aqui, destacamos especialmente a proposição de Falquet (2012) de utilizar o conceito de "trabalho desvalorizado" como complementar ao de apropriação. Tal proposição nos parece absolutamente pertinente para pensarmos a apropriação do trabalho na atualidade, como ressaltamos anteriormente.

"O feminismo materialista é, portanto, um passo intelectual cujo advento é crucial para os movimentos sociais, para a *luta* feminista, e para o conhecimento" (Delphy, 2009, t. I, p. 269; destaque da autora; tradução nossa). Para tanto, esse feminismo não pode se limitar apenas à opressão das mulheres. Ele não pode deixar de tocar, em nenhuma parte da realidade, em nenhum domínio do conhecimento, enfim, em nenhum aspecto do mundo. Para fundamentar esse pensamento, Delphy argumenta: "Como o feminismo-movimento visa a revolução da realidade social, o feminismo — do ponto de vista teórico [...] deve visar uma revolução no conhecimento" (tradução nossa). É importante ressaltar que a autora destaca que o feminismo-movimento e o feminismo do ponto de vista teórico são mutuamente indispensáveis um ao outro. Na verdade, para nós, não se trata de coisas distintas, mas dimensões diferenciadas de um mesmo movimento. Afinal, "sem teoria revolucionária, não há movimento revolucionário", como nos ensinou Lênin (2010).

Para nós, feminismo e socialismo, possuem, ao fim e ao cabo, a mesma aspiração, qual seja, a construção de um novo sistema de relações humanas pautadas na liberdade e na igualdade substantivas entre todos os sujeitos sociais. Um sistema no qual a exploração e todos os tipos de opressão sejam apenas marcas de um passado que nos sirva de referência apenas para não mais reproduzirmos qualquer relação que nos remeta a ele.

2.5 Movimento feminista: história e dilemas contemporâneos no contexto brasileiro

Neste item não pretendemos fazer um resgate detalhado, tampouco, profundo da história do movimento feminista. Até porque isso foi objeto de estudo de autoras feminista que podemos recorrer, como destaque para Perrot e Duby (2002, 2002a, 2002b, 2002c, 2002d), na história das mulheres em nível mundial e para Pinto (2003), Saffioti (1979), em nível nacional, dentre outras. Aqui, apenas destacaremos marcos da trajetória histórica do feminismo para situarmos no tempo o nosso objeto de investigação, destacando os seus dilemas contemporâneos.

Um parêntese inicial para uma breve explicação da diferença entre movimento feminista e movimento de mulheres. A princípio podemos dizer que todo movimento feminista é um movimento de mulheres, ainda que tenham alguns grupos de homens que se reivindicam feministas e integrantes do Movimento. Todavia, nem todo movimento de mulheres, necessariamente, possui uma configuração feminista. Há, por exemplo, movimento de mulheres contra o direito ao aborto. A diferenciação, contudo, em termos mais teóricos e históricos, reside no conteúdo de suas reivindicações. Por muito tempo definiu-se como movimento de mulheres aqueles que lutavam por demandas sociais para melhoria das condições de vida e de trabalho femininas. Por movimento feminista definia-se àqueles que lutavam contra a opressão e pela liberdade das mulheres, pautando questões como sexualidade, aborto, violência, autonomia, direitos civis e políticos. Contudo, no Brasil, a trajetória histórica do feminismo e dos movimentos de mulheres se confundiram significativamente. Houve e há um encontro entre esses Movimentos no sentido da identificação nas suas pautas, ainda que um movimento ou outro de mulheres possa distorcer as bandeiras feministas. Contudo, de uma maneira geral, podemos dizer que ambos constroem a mesma história: a luta das mulheres. Dessa forma, as reivindicações sociais dos movimentos de mulheres no Brasil, como o direito à creche e à saúde, são incorporadas pelo feminismo, assim como a luta contra a violência à mulher, por exemplo, considerada uma bandeira feminista, é incorporada pelos movimentos de mulheres.

Na verdade, muitos grupos de mulheres que inicialmente não possuíam um vínculo mais direto com o feminismo [como os clubes de mães que veremos a seguir] passam a adotá-lo e vice-versa. Nesse sentido, Souza-Lobo (2011, p. 244) afirma que "as trajetórias e práticas das feministas se confundem com os movimentos de mulheres: nos congressos, nas tentativas de um trabalho 'de mulheres' nos sindicatos". Neste trabalho, portanto, pensando na confluência histórica provocada pela luta das mulheres entre esses Movimentos, quando nos referirmos aos movimentos de mulheres, estamos, também, referindo-nos aos movimentos feministas. Ainda que saibamos que alguns movimentos de mulheres passam ao largo do feminismo.

O movimento feminista, segundo Kergoat (2009, p. 68), começou "a partir da tomada de consciência de uma opressão específica: tornou-se coletivamente 'evidente' que uma enorme massa de trabalho era realizada pelas mulheres; que esse trabalho era invisível; que era feito não para si, mas para os outros e sempre em nome da natureza, do amor e do dever maternal".

De acordo com Josette Trat (2009, p. 151):

> O que permite principalmente caracterizar o movimento feminista como movimento social é a sua duração. Quaisquer que sejam as intermitências da mobilização, as mulheres não cessaram de lutar coletivamente desde a Revolução Francesa. Ademais, esse movimento se enraíza nas contradições fundamentais da sociedade, nascidas tanto do desenvolvimento do capitalismo como da persistência até hoje da dominação

masculina, que se exprime na divisão sexual do trabalho. As mulheres se mobilizaram ora em nome da igualdade, ora em nome das suas diferenças, sempre contra as "injustiças" de que eram vítimas, reclamando ao mesmo tempo o direito ao trabalho, à educação, ao voto e também à "maternidade livre" desde o começo do século XX. Elas sempre reivindicaram sua identidade como seres humanos e sua liberdade.

Assim, desde o século XVIII, nos primórdios da Revolução Francesa, identificamos na história mulheres que, de forma mais ou menos organizada, passavam a lutar por direitos para além, inclusive, do espaço doméstico. É importante lembrar que mulheres ao longo da história do feminismo não se limitaram a lutar pela igualdade entre os sexos. Ao confrontar a ordem burguesa e a democracia representativa formal, elas lutaram pela consolidação do poder popular e "iniciaram uma batalha histórica em torno do direito de participar ativamente da vida pública, do mundo do trabalho remunerado, do acesso à educação, da representatividade política e do acesso às forças armadas" (Gurgel, 2011, p. 32). Além de reclamarem o amor livre e o direito ao divórcio.

É a partir da segunda metade do século XIX, em decorrência da agudização da "questão social" — que além de aprofundar a opressão das mulheres, contribuiu para uma maior aproximação das organizações de mulheres com a luta socialista —, que as lutas e manifestações feministas passam a adquirir uma maior organicidade, destacadamente em torno da campanha de reivindicação pelos direitos políticos para as mulheres poderem votar e serem votadas (Pinto, 2003, p. 13). Surge em torno dessa reivindicação o "movimento sufragista", que se convencionou chamar de primeira onda do feminismo. Data ainda desse período, segundo Gurgel, "a realização de congressos internacionais, nos quais se definiam linhas de atuação política para a organização das mulheres nos partidos comunistas"[17] (Gurgel, 2011, p. 34).

17. "Em um desses encontros, em 1910, foi definida a realização da primeira Jornada Internacional da Mulher que iniciou a tradição do 8 de março, em aspecto mundial, segundo algumas pensadoras feministas como Gonzáles (2010)" (nota da autora).

Ao longo de sua trajetória histórica, o movimento feminista se subdividiu, fundamentalmente, em três correntes: feminismo radical, socialista e liberal.[18] Tais correntes se opõem entre si "quanto à definição da opressão das mulheres e suas estratégias políticas". A oposição politicamente mais frontal, contudo, "recai sobre as feministas liberais, de um lado, e feministas radicais e socialistas, de outro". O feminismo liberal consiste nos movimentos voltados à promoção dos valores individuais, buscam reduzir as desigualdades entre homens e mulheres por meio das políticas de ação positiva, e, por isso, podemos falar de um "feminismo reformista". Já os movimentos de liberação das mulheres "querem romper com as estratégias de promoção das mulheres em proveito de uma transformação radical das estruturas sociais existentes". Nessa linha, o feminismo socialista ou tendência da luta de classe, como se denomina na França, afirma que "a verdadeira liberação das mulheres só poderá advir de um contexto de transformação global", enquanto as feministas radicais "sublinham que as lutas são conduzidas, antes de tudo, contra o sistema patriarcal e as formas diretas e indiretas do poder falocrático" (Fougeyrollas-Schwebel, 2009, p. 147).

Compreender a história particular do feminismo no Brasil não é uma tarefa simples, embora esta não esteja desvinculada da história geral do feminismo globalmente. Mundialmente, as mulheres foram e são fortemente invisibilizadas na história. Isso é mais agravado em um "país sem memória". Por isso, "a parte que coube a nós, mulheres, na história do movimento, é pouco conhecida, o que torna fácil sua apropriação indevida justamente por aquelas e aqueles que negam ao movimento sua própria razão de existir" (Souza-Lobo, 2011, p. 211).

As mulheres que buscam se reapropriar dos fragmentos dessa história, o fazem não para cristalizá-los e "fabricar novas múmias, mas para que estejam presentes na nossa consciência e nas nossas

18. "Segundo abordagens mais detalhadas, ocorrem distinções entre feministas marxistas ou socialistas, libertárias, radicais, lésbicas, materialistas ou essencialistas" (Fougeyrollas-Schwebel, 2009, p. 147).

práticas cotidianas, para que façam parte da nossa revolta, nossas experiências, nossos sonhos" (Souza-Lobo, 2011, p. 218).

No Brasil, a luta sufragista passa a se manifestar já a partir do século XIX, mas é na década de 1920 que ganha fôlego. Nessa década, o feminismo ganha uma dimensão nacional. Podemos identificar três vertentes no movimento. A primeira, considerada a mais forte e organizada, tendo como liderança Bertha Lutz, aponta como "questão central a incorporação da mulher como sujeito portador de direitos políticos" (Pinto, 2003, p. 14). Essa tendência foi composta por mulheres cultas e da elite brasileiras, muitas, inclusive, tendo estudado no exterior, onde sofreram influência do movimento sufragista que ganhava visibilidade nos países centrais. Com uma forte perspectiva liberal, essa tendência não associava, tampouco confrontava, a desigualdade da mulher em relação aos privilégios do homem. Em outras palavras, essa tendência buscava direitos políticos para as mulheres sem confrontar o patriarcado e o capitalismo como sistemas de exploração e opressão das mulheres. Era um "feminismo bem-comportado" que, por não confrontar os homens da elite, ganhava, inclusive, o respaldo e a legitimidade de muito deles. Nas palavras de Pinto (2003, p. 26):

> [...] se a luta das mulheres cultas e das classes dominantes se estruturava a partir da luta pelo voto, não era tão somente porque esta se colocava como a luta do momento nos países centrais, mas também porque encontrava respaldo entre os membros dessa elite e conseguia respeitabilidade até na conservadora classe política brasileira. Era, portanto, um feminismo bem-comportado, na medida em que agia no limite da pressão intraclasse, não buscando agregar nenhum tipo de tema que pudesse pôr em xeque as bases da organização das relações patriarcais.

A segunda vertente foi denominada de "feminismo difuso", expressa nas mais variadas "manifestações da imprensa feminista alternativa". Composta por mulheres cultas, "com vidas públicas excepcionais", muitas delas, jornalistas e escritoras. Essas mulheres reivindicavam não apenas direitos políticos. Defendiam o direito à educação e questionavam a dominação masculina e o interesse dos homens em deixar as mulheres ausentes do mundo público. Além disso, tocaram em assuntos polêmicos para a época, como sexualidade e divórcio. Isso configurou "uma face menos comportada do feminismo brasileiro do início do século XX" (Pinto, 2003, p. 15).

A terceira vertente se manifestou no movimento anarquista e, em seguida, no Partido Comunista. Composto por mulheres intelectuais e trabalhadoras, militantes de esquerda que defendiam a libertação da mulher de forma radical. Para tanto, articulavam as teses feministas às comunistas e às anarquistas, tendo como questão central, na maioria das vezes, a exploração do trabalho (Pinto, 2003). Essa vertente teve uma especial influência dos imigrantes, com destaque para italianos e, em menor medida, portugueses e espanhóis. Segundo Pinto (2003, p. 33), esses imigrantes tornaram-se operários nas nascentes indústrias do Rio de Janeiro e São Paulo e, "com eles foram introduzidas no país as ideias libertárias do anarquismo". Tal ideário se fez fortemente presente em grandes greves operárias no país e, também, por meio da imprensa anarquista que, de acordo com o autor, a presença da mulher como colaboradora era uma constante.

Tanto no anarquismo, quanto, mais tarde, no comunismo, a mulher era incorporada como "companheira revolucionária". Por outro lado, tais perspectivas tinham "muita dificuldade de aceitar a questão da dominação da mulher como um problema diferente da dominação de classe". Contudo, "foi nesses espaços revolucionários, não feministas em princípio, que se encontravam, nas primeiras décadas do século XX, as manifestações mais radicalmente feministas, no sentido de uma clara identificação da condição de explorada da mulher como decorrente das relações de gênero" (Pinto, 2003, p. 34). Assim, diferentemente das sufragistas, as anarquistas e as comunistas não se restringiam a luta pelos direitos políticos e percebiam a questão da mulher como um "aspecto organizador de um dos elementos estruturantes das desigualdades presentes nas relações de trabalho".

Ao identificar a dominação dos homens sobre as mulheres, mais que isso, ao perceber que a dominação dos homens possui como base a exploração das mulheres, esse feminismo passa a confrontar o patriarcado e, também, o capitalismo, pois a centralidade da luta em torno da questão do trabalho levou muitas mulheres anarquistas e comunistas a deflagrarem lutas contra a jornada intensa e extensa de trabalho, a desigualdade salarial e a exploração capitalista de uma maneira geral. Com isso, passam a confrontar-se diretamente com a classe dominante. Não é à toa, portanto, que essas mulheres somaram-se a perspectiva do feminismo "malcomportado", na medida em que confrontavam poderes. Distanciavam-se, assim, do feminismo "bem-comportado" das sufragistas, que além de não confrontar os poderes existentes, buscava apoio neles. O feminismo malcomportado ou "malcriado" era um feminismo de enfrentamento, "expressava-se nas passeatas, nos enfrentamentos na Justiça e nas atividades de mulheres livres-pensadoras que criavam jornais e escreviam livros e peças de teatro" (Pinto, 2003, p. 38).

Nesse primeiro momento de organização do feminismo no Brasil, as conquistas foram poucas. A única concreta que podemos destacar foi o direito ao voto. Com o golpe de 1937, o processo de organização política do feminismo é grandemente interrompido.

No final dos anos 1940 e início dos anos 1950 no Brasil, muitas mulheres, de diferentes classes, passam a integrar movimentos contra a carestia e a criar os clubes de mães. Esse caráter de luta mantém-se até os anos 1970, com destaque para os bairros pobres, nos quais as mulheres lutavam por melhorias na saúde, educação e serviços públicos em geral. Essas mulheres recebiam a influência, mais que isso, o apoio ou mesmo a promoção das Comunidades Eclesiais de Base da Igreja Católica, especialmente, em torno dos clubes de mães.

Se essa forma de organização não era diretamente feminista em sua formação ou mesmo não tinha esse objetivo, ao proporcionar o encontro entre mulheres que passavam a reivindicar mudanças, podemos afirmar que foi por essa via que muitas passaram a ocupar o espaço público e a conquistar a cena política. E isso, também, é feminismo. Afinal, é na "experiência cotidiana pensada e discutida nas comunidades de base, nos clubes de mães, nos grupos informais, nos quais as reivindicações se confundem com o desejo de mudar a vida, mudar as relações familiares" que encontramos o "fio condutor" para a análise dos movimentos (Souza-Lobo, 2011, p. 243).

A partir de 1964, com a ditadura engendrada pela autocracia burguesa, até a década de 1970, as feministas passam a integrar a luta contra a ditadura, sendo fortes protagonistas do movimento pela anistia e sua grande maioria identificada com o campo da esquerda brasileira. Muitas mulheres, inclusive, foram presas políticas e barbaramente torturadas, sofrendo, dentre outras formas de tortura, a sexual. Dessa forma, a experiência da autocracia burguesa no Brasil, da repressão e da tortura, suscitou formas de resistência e superação por parte de muitas mulheres, como podemos ver nos depoimentos de algumas delas no filme *Que bom te ver viva*.[19]

Ainda que algumas tenham lutado pela anistia e pela democracia a partir do seu papel tradicional de esposas e mães, a exemplo de Zuzu Angel, elas também passaram, assim como as militantes que foram presas políticas, por outro lado, a emergir como sujeitos públicos. Reside aí a grande importância dessa experiência, posto que ela foi acompanhada da descoberta de cada uma como mulher, da sua força e da sua percepção de ser político.

Se esse período de ditadura impossibilitava a expansão e a expressão política de qualquer movimento social, por outro lado, por conta do exílio, muitas mulheres tiveram contato com o ideário feminista. Ao chegarem à Europa no final dos anos 1960, muitas jovens vivenciaram um clima de revolução cultural e de costumes que colocavam em xeque a naturalização do poder do homem. Essas jovens não voltaram para o Brasil da mesma forma. Elas levaram:

> [...] uma nova forma de pensar sua condição de mulher, em que o antigo papel de mãe, companheira, esposa não mais servia. Essas mulheres haviam descoberto seus direitos e, mas do que isso, talvez a mais

19. O filme *Que bom te ver viva*, de Lúcia Murat, retrata como vivem (ou sobreviveram) mulheres que foram presas políticas no período da autocracia burguesa no Brasil, a partir do golpe de 1964. Filme disponível na íntegra em: <http://www.youtube.com/watch?v=hIgeT-6jsxIU>. Acesso em: 9 jan. 2013.

> desafiadora das descobertas, haviam descoberto os seus corpos, com suas mazelas e seus prazeres. Mas o Brasil que encontravam era um país dominado por uma ditadura militar sangrenta, na qual todas as frestas de expressão que sobraram deviam ser ocupadas pela luta pró-democratização, pelo fim da censura, pela anistia aos presos políticos e exilados. Somava-se a isso uma tradição marxista [...] que via esse tipo de luta como um desvio em relação à luta fundamental do proletariado contra a burguesia. [...] De qualquer forma, no fim da década havia um fato inegável: o movimento feminista existia no Brasil. Frágil, perseguido, fragmentado, mas muito presente, o suficiente para incomodar todos os poderes estabelecidos, tanto dos militares como dos companheiros homens da esquerda (Pinto, 2003, p. 65-66).

Dos grupos de exiladas, destacamos o Círculo de Mulheres Brasileiras em Paris, que durou de 1975 a 1979. A importância desse círculo residiu na formação de uma "postura política de esquerda claramente identificada com a luta de classe e de um trabalho interno de grupo de reflexão no melhor estilo do feminismo europeu" (Pinto, 2003, p. 54).

As feministas brasileiras que se encontravam em Paris "faziam um trabalho de proselitismo, mandavam material para o Brasil, entravam em contato com outros grupos feministas, buscavam aumentar o número de participantes, organizavam seu movimento em diferentes instâncias, por meio de comissões e assembleias" (Pinto, 2003, p. 55).

Foi na segunda metade do século XX que o feminismo se consolidou como sujeito coletivo de luta das mulheres. Para Dominique Fougeyrollas-Schwebel (2009, p. 144):

> Essas lutas partem do reconhecimento das mulheres como específica e sistematicamente oprimidas, na certeza de que as relações entre homens e mulheres não são inscritas na natureza, e que existe a possibilidade política de sua transformação. A reivindicação de direitos nasce do descompasso entre a afirmação dos princípios universais de igualdade e as realidades da divisão desigual dos poderes entre homens e mulheres. Nesse sentido, a reivindicação política do feminismo só pode emergir em relação a uma conceituação de direitos humanos universais; ele se

baseia nas teorias dos direitos da pessoa, cujas primeiras formulações resultam das revoluções norte-americana e depois francesa.

Os anos de 1970 marcam os movimentos feministas pelo reconhecimento de que a reivindicação da igualdade é impossível em um sistema patriarcal. Esses anos, que prolongam o movimento de contracultura dos anos 1960, sublinham a luta dos movimentos de liberação das mulheres, não apenas na reivindicação de novos direitos, mas de questionamento do domínio político. Daí decorre a afirmação "o privado é político". Ainda nesses anos, o feminismo passa a negar o direito dos homens em falar em nome das mulheres. Com isso, há a recusa da constituição de movimentos mistos, ou seja, formados por homens e mulheres (Fougeyrollas-Schwebel, 2009). Inicia-se assim, a constituição da concepção do feminismo como um movimento de auto-organização das mulheres.

Do ponto de vista do aparecimento de uma "História das mulheres", ou seja, de uma "História sexuada", isso vai ocorrer, também, no início dos anos 1970. De acordo com Michelle Perrot (2009, p. 112), três séries de fatores contribuíram para isso: 1) "os científicos", principalmente com a influência da Antropologia e da demografia histórica que "reintegraram a família e o corpo na trama da história [...]; 2) os sociológicos: a presença crescente de mulheres na universidade como estudantes e em seguida como docentes, portadoras de interrogações novas; 3) os políticos: o movimento de libertação das mulheres [...]".

De acordo com Souza Lobo (2011, p. 249), a novidade na trajetória das mulheres, nos anos 1970 e 1980, "está não só no fato de saírem às ruas descobrindo seus direitos sociais, mas no fato de que tenham redescoberto seus corpos, suas experiências, seus direitos". A descoberta desses direitos, por sua vez, "passa a ser um motivo para mobilizar as mulheres para a vida pública, na qual elas começam a exercer uma vontade política e intervir nos seus destinos. Da mesma forma, a descoberta do corpo dá às mulheres a possibilidade de controlá-lo" (p. 250).

Decorre daí a luta pelo direito a autonomia sobre o corpo e a sexualidade, o que veio a ser sintetizada na insígnia: "Nossos corpos nos pertencem", ainda atual na luta feminista brasileira, como aponta a Plataforma Feminista de 2002:

> Como feministas, lutamos por liberdade sexual, tendo na palavra de ordem "nossos corpos nos pertencem" o símbolo mundial da luta feminista pelo direito de decidir sobre o próprio corpo. Para os movimentos brasileiros de mulheres, esta insígnia foi um convite às mulheres para se reapropriarem de seus próprios corpos, tomando para si as decisões sobre a sua sexualidade e o exercício dos direitos reprodutivos (p. 30).

Importante elucidar que esse lema feminista não guarda sentido algum com a lógica privatista ou meramente subjetivista. Ao afirmar "Meu corpo me pertence", o feminismo quer pôr em evidência e em marcha política "um sujeito em conflito com o sistema patriarcal, capitalista, racista", ou seja, essa insígnia é "uma declaração de rebelião à ordem vigente e como afirmação de ação de uma nova experiência de relação que tensiona e visa transformar a realidade social" (Ávila, 2011, p. 67).

É importante, ainda, destacar nesse período que a atuação política feminina, "as imagens das mulheres nas ruas, suas vozes cheias de agressividade, sacudiam as ideias preconcebidas do machismo e da eterna submissão feminina" (Souza-Lobo, 2011, p. 269). Mesmo ocupando significativamente a cena pública e sacudindo o machismo, a pauta feminista não foi incorporada nas discussões acadêmicas, tampouco nos discursos dos dirigentes sindicais para, por exemplo, problematizar a desigualdade salarial entre homens e mulheres. "Somente as próprias mulheres — as feministas e as militantes dos movimentos — colocaram o problema".

Ao se consolidar como movimento social nos anos 1970, o feminismo trouxe em seu bojo "a possibilidade de ruptura com muitas das fronteiras culturais e morais estabelecidas" (Bandeira, 2000, p. 28). Lourdes Bandeira (2000) destaca três principais rupturas advindas da radicalidade do movimento e do pensamento feminista: a ruptura do e com o sujeito único, o que remete à questão da diferença, tornando as mulheres visíveis e partícipes da história; uma ruptura epistemológica, que cria "um campo de conhecimento, de pesquisa científica e política que traz a mulher para o centro tanto como objeto quanto como sujeito" (p. 30); a ruptura pela "equidade", que preferimos denominar de ruptura pela igualdade. Essa ruptura tem como "suposto básico que as diferenças e as relações entre homens e mulheres são fatos construídos" (p. 37), o que remete a possibilidade de superação das desigualdades entre eles.

A partir de 1979, com o processo de redemocratização da sociedade brasileira, a anistia dos(as) presos(as) políticos(as) e a reforma partidária, o feminismo encontra maiores possibilidades de manifestação. Nesse processo, surge uma nova divisão entre as feministas: "de um lado ficaram as que lutavam pela institucionalização do movimento e por uma aproximação da esfera estatal e, de outro, as automistas, que viam nessa aproximação um sinal de cooptação" (Pinto, 2003, p. 68).

A década de 1980 é marcada por um feminismo mais institucionalizado, especialmente, por meio dos Conselhos da Condição da Mulher e Delegacias da Mulher, além da presença feminina em cargos eletivos. O feminismo acadêmico também marca essa década, com destaque para as pesquisas na área da saúde e violência contra a mulher.

Os anos 1980 anunciavam as bases do processo de institucionalização do feminismo. Ao recrutar mulheres para o Estado, muitas feministas acabaram se comprometendo com diferentes governos e perdendo sua autonomia. Em que pese os setores de mulheres feministas que se opunham fortemente à institucionalização, o feminismo passa a vivenciar uma encruzilhada nos anos 1980, trazida por essa institucionalização: "os grupos são suficientemente fortes para romper a impermeabilidade estatal, mas não o bastante para ocupar um espaço nas instâncias decisórias" (Pinto, 2003, p. 70).

Oferecendo-nos um balanço avaliativo do feminismo no Brasil no final dos anos 1980, Pinto (2003, p. 89) afirma que:

> É difícil avaliar se o movimento se fortaleceu ou não ao longo do período. Se tomarmos como parâmetro sua capacidade de aumentar o número de militantes e promover uma ampla discussão no país sobre as questões das relações de gênero, certamente o movimento não saiu fortalecido. Teremos a mesma avaliação se considerarmos a sua capacidade de ocupar espaços na agenda política partidária. Entretanto, se for tomada como parâmetro a capacidade de se infiltrar no aparato estatal, sem dúvida não se pode deixar de observar avanços.

Será, contudo, nos anos 1990, que a institucionalização do feminismo atinge seu auge por meio de um fenômeno que convencionamos chamar de "onguização". As Organizações não Governamentais (ONGs) se espraiam nacionalmente e o feminismo profissionalizado passa a se consolidar em detrimento do feminismo como movimento social. Esse feminismo profissionalizado reedita, em grande medida, o feminismo bem-comportado e encontra sérios limites institucionais para atuar com autonomia frente ao Estado e demais organismos financiadores das ONGs, trazendo, portanto, grandes implicações e desafios para a luta das mulheres, como veremos a seguir.

No plano teórico, esse contexto é acompanhado pelos "estudos de gênero" que ganham corpo na sociedade, fortemente influenciados pela perspectiva pós-moderna. Tais estudos conquistam uma grande penetração em diversas universidades e instituições públicas e privadas, inclusive no plano internacional, encontrando não apenas as portas abertas, mas, o estímulo e patrocínio, de instituições como o Banco Mundial e a Fundação Ford.

É necessário entender que as transformações ocorridas no campo do feminismo foram determinadas por um processo global de interferência nos movimentos sociais, tendo, como pano de fundo, o projeto neoliberal que, dentre seus principais objetivos, buscou promover a fragilização, a fragmentação, quando não, a cooptação dos movimentos sociais. Esse processo encontrou na onguização dos movimentos sociais, da qual o feminismo foi um movimento emblemático, um significativo caminho para sua consolidação.

2.5.1 *A institucionalização do movimento feminista: subordinações e resistências*

> Temos então que recolher a revolta e a inquietação de quem não se submete e ousar dar formas às sementes do futuro, ainda que em tempos onde o futuro parece ter sido abolido.
>
> *Mauro Iasi (2007)*

Podemos destacar, segundo Souza-Lobo (2011), três momentos significativos das práticas feministas na realidade brasileira. O primeiro ocorreu por meio de grupos ou individualmente, marcado pela amplitude e heterogeneidade do movimento que articulava as lutas pela redemocratização da sociedade com as lutas contra as formas de opressão às mulheres. Nesse momento, "o Estado era o inimigo comum" (Souza-Lobo, 2011, p. 227).

No segundo momento (1980-82), há uma reorganização partidária que começa a descaracterizar as práticas autônomas dos movimentos. Com isso, muitos grupos se dividem ou mesmo se desfazem. Esse processo levou muitas feministas a se concentrarem nos partidos, ainda que outras tenham permanecido somente nos movimentos. Assim, se por um lado há um alargamento do discurso feminista nos partidos, por outro, as práticas autônomas são reduzidas.

O terceiro momento, após 1982, é marcado pela construção dos Conselhos dos Direitos da Mulher, configurando-se como "novos interlocutores na relação com os movimentos". Nesse contexto, duas posições passam a polarizar o feminismo: "de um lado, as que se propunham a ocupar os novos espaços governamentais, de outro, as que insistiam na exclusividade dos movimentos como espaços das feministas" (Souza-Lobo, 2011). Daí surge a necessidade de se pensar a relação entre Estado e movimento. Após avaliar o confronto e a experiência dos primeiros anos em torno dessa relação, Souza-Lobo (2011, p. 227) aponta algumas conclusões:

> Por um lado, é certo que o Estado não é um espaço neutro e vazio, mas tem suas regras e mecanismos que ferem a autonomia dos movimentos, impõem tempos e alianças, subordinam lutas e propostas. Por outro lado, é evidente que os espaços no governo foram conquistas, num primeiro momento, simbólicas, mas que se transformaram num instrumento para canalizar e elaborar políticas. Se os espaços se dividem, o problema reside não na diversificação das práticas, mas na submissão voluntária ou não dos movimentos à iniciativa dos órgãos estatais ou na substituição dos movimentos pelo Estado ou na confusão entre movimento e Estado, visível na forma dos Conselhos que, no discurso de algumas, seria um representante dos movimentos.

Tal confusão entre Estado e Movimento, especialmente no que diz respeito à quebra da perspectiva de autonomia para o Movimento frente ao Estado é intensificado com o processo de onguização do feminismo, que começa a se alargar na década de 1980. Já na década seguinte, esse Movimento se encontrou, praticamente, limitado na sua atuação por intermédio das ONGs.

Assim, além da reatualização conservadora trazida pelas "novas teorias", o movimento feminista encontrava-se em um momento de institucionalização em contraponto às lutas sociais autônomas, mediante a sua expansão (ou quase limitação) em ONGs na década de 1990. Esses elementos — teóricos e políticos — não estavam dissociados, pelo contrário, fazem parte de um mesmo processo.

As discussões de gênero são difundidas fortemente no Brasil, a partir da tradução do texto de Joan Scott: "*Gênero: uma categoria útil para análise histórica*". Tradução realizada pelo SOS Corpo,[20] em 1991, tornando-se um marco referencial para a atuação dessas ONGs.

Vale ressaltar que, para essa autora, as relações de poder estão dissociadas da busca das determinações da dominação/exploração, e mais, para ela, somente após essa desvinculação é que se torna

20. O SOS Corpo é uma das ONGs feministas mais antigas do Brasil (fundada em 1981, em Recife/PE) e possui grande referência, não só nacional como internacionalmente.

possível a análise das relações sociais de gênero (Scott, 1991). Nessa perspectiva, Scott (1991, p. 3) rejeita qualquer articulação da categoria gênero com a dimensão de classe:

> A ladainha "classe", "raça" e "gênero" sugere uma paridade entre os três termos que na realidade não existe. Enquanto a categoria de "classe" está baseada na teoria complexa de Marx (e seus desenvolvimentos posteriores) da determinação econômica e da mudança histórica, as de "raça" e "gênero" não veiculam tais associações.

Percebemos nessa citação o isolamento da concepção de gênero que a autora anuncia diante da dimensão econômica/estrutural da sociedade. Todavia, como já apontamos, a articulação entre as relações sociais de sexo, classe e "raça" é indispensável para pensarmos concretamente as opressões e explorações vivenciadas pelas mulheres.

Apesar da incoerência apresentada por essa fragmentação, a repercussão positiva da perspectiva advinda de Scott ganha corpo no Brasil na década de 1990. As "análises" e "estudos" de gênero, em detrimento da perspectiva de classe, viram moda.

A tradução do texto de Scott contribui para uma "nova onda" do feminismo no Brasil, voltado ao ajustamento da linguagem e da atuação política do feminismo institucionalizado na Europa e nos EUA. Esse fato veio corresponder aos objetivos dos financiadores em "guiar discussões e trazer o conceito de 'gênero' para os projetos das ONGs feministas".[21] Esse ajustamento já revela, de antemão, a capacidade adaptativa das ONGs feministas brasileiras aos interesses de agências e organismos internacionais, como o Banco Mundial.

De acordo com Saffioti, o Banco Mundial "efetivamente" só concede verbas a projetos com "recortes de gênero". Por isso, indagamos com Saffioti (2004, p. 132):

---

21. Novellino, Salet Ferreira. As Organizações não Governamentais (ONGs) feministas brasileiras. In: Encontro Nacional de Estudos Populacionais (Abep), 15., Caxambu/MG, realizado de 18 a 22 de setembro de 2006. Disponível em: <http://www.abep.nepo.unicamp.br/encontro2006/docspdf/ABEP2006_332.pdf>. Acesso em: 10 jun. 2007.

> Por que este conceito [gênero] teve ampla, profunda e rápida penetração não apenas no pensamento acadêmico, mas também no das(os) militantes feministas e ainda em organismos internacionais? Residiria a resposta tão somente na necessidade percebida de alterar as relações sociais desiguais entre homens e mulheres? Mas o conceito de patriarcado já não revelava este fenômeno, muito antes do conceito de gênero ser cunhado? Não estaria a rápida difusão deste conceito vinculada ao fato de ele ser infinitamente mais palatável que o de patriarcado e, por conseguinte, poder ser considerado neutro?

Respondendo a essa última pergunta, a autora nega a neutralidade e afirma que a categoria gênero é mais ideológica do que a de patriarcado, contrariamente ao que muitas(os) pensam. Sabemos que esta carga ideológica está vinculada aos interesses dos financiadores. Com isso, mais uma vez na história brasileira, "assistimos" a um episódio de subserviência aos interesses internacionais.

Assim como as demais, muitas ONGs feministas sobrevivem de investimentos do governo e de fundações e organismos internacionais. Esse fato implica, como decorrência, um significativo prejuízo à autonomia mediante as relações de dependência/subordinação, travestidas no discurso de "parceria". Além disso, com a competição entre estas ONGs na disputa pelos investimentos, fragmenta-se a luta das mulheres.

Como síntese da adequação e do ajustamento das ONGs em questão, provenientes dos laços de dependência com seus financiamentos, Maria Salet Ferreira Novellino (2006, s.p.) destaca:

> A análise dos projetos desenvolvidos pelas ONGs feministas sugere que o discurso e a prática radicais do feminismo revolucionário: a luta contra patriarcado tanto no espaço público quanto no privado e livre-determinação sobre o corpo foram sendo substituídos por um discurso mais ameno e pragmático e por intervenções passíveis de serem financiadas pelas Agências ou pelo Estado. Como consequência, *assumiram papéis esperados pelas Agências: serem órgãos de* advocacy *de políticas e serviços públicos e pelo Estado* [...] *as lideranças das ONGs acabam por ficar*

> *mais preocupadas em ajustar seus projetos às exigências ou expectativas das agências do que atender aos interesses e necessidades das mulheres com/para as quais trabalham* (destaques nossos).

Temos nesse processo um nítido exemplo de transformismo[22] na institucionalização do movimento feminista. O poder dos financiadores rende lideranças feministas que passa a atuar muito mais em corresponder aos interesses dos seus financiadores, mesmo que seja em detrimento dos interesses das mulheres. Destarte, embora o feminismo institucionalizado seja supostamente representante dos interesses das mulheres, temos, na prática desse feminismo, um vínculo muito mais estreito com os interesses de seus financiadores, uma vez que, ao fim e ao cabo, são estes que determinam as áreas e a forma de atuação e até mesmo a linguagem da maioria das ONGs.

Aprofundando um pouco essa problemática, devemos ressaltar que esses financiadores, na qualidade de representantes do grande capital, conseguem, pelo financiamento de ONGs, materializar uma nova estratégia de ofuscar o antagonismo de classe, de uma forma bem menos onerosa ao capital do que o investimento em políticas públicas. Além de mais eficaz no controle dos movimentos sociais, dada à direta relação de dependência.

O ajustamento das ONGs aos seus financiadores diz respeito, especialmente, ao tema e ao modo de abordá-lo. Inicialmente, os projetos das ONGs voltavam-se, predominantemente, para a educação e formação política de mulheres pobres. Em seguida, "os projetos passaram a ser de *advocacy* de políticas públicas em saúde reprodutiva". Após a IV Conferência Mundial da Mulher (1995), voltaram-se para direitos humanos, privilegiando a violência contra as mulheres.

Alvarez, segundo Novellino, afirma que na década de 1990, os projetos voltados para "mobilização" e "conscientização" de mulheres

---

22. Transformismo é uma categoria gramsciana. De modo sintético, segundo Portelli, H. (1997), o transformismo ocorre "quando a classe dirigente agrega em torno de si os intelectuais dos outros grupos sociais para decapitar sua direção política e ideológica (p. 69). De modo que a classe dominante "recusa qualquer compromisso com as classes subalternas" (p. 71).

tinham mais dificuldade de conseguir financiamento junto às agências, que passavam a privilegiar "profissionalismo, impacto e resultados". Nessa perspectiva, os financiadores passaram não apenas a definir os temas dos projetos e a dinâmica interna das ONGs, como, em grande medida, a controlá-las politicamente. De acordo com Novellino, discussões polêmicas, como o aborto, cuja descriminalização foi uma das bandeiras principais do movimento no feminismo revolucionário, passou a ser um tema evitado nos projetos submetidos às agências.

Dessa forma, as ativistas feministas, "na era das ONGs, tornaram-se especialistas na projeção, execução e avaliação de políticas de gênero. Ou como substitutas do Estado, como resultado de uma política neoliberal de terceirização de serviços de assistência para mulheres pobres".[23] Podemos, então, afirmar que financiamento das ONGs conduziu parte do feminismo para um ativismo "bem-comportado" e "dócil".

Diante desse cenário desafiador que marcou o feminismo, Glória Rabay (2000, p. 95), pesquisadora e militante feminista, aponta no ano 2000, o quadro complexo e contraditório do feminismo frente ao seu processo de institucionalização:

> Enfrentamos outros desafios ao nos legalizar, profissionalizar e ao trocarmos (algumas vezes) a militância apaixonada pela ação profissional e estratégica. Criamos hierarquias entre as mulheres do movimento antes de resolvermos o mito de que "as feministas são todas iguais" e parte de nossas agendas se submetem às de fóruns e instâncias aos quais muitas vezes não temos acesso, mas que dão unidade e força ao movimento. No atual quadro neoliberal, muitas agências fazem as entidades do movimento se tornarem concorrentes para alcançar financiamentos. [...] o desafio do movimento de mulheres agora é manter a autonomia num movimento institucionalizado, ao mesmo tempo mantendo vivo, ousado e apaixonado o feminismo, mantendo acesa nossa utopia.

---

23. Novellino, Salet Ferreira. *Os feminismos latino-americanos e suas múltiplas temporalidades no século XX*. Disponível em: <www.fazendogenero7.ufsc.br> Acesso em: 10 jun. 2007.

É certo que o desafio lançado por Glória Rabay foi abraçado por muitas feministas, inclusive profissionais de ONGs que passaram a fazer a autocrítica do processo de "onguização" do feminismo. Contudo, o feminismo perdeu o ritmo crescente de Movimento Social que ganhara nos anos 1970.

Além das ONGs e dos Conselhos de Mulheres, o movimento também sofreu recuo em sua radicalidade pela via das Grandes Conferências promovidas por instituições internacionais, a exemplo da ONU, como a de Nairóbi (1985) e depois, especialmente, a de Pequim (1995), que levou grandes segmentos do Movimento a se limitarem ao monitoramento estatal profissionalizado (especialmente via ONGs) da plataforma gerada nesse encontro. Muitas feministas então, passaram a ser especialistas profissionais em "gênero", deixando a formação política e a mobilização de mulheres de lado como meio de reivindicação e organização. Em outras palavras, a Conferência de Pequim marca a onda de institucionalização do feminismo nos anos 1990, tanto via onguização, como também, por meio da profissionalização junto ao Estado. Não é à toa que foi na Conferência de Pequim que o conceito de gênero, segundo Falquet (2012), triunfou. Sobre esse contexto da "tendência" de institucionalização do feminismo, Jules Falquet nos oferece uma síntese analítica:

> Esta nova tendência cobre parcialmente o feminismo de setores populares. Na verdade, pela mudança progressiva que acompanha o agravamento da crise econômica dos anos 80, o discurso do feminismo de setores populares transformou as mulheres dos setores populares em mulheres pobres, depois em "pobres mulheres", a quem é urgente fornecer soluções imediatas e, se possível, orçamentos, políticas, leis. Por trás de um discurso de responsabilidade para com a realidade social, os novos promotores de ONGs se especializaram e se profissionalizaram, seguindo de alguma forma a virada "humanitária" e às vezes "imediatista" do resto do setor das ONGs. Numerosas são as antigas internacionalistas e políticas engajadas em movimentos populares que encontram um novo papel de intermediárias e se tornam responsáveis de ONGs, de programas ou consultoras nacionais e internacionais. [...]

> Elas, então, se misturam com mulheres e homens, geralmente de pele clara e classes favorecidas, que também adotaram um vocabulário de gênero sem nunca ter sido feministas e se tornam ferozes defensores(as) da estabilidade da ordem (2012, p. 108; tradução nossa).

Contudo, esse processo não foi homogêneo, mas permeado por contradições, das quais sempre encontramos focos de resistência. Fougeyrollas-Schwebel sintetiza:

> [...] de 1970 até hoje, constata-se uma evolução contraditória dos movimentos feministas: a pressão internacional permite o avanço dos direitos das mulheres, acompanhado de uma atenuação da radicalidade dos movimentos feministas, que passam a se posicionar como associações a serviço das mulheres. Reforçada pela revitalização das correntes reformistas, essa evolução do feminismo na direção de uma postura especialista (*expertise*) ou de serviço social é talvez uma maneira de reatar com a tradição caritativa tão frequentemente denunciada. Enfim, persistem formas mais radicais do movimento feminista, as quais se contrapõem a essas tendências e, como nos anos 1970, continuam capazes de mobilizações mais amplas de mulheres e homens [...] (2009, p. 148).

Nessa perspectiva, apesar do cenário regressivo hegemonicamente, o feminismo, no seio de suas contradições e limites, possui segmentos de resistência e combatividade, como nos lembra Carmen Silva (2011, p. 107):

> O movimento de mulheres esteve presente nos últimos anos nos embates contra o neoliberalismo e a mercantilização da vida, desde a crítica ao ajuste estrutural e à reforma do Estado, passando pelas mobilizações contra a Organização Mundial do Comércio (OMC) e o enfrentamento à Área de Livre Comércio (Alca), e construindo o debate de alternativas nos processos do Fórum Social Mundial.

A partir dos anos 2000, mais precisamente na atualidade, percebemos uma significativa redução do número de ONGs feministas,

Talvez, mais pela saída das agências internacionais do Brasil do que pela percepção da necessidade de uma retomada do feminismo como movimento social. Todavia, conseguimos identificar com mais facilidade, uma análise crítica no interior do feminismo ao seu processo de "onguização". Significativos setores do feminismo passam a expressar a necessidade de se reconfigurarem como movimento social, resgatando a sua perspectiva de autonomia e combatividade. Um significativo exemplo disso é a história da Articulação de Mulheres Brasileiras (AMB) que, de uma Articulação voltada para o Encontro de Pequim (em 1995), e depois, voltada para o monitoramento no governo brasileiro da Plataforma gerada no encontro, atualmente, busca se configurar como um movimento autônomo de mulheres. Outro exemplo é o surgimento do Movimento de Mulheres Camponesas (MMC), em 2004, como movimento social nacional, que, desde sua origem rejeitou qualquer possibilidade de institucionalização subordinada. A Marcha Mundial de Mulheres no Brasil também deu-nos uma importante demonstração dessa busca de revigoramento do feminismo como Movimento Social quando, em sua última ação internacional, em 2010, articulou e mobilizou três mil mulheres em marcha de Campinas-SP à capital paulista, cuja plataforma de ação foi: trabalho e autonomia econômica das mulheres; violência contra as mulheres; paz e desmilitarização; bens comuns e serviços públicos.

Esses exemplos serão aprofundados no último capítulo deste livro, pois os três Movimentos citados constituem os sujeitos da nossa pesquisa. Movimentos que, embora marcados pelas contradições e desafios da conjuntura, nos dão a certeza de que a história do feminismo não foi encerrada nos limites da institucionalização subordinada.

Assim, é diante dos retrocessos, mas também das resistências políticas, que procuraremos analisar o feminismo e a consciência militante feminista no bojo da luta de classes.

CAPÍTULO 3

Feminismo e consciência militante feminista no Brasil

Quando uma mulher entra na política, muda a mulher, quando muitas entram mudam a política.

Michele Bancellet

Neste capítulo, buscaremos apresentar os sujeitos da nossa pesquisa: Movimento de Mulheres Camponesas (MMC), Marcha Mundial de Mulheres (MMM) e Articulação de Mulheres Brasileiras (AMB). Buscaremos explorar na história desses Movimentos, bem como nas suas concepções e ações políticas a percepção da configuração política do feminismo no Brasil, já que esses três movimentos são de caráter nacional e os consideramos representativos das lutas das mulheres brasileiras na atualidade.

O fio condutor da nossa análise será a *formação da consciência militante feminista* expressa pelos sujeitos entrevistados, bem como por intermédio dos resultados da pesquisa documental que realizamos. Essa consciência nos é uma referência indicadora da relação entre o feminismo e a luta de classes. Antes, porém, de falarmos sobre a consciência militante feminista, cabe-nos explicar o que significa a consciência militante. Segundo Iasi (2002, p. 38-39), ela indica uma "consciência política" e denota:

> [...] na acepção da palavra, uma consciência associada, coletiva, que se vê como sujeito coletivo de uma transformação necessária. Evidente que também é política a consciência dos sujeitos coletivos que querem manter a ordem, tema que não constitui o objeto deste estudo. Neste sentido a consciência de classe está inseparavelmente associada à ação de classe.

Percebemos, portanto, que a consciência militante está radicalmente articulada com o processo de formação de um sujeito coletivo. Cabe, agora, o entendimento do que seria, então, a consciência militante feminista. Ela traz consigo uma particularidade em torno do sujeito central que a constitui: as mulheres. Então, devemos partir da análise da construção social desse sujeito individual e coletivamente. De início, perguntamos: Como um indivíduo marcado por relações sociais de apropriação, dominação e exploração associadas à ideologia da natureza, adquire uma consciência militante? Se falamos de apropriação, como vimos no Capítulo 2, temos, necessariamente, que considerar a formação da consciência também em nível individual. Ou seja, como uma mulher consegue superar a ideologia dominante no tocante não apenas à alienação provocada pela divisão social do trabalho, mas, também, pela divisão sexual do trabalho, pela ideologia da natureza que aliena a mulher de si no sentido de estar voltada apenas para satisfazer o outro?

Quando falamos, portanto, em consciência militante feminista, referimo-nos, primeiramente, à percepção da mulher como sujeito de direitos, o que exige a ruptura com as mais variadas formas de apropriação e alienações dela decorrentes, especialmente a ruptura com a naturalização da subserviência que lhe é socialmente atribuída. Apenas assim podemos chegar à dimensão coletiva da consciência militante que, para nós, é possibilitada pelos movimentos de mulheres.

Por sua vez, é importante evidenciar nossa compreensão sobre o processo de formação de um movimento social, mais particularmente sobre a formação de um movimento de mulheres. Utilizando as palavras de Souza-Lobo (2011, p. 178), cremos que:

> [...] a formação do movimento não é o resultado de uma relação causal, miséria-demanda ou opressão-reivindicação ou ainda inversamente: expansão de serviços públicos-necessidades; mas a formulação de demandas, reivindicações ou necessidades coletivas passam pela construção de uma ideia de direitos, pelo reconhecimento de uma coletividade. É desse processo que a análise da participação das mulheres nos movimentos pode ser reveladora.

Assim, o alcance dos movimentos de mulheres não se resume às suas reivindicações, tampouco aos seus resultados imediatos. Para compreender o alcance dos movimentos de mulheres é necessário, portanto, buscar alcançar "outros níveis" de análise, sobre os quais nos explica Souza-Lobo:

> Num primeiro nível ocorrem modificações na esfera das relações familiares e da vida cotidiana, o que certamente gera novos *habitus* na construção social do gênero. Em segundo lugar, de forma confusa e ambígua, mas relevante, se constitui uma imagem das mulheres como personagens nos espaços públicos (2011, p. 182).

Em outras palavras, o que Souza-Lobo ressalta é a capacidade de ocupação do espaço público-político que o Movimento possibilita às mulheres, além das transformações que provoca na sua vida privada, até porque público e privado não são esferas dissociadas. Esse processo de quebra de fronteiras e conquista de espaços obviamente não ocorreu nem ocorre sem resistências.

Concordamos com Souza-Lobo (2011, p. 179) ao afirmar que: "a dinâmica dos movimentos [de mulheres] não só rompe com as formas institucionais de reivindicação, mas rompe também com as formas internas de constituição dos grupos em ação na sociedade, estabelecendo novas relações entre indivíduos, grupos e sociedade".

Destarte, Souza-Lobo (2011, p. 183), destaca duas ordens de conclusões sobre a particularidade dos movimentos de mulheres. A primeira é que "a participação das mulheres nos movimentos está fortemente assentada nas ideias de igualdade de direitos que atravessam a história social". A segunda refere-se:

> [...] a particularidade dos movimentos como momentos de estruturação de novas relações entre vida pública e vida privada, e de novas configurações das relações de gênero nas relações sociais e políticas. *Por suas conquistas, às vezes por sua simples presença, as mulheres nos movimentos subvertem a ordem dos gêneros vigente nos espaços da sociedade* (destaque nosso).

A construção do feminismo como sujeito político das mulheres passa pela transformação das reivindicações imediatas e isoladas em uma formulação coletiva da demanda, ou seja, "passa pela construção da noção de direito, pelo reconhecimento de uma coletividade de iguais. São essas várias faces inseparáveis que, juntas, fazem do movimento não apenas um portador de reivindicações, mas um sujeito político" (Souza-Lobo, 2011, p. 223).

Nessa perspectiva de compreensão do significado da formação de um movimento feminista, procuraremos explorar, especialmente por meio das entrevistas realizadas, a importância do feminismo para a constituição das mulheres como sujeito político individual e coletivamente. Daí a consciência militante feminista ter sido escolhida como fio condutor de nossa análise aqui proposta, pois ela nos oferece a possibilidade de perceber não apenas a organização política de um coletivo em torno de reivindicações comuns, mas também a singularidade de cada mulher que constitui esse coletivo. Assim, quando falamos em consciência militante feminista, referimo-nos não só à formação de uma consciência associada em prol de uma transformação estrutural da sociedade, mas, também, de uma consciência associada *de mulheres* que adquiriram ciência da sua opressão e exploração. Nesse movimento de formação da consciência militante feminista, as mulheres se percebem e se constituem como sujeito político em prol da transformação radical das relações sociais desiguais de sexo e "raça" e pelo fim das relações de classe. Em outras palavras, com a formação da consciência militante feminista, as mulheres percebem que a sua autonomia e liberdade demandam a luta contra uma estrutura de relações sociais de apropriação e exploração.

3.1 Pesquisa de campo e procedimentos metodológicos

No Capítulo 1 abordamos uma questão fundamental para pensar a formação da consciência de classe: Como o sujeito revolucionário consegue adquirir uma consciência revolucionária em uma sociedade marcada por forte alienação que sustenta a ideologia dominante? Particularizando essa questão com nosso objeto de investigação, partimos da seguinte questão: Como se desenvolve a consciência militante feminista — e seu desdobramento político — frente à ideologia patriarcal-capitalista, pela qual as mulheres introjetam uma cultura de subserviência ainda mais acentuada do que os homens? Em outras palavras, como se constitui a "consciência militante" de um sujeito que é marcado não apenas pela exploração e opressão capitalista, mas também pelo patriarcado? Quais as ações que os sujeitos coletivos que empreendem essa consciência — feminista — vêm conseguindo construir na sociedade brasileira? Quem financia essas ações no Brasil? Há autonomia frente aos financiadores? Como se dá a relação entre os movimentos feministas e os outros movimentos sociais? Quais os principais desafios e dificuldades do feminismo no Brasil contemporâneo?

Nesses termos, daremos ênfase à análise da *consciência militante feminista e de sua ação política no Brasil* junto aos sujeitos da nossa pesquisa: o Movimento de Mulheres Camponesas (MMC), a Marcha

Mundial de Mulheres (MMM) e a Articulação de Mulheres Brasileiras (AMB). A escolha desses sujeitos obedeceu a um critério que condiz com nosso objeto de investigação: o de apontarem não apenas a consciência feminista, mas a preocupação da formação de uma "consciência militante" anticapitalista. Assim, os três Movimentos escolhidos, além de possuírem caráter nacional e considerarmos de grande representatividade, afirmam constituir um campo anticapitalista na luta feminista e de classes no Brasil, como veremos nos resultados da pesquisa documental, bem como pelos depoimentos das entrevistadas.

Buscaremos na nossa pesquisa: traçar o perfil histórico dos sujeitos; identificar as perspectivas teórico-políticas do feminismo de cada um dos movimentos pesquisados; perceber a importância da consciência militante feminista para a formação do sujeito político individual e coletivo; compreender a importância da auto-organização das mulheres; analisar as resistências e subordinações frente ao sistema patriarcal-capitalista; analisar a relação entre feminismo e luta de classes; identificar as principais conquistas e desafios do feminismo; conhecer as fontes de financiamento desses sujeitos e a implicação que tal financiamento provoca (ou não) para a luta feminista-socialista.

Por configurar-se como uma investigação de natureza eminentemente qualitativa, tomamos como importante instrumento na produção de conhecimento na pesquisa de campo, a *entrevista temática, com roteiro semiestruturado.*

As entrevistas foram aplicadas com dirigentes dos sujeitos coletivos focos da nossa pesquisa: MMM, AMB e MMC, sendo todas gravadas com o consentimento das mulheres. Acrescentamos ainda que os nomes das entrevistadas não foram divulgados para preservação da identidade. Denominamos as entrevistadas com a sigla dos seus respectivos movimentos, seguido de um numeral.

Importante destacar que entendemos como dirigentes não apenas aquelas que estão formalmente ocupando um cargo de direção no movimento, mas, também, militantes que possuem uma referência no interior dos movimentos, seja por meio de suas formulações teóricas, seja por meio de sua militância. Entrevistamos sete mulheres de cada um dos referidos movimentos. Não tivemos a pretensão de alcançar uma amostragem representativa que nos permitisse fazer generalizações de análises sobre os movimentos, embora essas mulheres estejam respaldadas para falar em nome dos movimentos, pela militância que realizam e pelo conhecimento que possuem dos mesmos. Nosso objetivo com a pesquisa de campo foi ouvir a experiência dessas mulheres como militantes de um movimento feminista para conhecer mais de perto como o feminismo contribui para a formação de sujeitos militantes. Tivemos, portanto, o cuidado de escolher militantes orgânicas e com uma inserção direta na construção dos movimentos. Por conta disso, também ouvimos suas opiniões sobre o feminismo no Brasil, no que diz respeito à sua relação com a luta de classe, bem como seus desafios e dificuldades.

Apenas por meio da pesquisa documental e bibliográfica faremos análises mais gerais do posicionamento político dos movimentos. Quando utilizarmos os depoimentos das entrevistadas, os tomaremos individualmente e não como uma fala representativa de todo o movimento, ainda que a fala dessas mulheres, de uma maneira geral, possua uma sintonia fina com o que encontramos na pesquisa documental.

Em relação ao perfil das entrevistadas, destacamos que o tempo de militância no feminismo teve como mínimo 6 anos, mas a grande maioria milita há mais de 10 anos, algumas com mais de 20 anos de militância feminista, essas, inclusive, são algumas das fundadoras dos movimentos que investigamos, portanto, com larga trajetória e acúmulo no feminismo brasileiro, o que enriqueceu o conteúdo do nosso trabalho de campo. Em relação à idade, possuem entre 27 a 63 anos. As militantes entrevistadas da AMB apresentaram uma média maior de escolaridade, sendo todas com nível superior completo, três com mestrado e uma com doutorado. A escolaridade das militantes entrevistadas da MMM apresenta os seguintes índices: duas com nível superior incompleto e cinco com nível superior completo, destas uma possui mestrado. As militantes do MMC, até pelas dificuldades de acesso à educação no campo, apresentaram menor índice de escolaridade: duas com mestrado, uma com ensino fundamental incompleto, três com o ensino fundamental completo, uma com o nível superior incompleto.

3.2 Os sujeitos coletivos da pesquisa

Nesse item faremos uma breve apresentação do perfil político e um panorama histórico dos sujeitos coletivos escolhidos para a nossa investigação: o Movimento de Mulheres Camponesas (MMC), a Marcha Mundial das Mulheres (MMM) e a Articulação de Mulheres Brasileiras (AMB).

3.2.1 Articulação de Mulheres Brasileiras (AMB)

> É preciso fortalecer a aliança feminista entre mulheres do campo e da cidade.
> E precisamos acalentar nossa rebeldia fortalecendo nossa ação na rua.
>
> *AMB*[1]

A AMB é uma articulação política, cuja origem se deve à necessidade de organização da representação do movimento de mulheres brasileiro na IV Conferência das Nações Unidas sobre Mulheres, Desenvolvimento e Paz, realizada em Pequim, na China em 1995. Nesse momento, a AMB possui como eixos temáticos: saúde, violência, participação política, mulheres no poder, educação e direitos sexuais e reprodutivos que, segundo AMB 1, "eram voltados para a plataforma de [...] conseguirmos levar 300 mulheres".

A princípio, a AMB seria desfeita com a volta das mulheres de Beijing, já que seu objetivo teria sido alcançado. No retorno de Beijing,

1. AMB (2011, p. 70).

a AMB organiza uma reunião de avaliação do encontro, em Brasília, com a representação de todos os estados. Nessa reunião, as mulheres representantes dos estados pautaram a necessidade de permanência. AMB 1, que estava presente nessa reunião, relata que as mulheres diziam: "[...] a gente precisa se articular, a gente precisa não ficar só vendo as questões locais [...]". Complementa AMB 1: "É por isso que a AMB permanece. [...] Depois de muito, muito debate, se resolve que a AMB ainda tem necessidade de permanecer, pois não tinha nenhum outro movimento, que precisava ter movimento nacional para se articular". Aqui, portanto, encontramos um marco na AMB, pois, passa a se constituir em uma organização política específica de mulheres, com a perspectiva feminista e de caráter nacional.

A partir de então, a AMB vai mudando o seu caráter. Ou seja, uma Organização que surgiu em decorrência da ONU passa a ter que responder pelas demandas diretas das mulheres brasileiras que começam a se organizar nacionalmente pela perspectiva feminista. Relata AMB 1:

> [...] a partir dali nós não seríamos mais uma articulação para Beijing, então a gente iria [...] ampliar, não vamos ficar só nessa coisa da ONU. Foi um salto muito grande. [...] depois do Encontro Feminista da Paraíba [em 2000] foi quando a gente decide realmente sair totalmente da ONU, da ONU que eu digo, é dessa coisa de fazer monitoramento dessa conferência, isso não quer dizer que a gente não iria participar, por exemplo, da de Durba, de outras conferências, mas não se pautando nisso, era uma das coisas, não a única coisa como foi anteriormente.

Com esse redirecionamento político, a AMB vai consolidando a perspectiva que hoje se apresenta de acordo com sua carta de princípios: "uma organização política feminista, antirracista, não partidária" e posiciona-se como uma: "articulação feminista *anticapitalista*, por compreender que dentro deste sistema, especialmente em seu estágio atual de mundialização do capital e hegemonia da sociedade de consumo, é impossível conquistas significativas na direção da igualdade e autonomia para todas as mulheres" (apud Silva, 2010, p. 5-6).

Segundo a AMB (2011, p. 5), entre as suas estratégias de atuação para a "transformação social está a articulação da luta feminista nas políticas públicas, adotada com dois objetivos: acumular forças para confrontar o Estado burguês, patriarcal e racista que temos no Brasil e alcançar conquistas que mudem para melhor, no curto prazo, a vida das mulheres". A luta em torno das políticas públicas, portanto, não guarda um fim em si mesmo, ou seja, não se limita às respostas às necessidades das mulheres, mas, também, representa para a AMB um acúmulo de força na confrontação ao atual Estado burguês, patriarcal e racista.

Como um dos objetivos permanentes da AMB, destacamos: "Promover a auto-organização das mulheres e de seus movimentos como sujeitos políticos da luta contra a dominação das mulheres, e da luta por transformação social" (idem, p. 7-8). São ainda princípios organizativos da AMB: "unidade na diversidade"; "democracia interna numa institucionalidade não burocrática"; "diálogo, articulação e livre adesão como método de organização das lutas feministas"; orientação para "o *fortalecimento do campo democrático popular dos movimentos sociais*, buscando de forma permanente estabelecer alianças e engajamento nas lutas sociais da América Latina [...] e fortalecer o caráter contra-hegemônico da luta feminista" (p. 8-10).

De acordo com AMB 6, a AMB prima por se constituir como um movimento social, sem uma estrutura formalizada, burocraticamente falando. Explica-nos AMB 6: "AMB é um movimento que fez uma opção por se manter como movimento [...], de não formalização, de não ter uma estrutura formal, rígida. A gente não tem regimento interno, a gente tem compromissos que vão sendo modificados de acordo com que a militância da AMB define".

Em sua metodologia, a AMB desenvolve ações orientadas ao Estado e à sociedade. As ações junto ao Estado ocorrem por intermédio de uma "política sistemática", imprimindo uma agenda de disputa de propostas nos espaços de debate, formulação, decisão e controle social de políticas públicas, tanto as políticas sociais, como as políticas econômica e de desenvolvimento. Para as ações junto à sociedade, atuam sobre a cultura política, as instituições e relações sociais, de modo a fazer o enfrentamento da ideologia e das práticas de dominação, exploração, opressão. Para tanto, realiza mobilizações; ações diretas (grafitagem, pichações, intervenções em espaços públicos — jogos de futebol, faixas e mensagens); encontros e publicações dirigidas à militância feminista (Silva, 2010).

Um dos destaques que a maioria das suas entrevistadas apresentou em termos de metodologia foi a forma como a AMB se estrutura, primando pela horizontalidade e pela pluralidade, buscando evitar qualquer tipo de hierarquização entre as mulheres. Por outro lado, isso se torna uma dificuldade, em virtude das visões diferenciadas que possui no seu interior:

> o princípio da horizontalidade, essa coisa de você não ter um movimento organizado com direção e base e nem verticalizado [...] de você ter uma construção coletiva [...] É um movimento que tem se confrontado em muitos campos de luta [...] ao mesmo tempo é um movimento difícil de ser construído porque tem visões diferentes lá dentro [...] com muitos desafios do ponto de vista da formação política porque essa questão da pluralidade é interessante porque é democrática, mas, ao mesmo tempo você tem que construir um sentido comum, um projeto comum [...] (AMB 4).

Um exemplo concreto dessa dificuldade diante das visões diferenciadas, é que a AMB levou 4 anos para conseguir construir sua carta de princípios, segundo AMB 1. Assim, seus processos internos são lentos, respeitando a diversidade e os níveis diferenciados de consciência entre as mulheres, pois, a organização prima pelo convencimento, pela construção do consenso por meio dos debates e formação política, evitando processos de votação. É um exemplo de radicalização da democracia, mas que se choca com a estrutura social que vivemos, que exige respostas mais rápidas e com elevado nível de elaboração teórico-política que é praticamente impossível que todas as integrantes de um movimento social atingirem ao mesmo tempo. Daí acreditarmos que a direção política em um movimento social ou partido político seja, ainda, necessária, mesmo que, de alguma maneira, ela provoque algum tipo de hierarquia. Não se trata de gerar hierarquias, mas de entender que, para superá-las, precisamos considerar que existem níveis diferenciados de consciência.

Avaliamos que a AMB possui um diferencial em termos do feminismo no Brasil, ao ter constituído uma significativa organização das mulheres negras, índias e lésbicas,[2] sem perder o direcionamento de classe das lutas que envolvem esses sujeitos. Destacamos, ainda, a apresentação de campanhas (contra o racismo e pela valorização da mulher negra e índia) e a riqueza cultural engajada apresentada no II Encontro Nacional da AMB (Enamb),[3] com letras de músicas e apresentação de danças que retratam a realidade e a luta das mulheres. Essa perspectiva nos é confirmada por AMB 4, ao afirmar que a AMB é um:

> [...] movimento feminista, anticapitalista e também antirracista, eu acho que essa dimensão do antirracismo que a AMB tem construído é uma contribuição importante, porque nós vivemos num país que passou pela experiência da escravidão, da colonização, então, isso deixou marcas profundas. Não dá para a gente compreender as relações de opressão e exploração no Brasil e na América Latina, desconsiderando o fato de nós sermos um país colonizado, então o racismo é algo a ser enfrentado como algo muito forte na nossa sociedade [...].

Dentre os principais direcionamentos políticos da AMB, que serão norteadores da organização nos próximos anos, afirmados no II Enamb e sistematizados no relatório final do Encontro, ressaltamos:

- Ir para além do debate sobre as políticas sociais e transferência de renda. Fazer a crítica e o confronto com a política econômica

---

2. Destacamos como grupo de lésbicas e bissexuais engajado na AMB: Tambores de Safo. Segundo o próprio grupo, suas integrantes são voltadas para "intervenções político-culturais, a partir de uma consciência negra, lésbica e bissexual. O objetivo é transformar o mundo pelo feminismo, através de intervenções culturais que promovam o pensamento crítico, a ação política organizada [...]". Disponível em: <http://tamboresdesafo.blogspot.com/2011/03/tambores de safo.html>. Acesso em: 1º out. 2012.

3. O II Encontro Nacional da AMB (Enamb) ocorreu em Brasília, em abril de 2011.

que favorece a concentração da riqueza no País. É preciso enfrentar todos os processos que levam à concentração da riqueza e à manutenção da desigualdade e seguir no confronto à lógica de acumulação e exploração capitalista, patriarcal e racista.

- Lutar por políticas redistributivas; pela taxação de grandes fortunas; contra a política de superávit primário; e contra as políticas que favorecem o capital financeiro.
- Atuação com *autonomia* e crítica frente ao governo Dilma. Posicionamento não é a favor ou contra o governo: a favor quando as demandas das mulheres forem atendidas e contra quando as políticas gerarem mais injustiça social.
- Fazer a crítica dos limites das políticas familistas de transferência de renda e das políticas de orientação materno-infantil anunciadas pelo governo.
- Fortalecer a relação entre mulheres do campo e da cidade.
- Fortalecer nossa luta por políticas sociais universais; por políticas que enfrentem a divisão sexual do trabalho, como as creches públicas, as lavanderias coletivas, os restaurantes comunitários; lutar por políticas de educação, qualificação e inserção no trabalho remunerado, com salário digno, direitos e proteção social.
- Seguir atuando na crítica ao modelo desenvolvimentista que recrudesce a exploração do capitalismo patriarcal e racista sobre as mulheres em diferentes contextos — ribeirinhas, quilombolas, assentadas, urbanas; reforçar alianças para enfrentar esse modelo no governo Dilma; *confrontar as transnacionais* que desenham esse modelo para o mundo.
- Aprofundar a articulação entre o feminismo e a vida das mulheres trabalhadoras do campo e da cidade, estando mais perto da sua luta.
- Estreitar relações com as feministas da América Latina.
- Luta frente ao capital: campanha de boicote à Natura, denunciando a exploração das mulheres, da natureza, e o reforço a um modelo de beleza (lema: "Quem protege a Amazônia somos nós

mulheres"); enfrentamento nos locais de implantação dos grandes projetos, inclusive os do PAC, dando um caráter nacional às lutas.

- Fortalecer: a Alba, buscando articulação com outros movimentos sociais cujas bandeiras de lutas anticapitalistas são comuns; o poder popular, somando-se à luta pela Reforma Urbana, direitos das mulheres à cidade, controle social do orçamento, do executivo e do legislativo; o Fórum itinerante da Previdência; as lutas pelo acesso à água e contra as barragens e pelo fim do trabalho doméstico.

Como podemos perceber, a perspectiva política da AMB encontra-se direcionada para um horizonte de transformação social, pautado na totalidade, ao contemplar na sua luta as dimensões de sexo, "raça"/ etnia e liberdade sexual, articuladas, dialeticamente, com a questão de classe (caráter popular e de aliança com os movimentos sociais). Apesar disso, acreditamos que as ações diretas de enfrentamento ao capital ainda são um grande desafio para se concretizarem na dinâmica da AMB. Contudo, ao aprovarem no II ENAMB a luta contra transnacionais, ao capital financeiro e, mais particularmente, a uma empresa que explora as mulheres e a natureza: a Natura; pode-se avaliar que a AMB está disposta a enfrentar esse desafio.

Outro ponto que gostaríamos de destacar na pauta política aprovada no II ENAMB é a autonomia que a AMB assume frente ao governo. Ressaltamos isso como indispensável para a construção da consciência e luta de classe no contexto de disputa dos projetos societários no Brasil. *A autonomia política dos movimentos sociais é condição primária da liberdade que permite o exercício da crítica e seu desdobramento político nas resistências e lutas na sociedade.*

A AMB está organizada em dezessete estados,[4] incluindo o Distrito Federal, e quatro estados estão em processo de rearticulação,

4. Desses dezessete estados em que a AMB está organizada, os mais orgânicos, de acordo com AMB 1, são: Paraíba, Pernambuco, Rio Grande do Norte, Ceará, Pará, Distrito Federal, Goiás, Espírito Santo, Amapá, Rio de Janeiro, Tocantins, Amazônia, Mato Grosso do Sul e Mato Grosso.

segundo AMB 1. Nos demais, há contatos e, em alguns, está em curso a organização de núcleos.

3.2.2 *Marcha Mundial de Mulheres (MMM)*

"Seguiremos em marcha até que todas sejamos livres."[5]

A Marcha Mundial de Mulheres surge em torno da organização de uma grande mobilização internacional que agregou mulheres de vários países do mundo em torno da campanha: "Duas mil razões para marchar contra a pobreza e a violência sexista", no ano de 2000. Nessa primeira ação internacional da MMM, as atividades da campanha foram iniciadas em 8 de março, Dia Internacional da Mulher, e terminadas em 17 de outubro. Nesse momento, no Brasil, muitas mulheres aderiram ao processo de construção da Marcha, inclusive as que se encontravam organizadas na AMB.

Segundo o site da Marcha Mundial de Mulheres, a inspiração para sua criação "partiu de uma manifestação realizada em 1995, em Quebec, no Canadá, quando 850 mulheres marcharam 200 quilômetros, pedindo, simbolicamente, 'Pão e Rosas'. A ação marcou a retomada das mobilizações das mulheres nas ruas, fazendo uma crítica contundente ao sistema capitalista como um todo".[6] De fato, é importante destacar esse marco que a Marcha passa a representar, em um momento em que o feminismo tinha passado a ganhar uma forte perspectiva de institucionalização, especialmente pós-Beijing. Com a retomada de ações de rua, em atividade de protesto e reivindicação, a MMM oferece fôlego para a resistência do feminismo popular. Nas palavras da MMM 3:

5. Palavra de ordem criada pela MMM e bastante incorporada nos movimentos e atividades feministas.

6. Disponível em: <http://sof.org.br/marcha/?pagina=aMarcha>. Acesso em: 11 jan. 2013.

> Pensando no que significou os anos 90, [a Marcha] colocou de novo as mulheres na rua, nessa coisa de colocar o feminismo pra rua porque nos anos 90 a gente percebe uma grande influência das Conferências da ONU, então, as mulheres ficam muito envolvidas nessas coisas das políticas [...] no ano que surge muitas ONGs, então, surgir a Marcha nesse período fez com que o feminismo não saísse das ruas [...] não só manteve como fez com que muitas pessoas voltassem para as ruas.

Nesse bojo, após sua primeira ação internacional, a Marcha decide, em 2001, continuar como um movimento permanente em nível internacional e nacional. Segundo MMM 1: "Nós, do Brasil, éramos um dos países que tinha levado essa ideia de continuar como um movimento permanente [...] tivemos uma repercussão no Fórum Social Mundial em 2001 e quando a gente traz esse debate da continuidade da Marcha, nem todo mundo fica, alguns setores saem [...]". Para o setor que resolveu dar continuidade à Marcha, MMM 1 diz que o que chamava atenção era o fato da Marcha poder se constituir em um movimento que iria "falar da pobreza, da luta contra a pobreza e contra a violência nos marcos de questionamento do que a produz e não no discurso que reinava naquele momento de mitigação da pobreza". Com essa decisão, na avaliação da MMM 1, elas conseguiram:

> [...] o questionamento à mercantilização do corpo como forma de questionar o modelo econômico, então, traz a agenda econômica pro centro do debate das mulheres num período em que o capitalismo patriarcal tirava as mulheres da agenda econômica dizendo que pobreza era questão social [*sic*] e não econômica, né? A gente começa a fazer disputa num tema que tava sendo central, que era o coração do momento. Questiona o que tinha sido os retrocessos que o neoliberalismo tinha trazido [...] fazendo essa articulação de *patriarcado-capitalismo,* ou seja, se o capitalismo tá forte, o patriarcado se fortalece já que eles são integrados. Eu acho que isso nos deu muito fôlego [...]

Na avaliação de MMM 1, de um lado o processo de resistência ao neoliberalismo potencializou a necessidade da continuidade da

Marcha, assim como essa continuidade fortaleceu a estruturação do movimento antimundialização capitalista. Esse fôlego ao feminismo ocorre, segundo MMM 1, nos:

> [...] momentos que a sociedade está mais mobilizada e também tá mais à esquerda [...]. No final dos anos 90, começo do ano 2000, começa a reforçar a resistência contra o neoliberalismo, a formação do movimento antiglobalização. A gente costuma dizer que, inclusive a Marcha é parte dessa estruturação [...] e isso influencia de forma geral a agenda [...] inclusive de outros setores.

A direção nacional da Marcha Mundial de Mulheres, no ano de realização da pesquisa, apresentava em sua composição pessoas vinculadas à CUT, à Confederação Nacional dos Agricultores (Contag), à Sempre Viva Organização Feminista (SOF), ao Centro Feminista 8 de Março (CF8M) e à Consulta Popular. Apesar de sua composição possuir representação de outras organizações, a Marcha se define como um movimento social e não como uma articulação, segundo MMM 1:

> A Marcha, do ponto de vista internacional, não se define como uma rede, se define como um movimento. [...] o que define a Marcha é a centralidade na mobilização, na organização de campanhas, [...] nos une essa ideia de mobilizar, de lutar, de tá na rua, nos une essa visão de crítica global ao modelo, então a Marcha foi tentando perceber o que que são os seus elementos comuns nessa grande diversidade que é organizar a Ásia, a África, a Europa e a América Latina. A Oceania a gente não tem. Aqui no Brasil aparece esse debate, se é uma articulação ou se é um movimento, mas a gente é muito mais um movimento do que uma articulação e eu vou te dizer por quê. Eu vejo uma articulação quando você diz assim, vem um representante de um movimento e tal e faz a média. Mesmo as meninas da Contag, as meninas da CUT, no geral, elas estão ali como mulher, elas não chegam lá e dizem, olha a Contag só vai até aqui. Dificilmente. [...] Na Marcha, as pessoas também estão como pessoas [...] A gente tenta nunca votar, mas, quando a gente vota, cada uma é um voto, se tiver 30 pessoas e 10 organizações, são 30

> votos. [...] nós estamos num certo campo, não tem gente de um campo muito diferente do outro [...] nós estamos no campo anticapitalista, isso dá uma certa homogeneidade, mesmo com as diferenças.

Os campos de atuação prioritários da MMM são: autonomia econômica para as mulheres: no sentido de conseguirem garantir o próprio sustento e terem acesso à previdência e serviços públicos; bem comum e serviços públicos: diz respeito à garantia ao acesso aos bens comuns vitais como comida, água, terra, moradia, conhecimento e aos serviços públicos (educação, saúde, energia etc.); paz e desmilitarização: luta contra a violência sexista e a apropriação do corpo das mulheres que ocorre de forma comum em contexto de guerra e a luta contra a violência às mulheres.[7] MMM 3 explica a particularidade do eixo paz e desmilitarização no Brasil: "nós trabalhamos a partir da militarização da segurança, do que significa essa exterminação da pobreza, essa exterminação dos negros nas favelas, como que as mulheres são afetadas com isso [...]; a mercantilização do corpo e da vida das mulheres [...]".

Destacamos, como uma das lutas da MMM, a reivindicação pela "integração dos povos que garanta o bem-estar de todas e todos, que se oriente para a superação de assimetrias entre os países e favoreça a resolução negociada de conflitos". Como uma das demandas, a Marcha reclama ao governo brasileiro: "Atuar por uma integração geradora de igualdade que promova intercâmbios econômicos, culturais, políticos baseados na justiça, solidariedade e complementariedade".[8] Fizemos esses destaques para ressaltar a preocupação internacionalista que a MMM procura incorporar no seu programa de atuação. Isso é facilitado pelo caráter da MMM, ou seja, por ser um movimento organizado em todos os continentes do mundo, com exceção da Oceania, segundo MMM 1.

Entre seus princípios, a Marcha Mundial de Mulheres destaca:

---

7. MMM. Disponível em: <http://www.sof.org.br/marcha/>. Acesso em: 17 abr. 2011.

8. Idem, p. 7-8.

> [...] a organização das mulheres urbanas e rurais a partir da base e as alianças com movimentos sociais. Defendemos a visão de que as mulheres são sujeitos ativos na luta pela transformação de suas vidas e que ela está vinculada à necessidade de superar o sistema capitalista patriarcal, racista, homofóbico e destruidor do meio ambiente. A Marcha busca construir uma perspectiva feminista afirmando o direito à autodeterminação das mulheres e a igualdade como base da nova sociedade que lutamos para construir.[9]

A luta anticapitalista sempre foi reivindicada como um eixo estruturador da MMM, com um esforço de realizá-la pela perspectiva feminista, ou seja, considerando os impactos do capitalismo patriarcal sobre a vida e as demandas das mulheres trabalhadoras e em diálogo com outras organizações da classe trabalhadora.

Além do aspecto anticapitalista, a MMM 3 ressaltou a dimensão geracional e "racial" como preocupações para a perspectiva de feminismo da Marcha: "feminismo classista, anticapitalista e de considerar a etnicidade e também geração. [...] As mulheres negras que fazem parte da Marcha sempre estão nos processos de formação, sempre tem jovens [...], tem mulheres negras, tem lésbicas, sempre pensando na multiplicidade que é a Marcha".

Como metodologia de intervenção para concretização das suas lutas, MMM 3 relata que ela ocorre:

> [...] seja a partir da *batucada*,[10] seja a partir da organização dos próprios grupos, seja na própria incidência nas políticas de governo, então é uma estratégia que vem desde a organização do grupo, a mobilização de rua

---

9. Disponível em: <http://sof.org.br/marcha/?pagina=aMarcha>. Acesso em: 11 jan. 2013.

10. A "batucada feminista" da MMM é utilizada para animar as ações, bem como se configura em uma estratégia de envolvimento das mulheres. Nas palavras de Nalu Faria (2008, p. 23), "as batucadas fortalecem as mobilizações, incentivam a criatividade e outras linguagens para expressar nossos conteúdos feministas e de crítica à atual sociedade capitalista e patriarcal"; é uma forma de ecoar "por todas as partes nosso canto à liberdade, à autonomia e à igualdade".

> e a influência nas políticas públicas [...] tem muito forte essa questão da formação também [...] *formação na ação* [...]. Ao mesmo tempo em que você trabalha a arte, trabalha a música, mostra para as pessoas qual é a sua luta [...] quais são os nossos problemas.

De acordo com seu site, a MMM utiliza em sua trajetória, como estratégia, o fortalecimento da:

> [...] auto-organização das mulheres, concomitante com a presença nos movimentos sociais, dentro de uma perspectiva de construção de um projeto que incorpore o feminismo e as mulheres como sujeitos políticos. A marca deste movimento que estamos construindo também a partir do Brasil são ações políticas em espaço público, em que se criaram formas irreverentes e alegres de crítica à sociedade capitalista, machista e patriarcal. Nestes últimos anos as ativistas da Marcha estiveram nas ruas, nos debates, nas mobilizações em diversas situações: contra a pobreza e a violência, pela valorização do salário mínimo, pelo direito à terra, legalização do aborto, contra a Área de Livre Comércio das Américas (Alca) e Organização Mundial do Comércio (OMC), contra o deserto verde e violência sexista, por mudanças na política econômica e reforma urbana.[11]

Como podemos perceber, a Marcha reivindica ser um movimento de luta feminista e anticapitalista ao objetivar a igualdade e a construção de uma sociedade sem opressão das mulheres, sem exploração de classe, sem racismo, sem homofobia e numa relação não predatória com o meio ambiente. É nesse sentido que proclamam fortemente a palavra de ordem: "Somos mulheres e não mercadoria", "que expressa a essência de nossa luta contra o patriarcado, o capitalismo, o racismo e a homofobia".[12]

---

11. Disponível em: http://sof.org.br/marcha/?pagina=historico. Acesso em: 11 jan. 2013.

12. MARCHA MUNDIAL DAS MULHERES. *Plataforma de Ação*. In: AÇÃO INTERNACIONAL, 3., Brasil, 2010. Disponível em: <http://www.sof.org.br/publica/plataforma_acao.pdf>. Acesso em: 17 abr. 2011.

A MMM está organizada em 21 estados, segundo MMM 2, mas com contatos em todos os estados do Brasil. Destacamos como principais estados de organicidade da MMM: São Paulo, Rio Grande do Norte e Minas Gerais.

3.2.3 Movimento de Mulheres Camponesas (MMC)

> [...] o Movimento é essa expressão de liberdade, essa construção que não está pronta, não está acabada, mas que cada mulher vai se construindo no coletivo. [...] Isso é o MMC. A gente aprende, a gente ensina, a gente vai desconstruindo muitas coisas que aprendeu e que tinha como verdades.
>
> *MMC 2*

Em 2004, o MMC passa a se constituir como um movimento social de caráter nacional. Contudo, segundo o depoimento de uma de suas fundadoras, MMC 1, o movimento tem sua gênese nos anos 1980, no contexto de formação da oposição sindical. Foi no caldo político da oposição sindical rural que muitas mulheres camponesas passaram a se engajar na militância, descobrindo-se como sujeitos políticos particulares no seio desse processo.

> [...] a questão da oposição sindical deu um estalo bastante grande, nós fazemos a luta, nós vamos pra rua, nós somos a maioria que faz o debate, no entanto, a chapa é dos homens, a votação é pros homens. E daí, ao perceber-se tarefeira de novo... [...] em seguida veio o debate meio colado nessa questão do direito previdenciário, porque as mulheres da cidade tinham carteira assinada e tinham tais direitos e nós não tínhamos (MMC 1).

Segundo MMC 2, o Movimento de Mulheres Camponesas nasceu das necessidades primeiras das mulheres:

> [...] em torno dessas necessidades há sentidos, há significados de luta. Então as mulheres se reúnem e começam a discutir essa realidade. Daí a importância do *trabalho de base* e também a concepção de trabalho de base para além de apenas reunir um grupo a partir das necessidades, mas ele está profundamente interligado com o processo da formação da consciência nos seus diferentes níveis [...] a partir dessa realidade, as mulheres, nesse caldo formativo, de luta, de trabalho de base, de encontros, de movimento, as mulheres começam a entender melhor como se organiza a sociedade [...].

O MMC, apesar de recente como movimento nacional, vem se firmando como um forte exemplo de resistência, autonomia e de enfrentamento à "questão social", com uma nítida perspectiva classista, como podemos perceber em sua missão e princípios, respectivamente:

> Nossa missão é a libertação das mulheres trabalhadoras de qualquer tipo de opressão e discriminação. Isso se concretiza nas lutas, na organização, na formação e na implementação de experiências de resistência popular, onde as mulheres sejam protagonistas de sua história. Lutamos por uma sociedade baseada em novas relações sociais entre os seres humanos e deles com a natureza. O Movimento de Mulheres Camponesas se caracteriza por ser:
>
> - *Autônomo*: quem decide os rumos são as próprias mulheres.
> - *Democrático e popular*: as mulheres têm voz e voto e buscam organizar todas as trabalhadoras do campo.
> - *Classista*: pertence às trabalhadoras do campo, que compõem a classe trabalhadora.
> - *Novas relações de igualdade*: entre as pessoas, com a natureza e a vida como um todo.
> - *De luta*: para transformar a sociedade e as relações.
> - *Socialista*: onde todos tenham direito de viver com dignidade e igualdade.[13]

13. Disponível em: <http://www.mmcbrasil.com.br/menu/missao_por.html>. Acesso em: 23 nov. 2008.

Em um dos objetivos de suas lutas,[14] o MMC também explicita sua autonomia e seu compromisso político de enfrentamento ao grande capital:

> O MMC tem como objetivo central lutar pela soberania nacional, proteção, conservação e preservação da biodiversidade (não deixar vender terra e água), recuperando, valorizando a cultura brasileira, fortalecendo as iniciativas de poder popular que reafirmam a busca da dignidade e autonomia da mulher e do povo brasileiro. Por isso lutamos:
>
> - contra as políticas impostas pelo Fundo Monetário Internacional (FMI) e Organização Mundial do Comércio (OMC);
> - contra a Área de Livre Comércio das Américas (Alca);
> - pelo não pagamento da dívida externa;
> - contra os transgênicos;
> - contra todo o tipo de discriminação e racismo.

Reafirmando a perspectiva não apenas anticapitalista, mas, também, socialista, MMC 1 nos fala sobre os objetivos e a missão do MMC:

> A libertação das mulheres de todo o tipo de opressão e exploração, entendendo opressão patriarcal, machista, e exploração do capital. Enquanto missão [...] *o movimento se assume enquanto um movimento socialista*. E, também, o projeto de agricultura camponesa agroecológica. [...] a nossa missão ela se centra nesses três principais eixos: a libertação da mulher, a transformação da sociedade e a construção do projeto de agricultura camponesa [...] um dos principais objetivos é organizar as mulheres. [...] Nessa organização também tem como objetivo a questão do estudo, da capacitação, tanto política como técnica [...]. Faz parte da luta essa questão do enfrentamento [ao

---

14. Disponível em: <http://www.mmcbrasil.com.br>. Acesso em: 23 nov. 2008.

capital], organizar a luta de enfrentamento, mas, também organizar essa questão das necessidades das mulheres e tentar trazer pequenas conquistas (destaque nosso).

Nessa mesma perspectiva teórica-política, complementa MMC 2:

> Pra nós é inconcebível um feminismo que só ajeita a própria vida ou modela um pouco o jeito de ser mulher, atribui alguns direitos... não... Pra nós, é uma luta que se dá na perspectiva de gênero, de classe, é algo que está imbricado nas diversas relações e à medida em que a mulher vai se libertando, ela também vai construindo outras relações com o meio, seja na família ou onde ela está e também numa perspectiva da luta na sociedade, da luta de classe, porque nós trabalhamos com mulheres trabalhadoras, camponesas. Nós compreendemos o feminismo [...] num sentido em que a mulher está inserida num contexto social. [...] Feminismo pra nós diz luta de gênero e de classe, não da pra separar. A mulher sozinha ela nunca vai se libertar só ajeitando a sua vida. Ela tá inserida nas relações e as relações são sociais. [...] A luta feminista tem que assumir posições concretas contra o capital.

Outra dimensão importante que o MMC revela na própria necessidade de existência no seio da Via Campesina[15] é a possibilidade de contestação à lógica patriarcal no seio dessa organização, como ressalta MMC 1:

> Na Via Campesina, se não for o debate feminista levado pra dentro pelo Movimento de Mulheres Camponesas, segue na mesma lógica patriarcal e, portanto, o novo não se constrói, se mantém na mesma lógica. E aquela leitura de que vamos transformar, vamos fazer o

15. A Via Campesina consiste em um movimento de abrangência internacional. No Brasil, ela é composta pelo Movimento dos Trabalhadores Rurais Sem Terra (MST), Movimento de Mulheres Camponesas (MMC), Movimento dos Atingidos por Barragens (MAB), Movimentos dos Pequenos Agricultores (MPA), Comissão Pastoral da Terra (CPT), Federação dos Estudantes de Agronomia do Brasil (Feab), dentre outros.

enfrentamento, que quando você superar o capitalismo e tal... isso não é verdadeiro.

Em síntese, podemos dizer que o MMC conseguiu construir uma referência nacional em torno da construção de uma luta realizada por mulheres que buscam enfrentar o patriarcado e o capitalismo de forma indissociável. Nas palavras de MMC 2, o MMC "se afirma enquanto movimento feminista, popular, de classe, de massa e que tem duas questões muito claras, de que a luta é contra o patriarcado e contra o capitalismo. [...] O MMC, ele é isso, aonde ele estiver, ele tem essa unidade".

Atualmente o MMC encontra-se organizado em 23 estados[16] do Brasil, incluindo o Distrito Federal, sendo o Rio Grande do Sul e Santa Catarina, os que possuem maior organicidade historicamente.

3.3 A importância do feminismo para a consciência militante e para a luta de classes

Neste item, procuraremos abordar como o feminismo, na sua dimensão teórica e no seu exercício político, tanto individual como coletivamente, contribui para a formação da consciência militante das mulheres e para a luta de classes na perspectiva da emancipação humana. Para tanto, abordaremos elementos da formação da consciência militante com base nos depoimentos das nossas entrevistadas, destacando a importância do grupo, da militância em um movimento social e do processo da auto-organização das mulheres para a construção da consciência militante feminista.

---

16. Os estados que o MMC possui trabalho de base são: Rio Grande do Sul, Santa Catarina, Paraná, Mato Grosso, Mato Grosso do Sul, Pará, Maranhão, Bahia, Alagoas, Sergipe, Roraima, Acre, Paraíba, Amazônia, Distrito Federal, Tocantins, Rondônia, Espírito Santo, Minas Gerais, Goiás, Pernambuco, Rio Grande do Norte e Ceará, sendo que neste último encontra-se em estágio inicial.

3.3.1 A formação da consciência militante feminista

> A consciência das mulheres oprimidas muda a definição em si da opressão.
>
> *Delphy*[17]

De uma maneira geral, conseguimos encontrar, como elementos comuns destacados ou demonstrados pelos depoimentos das mulheres entrevistadas, alguns pontos indispensáveis para a formação da consciência militante feminista; são eles: 1) a apropriação de si e a ruptura com a naturalização do sexo; 2) o sair de casa e a casa sair de dentro de si; 3) a identificação na outra da sua condição de mulher; 4) a importância do grupo e da militância política em um movimento social; 5) a formação política associada às lutas concretas de reivindicação e de enfrentamento. Antes de mais nada, é preciso evidenciar que subdividimos esses pontos apenas por uma questão didática. De maneira alguma encontramos uma ordem hierárquica de importância entre eles. Ao contrário, cremos que todos se relacionam dialética e organicamente.

O primeiro passo para a consciência feminista das mulheres começa com a ruptura das mais variadas apropriações que sofrem. Processo esse que estamos denominando de *apropriação de si*, no sentido de as mulheres se perceberem como sujeitos e passarem a lutar por sua autonomia e liberdade, o que demanda rupturas estruturais e superações ideológicas, a começar com o modelo hegemônico de família e a ideologia de naturalização dos sexos. As mulheres, ao adquirirem uma consciência feminista, passam a perceber que existem de fato como pessoas, que possuem um corpo que lhes pertence, enfim, que possuem vontades e desejos próprios que podem ser expressos e vivenciados fora e dentro de suas casas.

---

17. Texto original: "La conscience des femmes opprimées change la définition même de l'oppression" (Cristine Delphy, 2009, t. I, p. 269; tradução nossa).

A importância da apropriação de si está, portanto, na percepção da mulher como sujeito de sua própria vida, o que necessariamente associa-se à superação da ideologia de naturalização do sexo. Afinal, como pensar em uma consciência coletiva voltada para a transformação social se individualmente uma mulher encontra-se alienada de si, sem autonomia sobre sua vida e restringida a cuidar dos outros em detrimento de si? Esse processo do apropriar-se de si está radicalmente articulado com o descobrir-se feminista. Passemos a entender o que é ser feminista e o significado que isso alcança para as mulheres individualmente e para a consciência militante feminista.

Segundo Waters (1979, p. 52), ser feminista "[...] é qualquer mulher que reconhece que a mulher está oprimida como sexo e deseja levar a cabo uma luta intransigente para pôr fim a essa opressão" (tradução nossa). Vejamos, pois, primeiramente, o significado da importância individual do feminismo para as mulheres para entendermos sobre qual base essa luta contra a opressão é construída. Acreditamos que o depoimento da MMM 2 é revelador para esse entendimento:

> Eu sou uma menina do interior, então, eu conheci o feminismo através do partido político, do PT, eu tinha 17 anos [...] Eu era uma pessoa muito retraída, eu acho que a chegada do feminismo na minha vida alterou, não só do ponto de vista das minhas perspectivas de acreditar na transformação, mas, do ponto de vista individual, da minha relação com o corpo. Por exemplo, eu digo muito que *o feminismo me fez bonita*, porque eu me olho nas fotos... eu me achava tão feita, tão sem graça... [...] com o feminismo na minha vida eu me sinto outra pessoa, capaz... mais livre [...] *O feminismo me fez ficar bonita em todos os sentidos, em acreditar na transformação, em acreditar nas pessoas, em olhar pras mulheres e ser parceira das mulheres.* Pra mim o feminismo é como se eu tivesse nascido de novo, porque eu nasci com outros valores, eu nasci com outra relação comigo mesmo, com respeito às pessoas. Ele mudou mesmo a minha vida porque ele me transformou nos meus conceitos, me transformou comigo mesma e transformou a minha relação com as outras pessoas (destaques nossos).

Esse depoimento é revelador da importância do feminismo em nível individual para as mulheres por tocar em um elemento fundamental para a sua percepção como sujeito: a confiança em si que, por sua vez, está relacionada à autoestima. Ou seja, vai desde a autovalorização do seu corpo de forma livre e autônoma do padrão de beleza socialmente imposto à autoconfiança. Dimensões que também podemos perceber no depoimento da MMC 6:

> [...] O mais importante é essa valorização como pessoa, de que nós temos valor igual [...] eu não sou menos do que ninguém. [...] Eu me sinto assim, a vontade pra conversar com qualquer pessoa [...] eu na minha formação como agricultora eu posso falar aonde que tenha médico, aonde que tenha advogado [...] *O movimento em si, me deu essa capacidade de que eu posso ser alguém e de que eu posso conversar, e ser igual para igual e isso me ajudou muito* [...] *eu não tenho vergonha de ser o que eu sou* (destaque nosso).

Uma conquista também possibilitada pelo feminismo diz respeito à capacidade não apenas da autoconfiança, mas de se expressar, de se impor, de decidir e, inclusive, de dizer não, algo muito difícil para as mulheres que historicamente são ensinadas a sempre dizer sim, ainda que seja em detrimento dos seus desejos, das suas vontades. MMC 3 ilustra nossa análise:

> [...] o feminismo é você ser dona do seu nariz [...] de você ser livre, respeitar as diferenças dos outros [...] é uma pessoa que tem decisão própria, se eu vou numa reunião eu não posso dizer só amém, eu tenho que dizer não. O feminismo ensina o valor, a força e [...] o direito que você tem [...] ser feminista é ter decisão própria, é ter capacidade pra decidir, pra planejar e pra mostrar o que tá certo, o que tá errado.

Outra dimensão importante em nível pessoal é o cuidado consigo mesma. A mulher que historicamente é educada para cuidar e sempre estar disposta a ajudar o outro, muitas vezes não consegue fazer esse mesmo movimento para si. O feminismo contribui para que as mulheres olhem para si e se preocupem com o autocuidado, como demonstra AMB 3:

> Aumentar a minha percepção sobre as mulheres incluía a mim mesma [...] pra mim teve uma força grande [...] a relação com o feminismo me ajudou a ver minha vida de uma forma mais completa. Comecei a olhar muito para o meu corpo, comecei todo um movimento [...] de cuidado com a minha saúde [...] ter muitas práticas ligadas a uma concepção de saúde integral, de cuidar da minha vida como um todo. [...] do encontro com o feminismo eu me dei conta que a vida não era só política e profissão, tinha uma pessoa inteira ali [...].

Ainda na perspectiva pessoal, o feminismo contribui porque:

> [...] te permite um poder, uma possibilidade de autoconhecimento e de explicação do que é a vida e [...] é uma super ferramenta pra você romper com os estereótipos, com aquilo que a gente introjetou como uma coisa que parecia que era natural [...] uma ferramenta pra poder mudar naquilo que foi introjetado como parte do destino da mulher (MMM 1).

Nesse mesmo sentido, afirma AMB 5: "O feminismo significa a transformação de mim mesma como mulher, como mulher da forma que fui criada pra ser [...] mulher que eu quero ser. [...] O feminismo me vem muito ligada à palavra liberdade [...]". Nesses depoimentos, ressaltamos uma dimensão indispensável para a formação da consciência militante feminista: a desnaturalização. Ou seja, o rompimento da ideia com uma suposta natureza feminina. Assim,

> [...] quando os velhos modelos são postos de cabeça para baixo, quaisquer que sejam as razões que desencadearam as mudanças e apesar dos efeitos perversos que acompanham muitas "opções", as mulheres já não são mais as mesmas. Se foram trabalhar por necessidade, se viraram chefes de família porque foram abandonadas, se são donas de casa porque não conseguem se profissionalizar, o importante é que muitas

> também se descobriram como pessoas, como sujeito de suas vidas e, por isso mesmo, estão dispostas a deixar o conforto ambíguo da esfera privada para enfrentar o mundo lá fora e para inventar novos sonhos (Souza-Lobo, 2011, p. 251).

Essa dimensão pessoal, portanto, está diretamente vinculada à dimensão política e coletiva do feminismo, como nos diz MMM 4:

> O feminismo pra mim foi o que me deu uma consciência mais geral de como a sociedade capitalista se organiza [...] O feminismo é uma ação organizada nossa, mas, ao mesmo tempo, tem a ver com a nossa própria vida [...] O feminismo me organiza politicamente e organiza a minha vida.

A militância no feminismo, ao desenvolver uma transformação pessoal, leva muitas mulheres à luta por transformações estruturais. Da mesma forma, a luta por transformações estruturais leva as mulheres a buscarem transformar suas vidas, como nos relata AMB 4:

> Eu mudei também por conta da militância. O desafio de me transformar, de viver com coerência interna foi dada a partir daí. O feminismo transformou minha vida. [...] O feminismo me transformou e me transforma todos os dias. É a militância que dá essa força. Nesse processo, no qual o pessoal torna-se político, a consciência militante feminista vai sendo forjada.

O segundo ponto, "o sair de casa e a casa sair de dentro de si", pode parecer simples ou mais fácil de ser alcançado pelas mulheres. Contudo, ele foi apontado como um indispensável passo para a percepção da mulher como sujeito de si e da sua vida. Condição primária e ineliminável para pensarmos a construção da consciência militante. Esse ponto foi mais enfatizado pelas mulheres do MMC, talvez pela experiência das mulheres trabalhadoras rurais, na qual é ainda mais difícil romper com a restrição de mobilidade (Falquet, 2012), pois, segundo MMC 2, o "modelo de agricultura aprisiona a mulher em casa". Ela explica mais detalhadamente:

> [...] O sair de casa é um dos primeiros sinais de ruptura de uma proposta feminista. Por quê? Porque a casa ela compreende o espaço do patriarcado. A *casa é o aprisionamento das possibilidades da mulher.* Então, tudo gira em torno do aprisionamento da mulher, são os filhos, o trabalho doméstico e no caso do campo, toda a questão da roça, do trabalho na lavora, do plantio, da colheita que normalmente as mulheres fazem tudo, além de ter a casa. [...] *O sair de casa no movimento de mulheres camponesas é um dos primeiros sinais da luta feminista que as mulheres vão dando passos na sua possibilidade de libertação* (destaques nossos).

Nessa mesma direção, afirma MMC 3: "Uma das maiores lutas não é o enfrentamento [ao capital, com destaque para o agronegócio], é tirar a mulher de casa porque é muito complicado, ela se sente responsável por todo o trabalho da casa". Há, portanto, na luta das mulheres, um enfrentamento particular, que nos explica MMC 4:

> Quando a gente fala de ação de enfrentamento [...] em casa [...] tem algumas que conseguem fazer o passo e se libertar e outras desistem do movimento porque não têm o suporte. Mesmo as nossas jovens, elas debatem, a gente planeja... mas, chegam em casa e esbarram onde, no pai, na falta de terra, na falta de um mínimo de estrutura, de autonomia. O enfrentamento para luta das mulheres ele acaba sendo meio que particularizado. Porque é diferente você organizar um grupo e nós vamos fazer uma ocupação. Organizar um grupo e ir na frente do banco, vamos fechar uma BR... a gente vai lá e faz, a gente tá junto. Agora, na família a gente tá sozinha. [...] É um dilema, é um conflito. E para romper, a mulher precisa de um suporte muito grande e de uma disposição muito grande [...] é uma luta permanente.

A experiência de sair de casa, geralmente, encontra-se vinculada à vivência em um grupo de mulheres ou mesmo em um movimento social, espaços que possibilitam a participação em formações políticas ou ações de militância, como manifestações, marchas e ocupações. Nas primeiras vezes que as mulheres ousam sair de casa para uma dessas atividades, elas têm duas opções: "deixar tudo pronto, deixar o pão feito, a comida organizada, a roupa e ir com o consentimento do marido, o marido deixou... ou ir com o conflito estabelecido. Aí começa o significado de uma luta feminista que é de conquista" (MMC 2).

As mulheres utilizam, muitas vezes, dessa estratégia inicial de deixar o trabalho doméstico já antecipadamente realizado para conseguirem ir para as atividades do movimento sem provocar tantos conflitos com o marido. Isso demonstra que, de fato, a reprodução social é ainda uma responsabilização feminina. Contudo, aos poucos elas vão rompendo com essa responsabilização na medida em que vão estabelecendo questionamentos e percebendo novos horizontes, como podemos perceber no depoimento da MMC 3:

> [...] eu fazia umas manobras para ajeitar em casa. Se eu tivesse uma semana de curso quando eu voltava, a pia tava cheia. Eu limpava, não ficava brava porque era o começo, né? E fazia comida antes de ir. De repente comecei a deixar menos coisas prontas e fui indo [...] Comecei a mudar, comecei a sentir uma força tão grande dentro de mim que ninguém consegue me barrar desse trabalho. Aí comecei a ir mais longe [...] já não enxergava diante do meu umbigo, comecei a perceber as pessoas, comecei a perceber a natureza [...] também comecei a questionar coisas dentro da igreja [...] eu larguei a teologia de leigos e peguei a agroecologia, peguei a libertação naquele momento porque na teologia de leigos eu ia continuar dizendo amém para o que os padres queriam e na agroecologia eu sou dona do que eu faço, do que eu cuido.

Assim, "o sair de casa e a casa sair de dentro de si" envolve processos de ruptura com a alienação e o enfrentamento com instituições como a família e a Igreja, bem como com toda a construção ideológica de que a mulher deve estar necessariamente voltada para servir ao outro, ainda que passe por cima de si. Nas palavras de Beauvoir (1980, v. 1), trata-se de desconstruir a concepção da mulher como "O outro". O feminismo possibilita isso à medida que as mulheres vão ganhando autonomia, o que é iniciado com a saída de casa. Trata-se da possibilidade de construção de um projeto político para si e, ao mesmo tempo, para as outras mulheres, como destaca AMB 4:

> [...] isso de você ter um projeto para sua vida que é radicalmente autônomo, que não é o outro que determina, que não vem de fora, mas que vem de você. Essa é a primeira conquista de nós, mulheres [...] O feminismo me ajuda muito construir isso, a *assumir radicalmente a minha existência como projeto próprio,* construídas com outras, porque no momento que você define que construir um outro mundo é um projeto para a sua vida, isso não pode ser um projeto individual (destaques nossos).

O *sair de casa e a casa sair de si* associado à busca de autonomia é, pois, um passo para o estabelecimento de novas relações que possibilitam a mulher a questionar, tanto ideológica como estruturalmente o modelo de sociedade em que vivemos. É importante ressaltar que esse movimento de "sair de casa e a casa sair de dentro de si" não é meramente uma dimensão física, de um simples deslocamento para o mundo público ou mesmo da produção. Isso, por si só, não garantiria alterações estruturais na dinâmica da divisão sexual do trabalho, ainda que possam denunciar contradições dessa dinâmica e possibilitar, em alguma medida, a relação da mulher com a vivência pública/política. Todavia, como a história nos mostra, desde a Revolução Industrial, milhares de trabalhadoras passaram a se inserir no mundo produtivo, nem por isso, deixaram de ser responsabilizadas pela reprodução social antroponômica. Tampouco passaram a ser vistas como sujeitos políticos.

Passamos a entender que, muito mais importante do que *sair de casa,* é a casa *sair de dentro de nós.* Trata-se de entender que a síntese em que chegamos na dimensão do *sair de casa,* não é uma questão do movimento de ir e vir. Afinal, o mais comum são as mulheres, ao saírem de casa, carregarem consigo a preocupação e o monitoramento de toda a dinâmica de responsabilidade que envolve o trabalho doméstico, procriativo e emocional que desempenham. Em outras palavras, as mulheres saem de casa, mas as carregam consigo, daí o necessário entendimento de que *não nos basta sair de casa, é preciso que a casa saia de dentro de nós.*

O *sair de casa e a casa sair de dentro de si* a que nos referimos, trata-se, portanto, da desnaturalização da responsabilização da mulher pela reprodução social antroponômica, bem como da superação da aparente dicotomia provocada pela divisão sexual do trabalho entre o mundo da produção/ público/político (considerado masculino e valorizado) e o da reprodução/privado (considerado feminino e desvalorizado). Com o *sair de casa e a casa sair de dentro de si* associado à luta por autonomia e superação da ideologia da natureza feminina, é possível provocar alterações estruturais, na medida em que há o enfrentamento à "restrição de mobilidade" (Falquet, 2012) das mulheres e à divisão sexual do trabalho.

O terceiro eixo já anunciado no depoimento anterior, o perceber-se na outra, ou seja, a identificação na outra da sua condição de mulher, possui uma função fundamental para a formação da consciência, pois contribui diretamente para a desnaturalização da opressão feminina, além de fortalecer as mulheres individual e coletivamente. O depoimento a seguir revela essa compreensão:

> [...] os espaços coletivos dentro do feminismo que me possibilitou perceber a minha opressão de mulher porque foi nos momentos de formação, de oficina, quando eu percebi que todas aquelas mulheres que estavam lá tinham vivenciado o mesmo tipo de opressão que eu, tinham muitas marcas e muitas dificuldades. Aí a gente percebe que não é uma opressão só e nem é natural. O espaço do feminismo me possibilitou perceber isso e ficar cada vez mais indignada frente a essa situação [...] Individualmente eu acho que não teria chegado a essa consciência [...] (AMB 5).

Radicalmente articulado ao terceiro eixo, encontra-se o quarto: a importância do grupo e da militância política em um movimento social para a formação da consciência. Lembramos que no Capítulo 1 deste livro ressaltamos tal importância no processo de formação da consciência e a confirmamos no nosso trabalho de campo por meio de todos os depoimentos das entrevistadas. A importância da vivência coletiva é expressa na análise da MMC 2:

> É como se as mulheres entrassem num laboratório e vão se descobrindo e ao olharem o que a outra tem, o que tem aquela, a outra tem outras formas de opressão, de sofrimento, de amargura, elas também começam a romper com algumas coisas que foram ditas, por exemplo: roupa suja se lava em casa. No Movimento elas começam a aprender que não é verdade, que roupa suja pode ser lavada no rio, coletivamente. [...] as mulheres vão se repensando, se recolocando [...].

Comprovando a perspectiva citada sobre a importância da participação em um movimento de mulheres, afirma a MMC 3: "O movimento pra mim significa uma transformação, um jeito novo de vida. [...] me ensinou a pular, a superar barreiras. No momento que eu vi que tinha um outro jeito de vida, que ser mulher era importante pro mundo, pra vida [...] eu comecei a participar mais".

A participação em um grupo organizado, no caso, de um movimento social de mulheres, possibilita o avanço da consciência de uma rebeldia ou indignação ainda desordenadas — no sentido de não ter uma direção política para o enfrentamento da condição que provoca tais sentimentos, uma vez que não se crê na perspectiva de transformar a situação — para o processo de organização política coletiva, quando a perspectiva da possibilidade da transformação é estabelecida. Ou seja, conforme trabalhamos no Capítulo 1, por meio da organização política em um movimento social, há a possibilidade de se superar a "crise ideológica" da primeira forma de consciência e avançar para a segunda forma de consciência, denominada "consciência em si" ou "consciência da reivindicação" ou até mesmo chegar à consciência revolucionária, também denominada de "consciência para si", nos termos de Marx.

Podemos comprovar essa análise da passagem da "crise ideológica" da primeira forma de consciência para a consciência da reivindicação pela participação em um movimento social, com o depoimento da MMC 6: "Antes eu me indignava, mas não conseguia falar, achava que tinha que ficar quieta; o movimento mostrou que a gente podia não só se indignar, mas reclamar e denunciar".

A ação do grupo, portanto, "assume a forma, via de regra, de transgressão, de negação do que está estabelecido, de subversão" (Iasi, 2006, p. 521). A construção desse processo grupal, contudo, não elimina a dimensão individual do ser social, permeado por subordinações, crises, negações e rupturas no movimento da consciência.

É no processo de reconhecimento na(s) outra(s) que a experiência individual de cada mulher vai se politizando e ganhando força pública para o enfrentamento das opressões. Ao "viver em comum uma impossibilidade, uma injustiça, uma agressão, uma dor, pode produzir as condições de uma ação conjunta quando se torna impossível manter a impossibilidade, quando se torna impossível encontrar um ponto de acomodação" (Iasi, 2006, p. 367). Em outras palavras, há um processo de fortalecimento coletivo na medida em que as mulheres se percebem como tais, desnaturalizando as opressões e subordinações vividas. Com isso, desloca-se a acomodação para a ação coletiva e a descrença de que é impossível mudar para força de luta pela transformação do que incomoda. Nas palavras de AMB 4:

> As pessoas juntas, as mulheres juntas são mais fortes. Isso é real, não é uma abstração, uma frase de efeito. Quando você está num grupo, quando você tá discutindo com outras mulheres, você se fortalece pessoalmente, você vê a força que outra mulher tem pra enfrentar determinadas situações [...] A grande força do feminismo e de mobilização está nisso, de compartilhar experiências.

É por isso que a metodologia do feminismo prima pela valorização da experiência individual e coletiva das mulheres. A experiência é entendida aqui, como uma "resposta mental e emocional seja de um indivíduo ou de um grupo social a muitos acontecimentos inter-relacionados ou a muitas repetições do mesmo tipo de acontecimento"

(Thompson, 1981, p. 15). É por meio do conhecimento, socialização e politização dessas experiências, individuais e coletivas, que o movimento vai ganhando forma e as mulheres se identificando como os seus sujeitos. Por isso:

> Num grupo pequeno é importante que cada mulher disponha de ar e de espaço para que cresçam suas ideias e sentimentos. A ideia é que não há uma disciplina única que possa ser apreendida de cor e passada adiante injetando-a nas pessoas. Pelo contrário, sabemos que nossos sentimentos e ideias movem-se e se transformam na relação com outras mulheres. Todas nós precisamos nos expressar e contribuir (Rowbotham, 1981, p. 48).

Na medida em que as mulheres socializam suas experiências e as politizam percebem que sua experiência individual é, também, coletiva. AMB 2 relata a importância dessa metodologia feminista:

> [...] eu vivenciei os grupos de reflexão feministas, que foram espaços maravilhosos. Porque eram espaço de construção de vínculos coletivos, espaços de grande aprendizagem teórica-política e espaços que tinham alguma coisa ali do eu muito profunda. [...] Primeiro você ia pensar sua experiência pessoal e ali você ia socializar, mas, sociologizá-la também, politizá-la também. Essa coisa do vivido como metodologia educativa e de pesquisa [...], a própria experiência feminista, da importância que deu ao vivido [...].

Considerar, portanto, as experiências das mulheres na dinâmica histórica concreta é fundamental para a metodologia de um feminismo comprometido com a transformação da vida das mulheres. Por isso, como nos aponta Telma Gurgel (2011, p. 42):

> Reafirmamos a ideia do feminismo simultaneamente como uma escolha política e como uma proposta metodológica que se desafia, de modo permanente, a buscar os pontos de intersecção entre as clivagens da condição das mulheres, entre suas experiências vividas que se

reproduzem e se retroalimentam das novas concreticidades construídas na história social.

O quinto e último eixo refere-se à formação política associada às lutas concretas de reivindicação e de enfrentamento. Esse ponto diz respeito ao entendimento de que a consciência militante feminista não se processa apenas com formação política. Tampouco a formação dessa consciência pode se desenvolver apenas com ações políticas, o que levaria ao espontaneísmo. A consciência militante feminista se desenvolve na relação entre ambas, por meio da participação política diretamente realizada pelas mulheres. Nas palavras de Waters (1979, p. 158-159):

> As massas não aprendem simplesmente mediante a exposição de ideias ou ação exemplar de outros. Somente através de sua própria participação direta se desenvolverá, crescerá e se transformará a consciência política das massas. Somente através de sua própria experiência, milhões de mulheres serão conquistadas como aliadas na luta revolucionária e entenderão a necessidade de safar-se de um sistema econômico baseado na exploração (tradução nossa).

A MMM e o MMC apontaram mais diretamente nos depoimentos a necessidade e a importância da indissociabilidade entre a formação política e as lutas concretas como a melhor metodologia para a formação da consciência militante. Destaca MMM 3:

> Claro que a formação ela se dá num processo muito mais amplo [...] o fato de nós mulheres irmos para uma reunião, irmos para uma batucada, irmos para uma manifestação, isso faz parte do processo de formação. Isso pra dizer que a formação da consciência ela se dá exatamente nesses diversos espaços, não é só no curso [...] o fato das mulheres estarem numa ação de enfrentamento, então, essa consciência parece chegar de forma mais rápida [...] do que você ler um texto, discutir [...] o fato de você tá numa ação de enfrentamento, numa ação direta, isso faz com que você perceba essa realidade sem ninguém lhe dizer [...] na ação você

> está pensando sobre aquilo, você está vendo, você está vivenciando. [...] Mas, eu acho que tá misturado, não tem como você estar só no curso, assim como também só na ação de enfrentamento, na ação direta, tem que ter a ligação entre os dois.

Segundo MMM 1, a Marcha Mundial de Mulheres possui a preocupação com a formação relacionada ao envolvimento e ao protagonismo das mulheres nas lutas:

> A formação feminista, se é formação feminista, tem que incorporar essa dimensão do privado, essa dimensão da ruptura das dicotomias, razão e emoção e tal... pra pessoa poder se pensar. A outra coisa que nós fomos descobrindo ao longo da Marcha é como que a ação politiza e forma. Isso significa também que a gente construiu e teve preocupação, como movimento, de traduzir em todas as ações a sua visão de mundo, a suas questões políticas. Então, por exemplo, quando você começa a procurar palavras de ordem que expresse tudo que você pense, então é uma forma... Você junta isso com a preocupação com o material que você faz [...] A gente acha que as ações, que a mobilização pode ter um papel de formação muito grande. [...] Por isso que a agitação na manifestação é boa porque as pessoas viram protagonistas, elas não tão só seguindo a marcha, elas se envolvem, elas vão também superando seus limites.

Nessa mesma direção de percepção da importância pedagógica das lutas para formação das militantes, mas, também, do seu papel de denúncia e visibilidade do Movimento, acrescenta MMC 5:

> A luta é um processo de formação, quando você tira uma mulher de casa pra ir pra rua, às vezes, surte mais efeito do que dez seminários. Então é formação, numa pedagogia diferente. [...] A luta em si é um princípio muito importante, é onde a gente coloca pra sociedade pra que que o movimento veio, o que que a gente quer, o que que a gente protesta, o que que a gente reivindica, o que que a gente bate contra. A luta tem isso, processo de formação, mas também de recado pra sociedade, para as autoridades.

Uma dimensão que apareceu muito fortemente nos depoimentos das entrevistadas do MMC foi a relação entre as lutas de enfrentamento com o despertar da consciência de classe, proporcionada mais facilmente nos conflitos com os "aparelhos coercitivos" do Estado, nos quais as mulheres percebem mais diretamente quem são os inimigos de classe e que o Estado não é neutro, ao contrário, ele oprime e violenta quem reivindica:

> [...] você pode fazer dez cursos e tudo mais, mas se não tiverem ações concretas, práticas, a compreensão, por exemplo, da opressão patriarcal e da exploração do capital, não cai a ficha. Então se o movimento não conseguir proporcionar um movimento ou de forma articulada com outros movimentos, movimentos de luta e enfrentamento, isso vai diminuir a capacidade de compreensão, de consciência, e também não consegue provocar a indignação de jeito nenhum. Porque a indignação ela aparece nos momentos de luta, onde na luta se percebe que o opressor bate... [...] (MMC 1).
>
> Nós acreditamos que a formação da consciência ela tá ligada à mobilização externa, seja do direito, seja do enfrentamento direto. Porque é diferente tu ir discutir a sociedade e tu ir fazer uma organização, tu ver quem é o Estado, a polícia, a repressão, quem que é [*sic*] os inimigo (MMC 7).

Nesse último depoimento, em especial, gostaríamos de destacar a diferença entre a "luta pelos direitos" e as de "enfrentamento" que MMC 7 ressalta. Para ela, são nas lutas de enfrentamento ao capital que os "inimigos" de classe se revelam mais diretamente por meio da repressão e da criminalização. Percebemos isso como uma preocupação central no MMC, não apenas pela necessidade de formação de consciência, mas, pela compreensão que o movimento possui de que as lutas por políticas públicas, embora necessárias, são insuficientes. Por isso, buscam ir além das demandas imediatas, imprimindo a perspectiva de classe em suas ações e formações, como relata MMC 2:

> A gente sempre trabalha com as demandas imediatas das mulheres [...] só que a gente sempre trabalha com a ideia de que isso não resolve,

tem que ter um degrau a mais pra lutar pela igualdade e esse degrau a mais a gente começa a discutir o sistema. Esse sistema é que divide o trabalho produtivo do trabalho reprodutivo. [...] O sistema capitalista não sobrevive sem o trabalho reprodutivo das mulheres [...] sem o trabalho não mercantil [...] dar visibilidade a isso no nosso trabalho de base, é o que faz a gente introduzir a discussão de classe.

Com base na sua experiência de vinte anos de militância, MMC 2 ainda relata um pouco de como o MMC desenvolve sua metodologia para articular as lutas à formação da consciência:

> [...] *as mulheres vão aprendendo a lutar lutando e no decorrer do processo vai se estudando a sociedade capitalista,* [...] como é que essa sociedade tá se colocando. *O movimento faz em todas as atividades análise de conjuntura* [...] *de como olhar na estrutura* [...] *qual a sociedade que nós temos.* A partir daí, as ações que são as mais diversas, muitas vezes, o trancamento de rua, o trancamento de BR, as ocupações, as paralisações, ocupar o Banco do Brasil pra fazer algumas denúncias. As mulheres fizeram muito isso. Isso são ações que coloca a mulher numa perspectiva feminista de enfrentamento a um modelo que as quer submissa, dominadas, quietas no seu canto. [...] No movimento, [...] teve várias *caravanas* à Brasília pra questão da defesa dos direitos da previdência, salário-maternidade, documentação, aposentadoria. As mulheres que iam pra lá, muitas vezes, tinha enfrentamento com a polícia, com os ministros. Foram barradas [...] pelas autoridades lá, de que não queriam sentir cheiro de vaca [...] Isso tudo vai criando uma perspectiva de que as mulheres têm direitos e elas vão descobrindo quando vão pra esse tipo de luta. Então elas voltavam [...] nós retomava [*sic*] o que foi lá: o que vocês fizeram? E aí estudava. Então, *o estudo, a luta, a preparação* (destaques nossos).

Na condição de participante de uma das atividades do MMC de preparação para o 8 de março de 2011, em Santa Catarina, pudemos comprovar essa metodologia. Antes da ação nas ruas, que se deu com uma passeata e falas de denúncia pública em frente a uma empresa de agrotóxico, o Movimento fez um seminário de formação com as mulheres participantes. Em síntese, todas as mesas e místicas realizadas buscaram demonstrar a relação entre os agrotóxicos, o capitalismo e a destruição da vida humana e da natureza. Além disso, abordaram temas específicos sobre a história do 8 de março e da luta das mulheres contra esse sistema em foco. Na ação de rua, as falas realizadas na formação voltavam. Elas não gritavam apenas por um direito social, elas gritavam e protestavam pelo direito à vida com a consciência de que o sistema que produz agrotóxico é incompatível com esse direito.

O engajamento da mulher nos processos de formação e nas ações coletivas do movimento vai imprimindo a perspectiva do tornar-se feminista, como ressalta MMC 2: "[...] à medida em que ela [a mulher] vai se envolvendo, assumindo tarefas, organizando seu grupo, ela começa a trabalhar-se e a se encontrar mais enquanto ser constituído de dignidade. Pra mim começa aí a perspectiva feminista". Segundo Souza-Lobo (2011, p. 106):

> a ação coletiva integra as humilhações e divisões privadas, um novo sentido é construído através da noção de *direitos*. O movimento que faz emergir a ação coletiva é tecido pelas demandas "defensivas" ligadas pelo fio condutor da dignidade. Através delas as trabalhadoras e trabalhadores afirmam (ou sonham) um outro mundo possível.

Acreditamos, portanto, que a formação da consciência é articulada por um tripé indissociável: formação-organização-lutas. Nas palavras de MMC 4:

> ela não se dá só você estudando, ela se dá na prática [...] à medida que a mulher consegue pôr na prática aquilo que ela estuda. É o pensar e o fazer. [...] Precisa a gente articular [...] as três dimensões: a gente se manter organizada, estudar e lutar [...] As ações, elas são importantes, mas elas precisam ser refletidas, pensadas, avaliadas.

Assim, com base na nossa pesquisa bibliográfica e de campo, concordamos com a conclusão de Delphy (2009, t. I, p. 269; tradução nossa): "A consciência da opressão não é nem anterior nem posterior à luta; ao agir, ela é simultânea porque é o aspecto consciente da luta;

em outros termos, existem dois aspectos do mesmo fenômeno, não dois fenômenos diferentes".

A consciência militante feminista, portanto, não resulta apenas de uma simples reação às opressões, ainda que essa reação seja fundamental para a formação da consciência. Ela é um *continuum* que envolve um movimento dialético entre formação política, organização e lutas, que vai da dimensão individual, da ruptura com os limites do "privado", à dimensão coletiva, de organização em um movimento social, partido político ou outro tipo de sujeito coletivo.

Para finalizar este item, gostaríamos, ainda, de destacar alguns depoimentos que evidenciam como mulheres dos movimentos feministas em questão têm conseguido alcançar uma consciência de classe para além da reivindicativa, ou seja, têm ido para além da reivindicação de direitos e até mesmo da igualdade entre homens e mulheres:

> [...] a maior, a melhor conquista do movimento de todos os tempos é a formação da consciência, porque a pessoa que ficou consciente do que é [...] não se contenta só com o direito [...] ele é necessário, mas ele não é uma prioridade porque se eu sei, se eu tenho autonomia, se eu tenho consciência do que tá certo e do que tá errado, se eu sou feminista, eu já sei os meus direitos, então, eu vou mais firme (MMC 3).

Eu fui formada num feminismo, do chamado feminista classista, um feminismo da classe trabalhadora, um feminismo popular, militante, então isso permite olhar a realidade a partir da luta de classe, a partir do olhar das mulheres, mas, também, da luta de classe [...] é importante lutar não só pela igualdade entre homens e mulheres, mas igualdade entre as pessoas e os povos [...] há que ter igualdade entre homens e mulheres, mas há também que acabar com a pobreza, com a miséria... é muito imbricado essa coisa da luta de classe com o feminismo [...] (MMM 3).

A AMB 5 e MMC 5 também apontam para essa direção da luta de classes para a transformação da sociedade e ainda ressaltam a importância do feminismo nesse processo. Nas suas palavras:

> Não dá para pensar a luta de classe desarticulada da luta de nós, mulheres. O feminismo é uma forma de pensar sobre essa luta de classe. [...] A gente quer transformar essa sociedade de classe. Mas a gente quer que essa transformação também transforme a vida de nós mulheres no nosso cotidiano e na vida política [...] A nossa igualdade, a nossa liberdade de nós, mulheres, do nosso corpo, da nossa vida, da nossa sexualidade, deve estar em pauta nessa luta de classe. (AMB 5).
>
> Eu penso que é um erro a gente discutir só feminismo e é um erro a gente discutir só luta de classe. A gente tá permanentemente lutando por uma sociedade diferente, pelo socialismo, mas, se a gente não construir também um socialismo que leve em consideração a questão das mulheres, a gente não vai conseguir chegar, de fato, a uma justiça plena, de igualdade (MMC 5).

Como tentamos abordar ao longo deste livro, cremos que a relação entre feminismo e luta de classes é, de fato, fundamental para pensarmos na construção de uma sociedade libertária, socialista. Para tanto, do ponto de vista do feminismo, esse processo se inicia com a auto-organização das mulheres, nosso próximo ponto de discussão.

3.3.2 A auto-organização das mulheres e a contribuição do feminismo para a luta de classes

> Quem mais sofre pelo velho lutará mais energicamente pelo novo.
>
> *Waters (1979)*

O debate da auto-organização das mulheres envolve uma questão polêmica, inclusive, no campo de esquerda. Referimo-nos à suposta divisão da luta de classes que alguns setores creem que o feminismo provoca com a auto-organização das mulheres. Pensamentos como: "o feminismo põe as mulheres contra os homens"; "não se pode dividir as mulheres dos homens de uma mesma classe, é uma só luta"; "todos devem incorporar o feminismo, então, não precisa ter setor específico de mulheres dentro dos partidos". Tais pensamentos apresentam a noção de que o feminismo divide a classe trabalhadora.

Não é nosso objetivo, aqui, fazer um debate profundo sobre essa questão, mas levantaremos algumas reflexões com o intuito de demonstrar nossa opinião sobre essa polêmica e ressaltar a importância da auto-organização das mulheres para o feminismo e para a luta de classes, ou seja, tentar demonstrar que o feminismo não divide a luta da classe trabalhadora. Ao contrário, pode contribuir fortemente para potencializá-la na perspectiva da emancipação humana.

Antes de opinarmos sobre as contribuições do feminismo para a potencialização da luta da classe trabalhadora, demonstraremos que o feminismo não divide essa classe, afinal, "[...] não são os que lutam contra sua opressão os responsáveis de criar a divisão. O capitalismo divide a classe trabalhadora — por raças, sexos, idades, nacionalidades, níveis de qualificação, e de todas as formas possíveis" (Waters, 1979, p. 161; tradução nossa).

Para nós, a unidade da classe não é dada com a sua homogeneidade, ou seja, com a não percepção das suas dimensões estruturantes, dentre elas, "raça" e sexo. A unidade e o fortalecimento da classe podem ser alcançados por meio de um projeto político que os direcione para uma estratégia societária, para nós, o socialismo. Para tanto, esse projeto demanda uma análise de quem é essa classe, quem a compõe e como os sujeitos que a compõem são explorados e apropriados de forma diferenciada, inclusive, entre si. Ou seja, pensar um projeto societário que liberte a classe trabalhadora da exploração, das opressões e das dominações demanda também a coerência de buscar a eliminação desses tipos de relações dentro da própria classe, não apenas externamente.

Uma das contribuições do feminismo reside aí, na percepção de quem é, afinal, a classe trabalhadora, não deixando a dimensão da "raça" e a do sexo serem desconsideradas como determinantes da constituição da classe sexualmente ou "racialmente" cega. Nas palavras da AMB 3, o feminismo contribui para:

> [...] ampliar a concepção de luta da classe trabalhadora e ampliar a ideia do que é a classe trabalhadora. Ao fazer isso, o feminismo contribui para ampliar o projeto político [...] quando você amplia a concepção de classe, amplia a concepção de classe no sentido de dizer o que Elizabeth Lobo [nos ensinou], que a classe operária tem dois sexos. Mas, não só isso. Ele contribui para ampliar a concepção de projeto contribuindo para que a classe entenda que [...] ela precisa enquanto organização política, seja movimento ou partido, se aliançar com outros movimentos que também representam a classe e muitas vezes fazer aliança para além da classe pra poder fazer transformações.

Em sua última frase do depoimento, AMB 3 traz uma questão polêmica sobre a qual não podemos deixar de refletir. Trata-se de possíveis alianças táticas para além da classe trabalhadora em torno de questões democráticas no seio de uma sociedade que sequer chega ao patamar civilizatório da democracia burguesa dos países centrais. A ausência de reformas estruturantes agudiza as desigualdades e nos distancia ainda mais da democracia do que outras sociedades, também capitalistas. Nesse contexto, há questões que envolvem as relações sociais de sexo e de "raça", como a do aborto. Além disso, há a percepção de que as relações sociais de sexo e de "raça" atingem todas as classes, embora de forma diferenciada. Entretanto, não podemos negar, por exemplo, que mulheres burguesas também são violentadas pela sua condição de sexo, de que negros ricos podem sofrer discriminação pela sua cor. É nesse sentido que AMB 3 defende que o feminismo aborda

> [...] uma questão para a democracia. Embora a gente priorize, atue organizando as mulheres cuja situação de dominação e exploração está vinculada à intercepção gênero, raça e classe, apesar disso, *a gente reconhece que questão racial transcende a classe, e a questão de gênero transcende a classe.* [...] As mulheres burguesas não são exploradas, mas são dominadas [...]. *O feminismo, ele em si, aborda questões de natureza civilizatória, de como é que a humanidade se constitui como humanidade* [...] (destaques nossos).

Trata-se, ainda, nas palavras de Silva (2010, p. 23), de perceber que "a dialética de ser sujeito implica compreender as mulheres como pessoas na singularidade de suas experiências e compreender o grupo social mulheres como tendo algo em comum, apesar de suas diferenças e desigualdades internas".

A consciência e a identidade de classe que o feminismo materialista, ao ter a compreensão de que as mulheres são divididas pelas classes antagônicas fundamentais do capitalismo, não eliminam a possibilidade de percebermos que, embora de classes diferentes, as mulheres em geral possuem pontos em comum no que diz respeito à sua opressão de sexo. Por isso, Waters (1979) defende que ainda que "marchem separadamente", as mulheres podem "golpear juntas" o patriarcado. Isso nos leva à reflexão da necessidade de explorar as contradições ou mesmo conflitos que o movimento de mulheres da burguesia pode provocar no interior de sua própria classe. Ou seja, a consciência feminista dessas mulheres, ainda que distantes da perspectiva socialista, pode provocar tensões no interior da burguesia. Para demonstrar essa possibilidade com maior rigor, recorramos a um fato concreto da história do movimento feminista socialista, por meio de uma proposta da Clara Zetkin.

Clara Zetkin foi uma lutadora contra o imperialismo e a sua expressão na I Guerra Mundial. Na oposição a essa guerra, propôs um congresso internacional de mulheres (não apenas trabalhadoras) para ajudar a fomentar a resistência e a radicalização das mulheres de todas as classes. Em diálogo com Lênin sobre tal proposta, ele a indaga se havia risco de a fração de mulheres comunistas perder a direção para as reformistas e burguesas. Ela respondeu que: "[...] as comunistas tinham o melhor programa e as melhores propostas para ação" (tradução nossa). E complementa dizendo que mesmo que fossem derrotadas, "[...] não seria um desastre" (tradução nossa). Lênin, que já havia aceitado a proposta, entende a importância tática desse congresso não apenas para as mulheres, mas para a luta de classe, e diz: "Até uma derrota, após uma tenaz batalha, seria uma vitória" (tradução nossa). Posteriormente, Lênin ainda afirma que o congresso

> fomentaria e acrescentaria a inquietude, a insegurança e as contradições e conflitos no campo da burguesia e de seus amigos reformistas... O congresso aumentaria a divisão e portanto debilitaria as forças da contrarrevolução. *Todo debilitamento do inimigo é um fortalecimento da nossa força* (Waters, 1979, p. 41; tradução e destaque nossos).

Nessa perspectiva, concordamos com Waters quando afirma que a importância da luta das mulheres privilegiadas não pode ser absolutamente subestimada, afinal, segundo a autora, foi:

> [...] absolutamente progressista que as mulheres da classe dominante começassem a questionar alguns dos pilares sociais e ideológicos mais importantes da sociedade classista. Procediam atacando as normas sociais predominantes, muitas das quais eram uma simples sobrevivência de uma época anterior e já não estavam em harmonia com as novas relações sociais e econômicas. Os direitos que ganhavam — com a abertura de escolas e universidades para a mulher, o direito das mulheres disporem de seu próprio salário ou propriedade, e o direito ao voto — afloraram as correntes de todas as mulheres e as inspiraram a lutar (1979, p. 74; tradução nossa).

Assim, acreditamos que a consciência feminista, mesmo por parte daquelas que não tenham a consciência revolucionária, pode contribuir com a luta de classes por possibilitar, utilizando as palavras de Lênin, o "debilitamento" do inimigo, ao provocar contradições e conflitos no interior da classe burguesa. Por outro lado, é bom evidenciarmos os limites dessa relação para não cairmos em falsas ilusões. As burguesas, ainda que feministas, aspiram outro sistema de relações humanas, mas dentro dos limites da sociedade vigente. Em outras palavras, essas feministas não aspiram uma revolução, como as socialistas. Aí encontra-se o abismo entre feministas burguesas e socialistas.

Nesse sentido, é importante pensar o que deve nos unificar centralmente, ainda que não de maneira exclusiva, em torno do projeto societário socialista. Acreditamos que seja a classe, sem, contudo, subalternizar tampouco, excluir as dimensões de "raça" e sexo. Trata-se, em outras palavras, de não esquecer que se "o gênero nos une", em última instância, "a classe nos divide" (Toledo, 2001). Na compreensão de Saffioti (1979, p. 85):

> [...] a consciência de classe suplanta a consciência que eventualmente uma categoria de sexo possa alcançar de sua situação. Se as mulheres da classe dominante nunca puderam dominar os homens de sua classe, puderam, por outro lado, dispor concreta e livremente da força de trabalho de homens e mulheres da classe dominada. A solidariedade entre os elementos de uma categoria de sexo subordina-se, pois, à condição de classe de cada um.

No interior da classe trabalhadora, o feminismo também provoca conflitos. Isso não significa dividir a classe, como muitos acreditam. Significa, acima de tudo, pôr em marcha a construção da necessidade de valores condizentes com a luta socialista, indo além do economicismo ou mesmo do evolucionismo em que tantos recaíram, ao acreditar que com a transformação do modo de produção capitalista a libertação da mulher seria automaticamente alcançada. Com clareza e firmeza políticas, Dunayevskaya se contrapõe a essa perspectiva:

> Não nos digam que a liberdade "completa" só poderá chegar ao "dia seguinte" da revolução: nossos problemas devem ser enfrentados no dia anterior. [...]
>
> Nenhuma das suas "teorias" servirá. Vocês têm que aprender a escutar-nos. Têm que entender o que escutam. É como aprender um idioma novo. Terão que aprender que não são o manancial de toda a sabedoria... nem da revolução. Terão que entender que nossos corpos pertencem a nós mesmas e a ninguém mais, incluindo amantes, esposos e também os pais ([1985] 2003, p. 11-12; tradução nossa).

Embora a superação do modo de produção seja indispensável à emancipação humana, é necessário, também, outro sistema de cultura e valores, pautados na radicalidade da democracia, da liberdade e da igualdade substantivas. Dimensões e lutas que não podem esperar uma revolução, mas, ao contrário, devem estar em marcha hoje para a construção de novas relações sociais. Processo esse que o feminismo pode contribuir de forma significativa, como aponta AMB 4:

> Eu acho que a emancipação da sociedade deve ser uma emancipação plena. [...] O feminismo radicaliza a luta da classe trabalhadora. Radicaliza porque amplia seus horizontes. A nossa revolução é a mais longa porque é mais profunda. O sujeito feminista, o movimento de mulheres comprometido com a transformação, o fim do patriarcado e o fim do capitalismo, ele tá tomando parte da luta da classe trabalhadora [...] *No nosso processo de organização a gente tem que já ser hoje o que queremos que o mundo seja* (destaques nossos).

Ao contribuir para o desvelar das apropriações sofridas pelas mulheres, o feminismo potencializa a análise crítica e as lutas em sua totalidade, não apenas pelo parâmetro da apropriação direta da mais-valia, mas pelo movimento dialético entre a reprodução e a produção sociais. Percepção essa sinalizada por MMM 5:

> Ao discutir divisão sexual do trabalho, a gente coloca e invoca algumas coisas que estão na base do capitalismo. Quando você recebe um salário mínimo, ele é o mínimo para sobrevivência. Que sobrevivência? O que tá calculado ali? Aonde tá o cálculo das horas do trabalho invisível? Da roupa lavada, da comida feita, da cama posta, da mesa posta? O capitalismo invisibiliza esse cálculo para não precisar pagar por ele. Ao botar esse debate no centro da discussão, a gente tá dizendo: tem mais essa opressão, tem mais essa exploração do nosso trabalho, não é só a que a gente consegue enxergar imediatamente.

Com base nos depoimentos da nossa pesquisa de campo, podemos perceber que muitas das mulheres entrevistadas, dos três movimentos investigados, compreendem a importância do feminismo para o fortalecimento da luta de classes por ressaltarem que essa luta deve se encontrar direcionada para uma emancipação plena, livre de qualquer tipo de opressão e exploração. Nessa direção, ressalta AMB 2:

> *Eu acho que o feminismo é uma perspectiva absolutamente central para um projeto de esquerda revolucionária.* Revolucionária aí no sentido de algo que venha transformar o mundo. [...] o feminismo tem mostrado o quanto era necessário reestruturar pensamento [...] do ponto de vista político [...], da construção de movimentos, de sujeitos políticos, de organizações políticas, poderia ter sido e pode ser uma grande renovação, do ponto de vista do enfrentamento do conflito nessa sociedade (destaques nossos).

Para tanto, AMB 2 ressalta a importância de uma maior politização e compreensão teórica do mundo, que considera frágil nas organizações de esquerda, bem como a necessidade do combate ao machismo no interior da mesma, para que o feminismo possa contribuir com toda sua potencialidade na renovação desse campo.

Todas as entrevistadas demonstraram uma afinidade com a perspectiva de relacionar o feminismo com a luta de classe, como podemos demonstrar também com MMM 2: "Uma revolução sem as mulheres não é revolução, tampouco uma revolução sem luta de classe também não é revolução, então [...] na minha visão de transformação de mundo [...] você não pode discutir uma coisa sem discutir outra".

É nessa perspectiva que queremos discutir a importância da auto-organização de mulheres. A epígrafe de Waters (1979, p. 162), utilizada na abertura deste item, oferece-nos uma pista reflexiva do por que da importância da auto-organização das mulheres: "Quem mais sofre pelo velho lutará mais energicamente pelo novo". Nesse mesmo sentido, ressalta AMB 4:

> Sem a organização das mulheres de maneira autônoma ou dentro dos espaços de organização, ou dos movimentos, a transformação não vai acontecer. O sujeito que vive a opressão precisa se organizar para lutar por ela, de maneira autônoma ou dentro de outros espaços junto com outros companheiros, porque *não dá pra gente achar que quem não vive a opressão, vai lutar da mesma forma de quem vive a opressão* [...] Sem a auto-organização das mulheres a gente não constrói o movimento feminista, não radicaliza o nosso projeto societário (destaques nossos).

Para nós, há uma questão indispensável para a auto-organização das mulheres: a formação da consciência feminista, antes mesmo da formação da consciência militante. Trata-se, nas palavras de Raya Dunayevskaya, de entender que:

> Nossos corpos têm cabeças, e essas, também, pertencem somente a nós. E quando recuperarmos nossos corpos e nossas cabeças, também recuperaremos a noite. Ninguém, exceto nós mesmas, como mulheres, alcançaremos nossa liberdade. E para isso precisamos de total autonomia ([1985] 2003, p. 12; tradução nossa).

Sem essa tomada de consciência feminista, a mulher não se liberta pelo simples fato de não perceber a liberdade como uma possibilidade, dado o nível de naturalização do seu sexo. Isso não quer dizer que basta a consciência feminista para conquistarmos a liberdade, o que seria idealismo. Como vimos com Marx (2008), é a realidade que determina o pensamento, e não o contrário. A formação dessa consciência feminista envolve processos reais e, embora processada individualmente, é determinada pelas relações e lutas que cada uma estabelece individual e coletivamente.

Nenhum ser pode ser liberto enquanto estiver alienado de si. Antes de qualquer outro passo, para avançar na construção da luta feminista, a mulher precisa superar seus sentimentos de inferioridade e autodepreciação (Waters, 1979). Para tanto, acreditamos na importância da auto-organização como uma metodologia pela qual as mulheres "devem aprender a dirigir-se a si mesmas [...] ganhar confiança, dignidade e valor para atuar como seres políticos" (1979, p. 161-162; tradução nossa).

Todavia, há que se pensar na importância em ter no interior das organizações políticas de esquerda espaços mistos [com homens e mulheres] para a formação feminista, obviamente sem excluir os espaços de auto-organização das mulheres. Defendemos isso porque acreditamos que o patriarcado não é um problema apenas das mulheres, mas de todas as pessoas que lutam por uma sociedade socialista, daí a necessidade da incorporação do feminismo por parte de toda militância.

Na perspectiva de ressaltar a importância da auto-organização como um meio necessário para a apropriação de si e conquista da sua libertação, processo que se dá associado às transformações das relações sociais, relata MMC 2:

> O feminismo é condição primeira pra nós estabelecermos novas perspectivas e novas concepções rumo a uma nova sociedade. [...] A libertação da mulher é obra da própria mulher. E, ao se libertar, ela também vai se empoderar para romper as relações de desigualdade daquilo que está posto na sociedade. Por isso, nós afirmamos, o feminismo é, sem dúvida, condição necessária, fundamental, indispensável para que haja a libertação.

É nesse contexto que entendemos a importância da auto-organização, como um meio indispensável para as mulheres se perceberem como sujeitos nas suas relações pessoais e políticas. Enfim, um processo que possibilita as mulheres se apropriarem de si e também de se reconhecerem como sujeito político coletivo na luta por transformações de suas vidas e da sociedade, como nos aponta MMM 1:

> A questão da auto-organização, a força da *auto-organização* para a construção de uma identidade coletiva em termos de pensar mudanças [...] de se reconhecer como grupo social, da importância da ação coletiva, aquela ação básica que a gente vê quando começa o feminismo, quando a gente começa a discutir com as mulheres [...] de perceber que os problemas são comuns e que tem determinação social e que, portanto, pode mudar, né? Então nesse sentido é uma ferramenta muito poderosa para as mulheres pensarem mudanças nas suas vidas e também perceberem como essas mudanças tão vinculadas às mudanças na sociedade.

A questão da importância da auto-organização das mulheres não deve ser entendida como uma necessidade funcional do movimento revolucionário para ganhar mais "energia revolucionária", como nos alerta Falquet (2012), no sentido das organizações ganharem "ajudantes". A auto-organização das mulheres é uma metodologia necessária para a construção da mulher como sujeito da revolução e para construirmos, a partir de hoje, com coerência revolucionária, novas relações sociais, livres de apropriações, opressões e explorações.

Passaremos, agora, à análise do feminismo no Brasil, destacando suas principais lutas e financiamentos.

3.4 Principais lutas, ações e financiamentos da AMB, MMM e MMC

Ao perguntar às entrevistadas da AMB quais foram as principais ações e lutas realizadas pelo movimento na primeira década dos anos 2000, identificamos como destaques: o monitoramento contínuo e sistemático das políticas públicas para as mulheres; a campanha pela reforma política; a construção do Fórum Itinerante Paralelo das Mulheres em Defesa da Seguridade Social (FIPS) e da Frente Nacional contra a Criminalização das Mulheres e pela Legalização do Aborto, nos quais a AMB foi protagonista. O FISP, além da importância que significou para o direito previdenciário, também possibilitou a articulação política entre diversos movimentos de mulheres.

O FISP foi construído em 2007, em um processo de mobilização de mulheres organizadas, reunindo ativistas do campo e da cidade: AMB, MMM, MMC, Movimento Interestadual de Quebradeiras de Coco Babaçu (MIQCB), Movimento de Trabalhadoras Rurais do Nordeste (MMTR/NE), Frente Nacional de Trabalhadoras Domésticas, Campanha Nacional de Trabalhadoras Domésticas (Fenatrad) e a Articulação Nacional de Mulheres Negras (ANMN). Em 2008, passam a integrar o Fórum: pescadoras do Ceará, catadoras de material reciclável do Distrito Federal e trabalhadoras ambulantes da cidade de Campinas (SP).

A motivação para a construção desse Fórum se deu quando, no governo Lula, em 2007, foi construído o Fórum Nacional de Previdência Social (FNPS), no qual as mulheres não tinham direito sequer à voz, pois foram limitadas à condição de observadoras. Com isso, as mulheres organizadas lançaram uma carta aberta[18] à sociedade e realizaram uma mobilização paralela em frente ao Ministério da Previdência Social, quando estavam discutindo a situação da mulher na Previdência Social. Assim nasceu o FISP. A partir de então, o Fórum atuou na construção de seminários de formação e debate, além de mobilizações e atos de denúncia em diversas regiões do Brasil.

Como destaques de ação do FISP, ressaltamos: o acampamento de mulheres em frente ao Ministério da Previdência Social, em 2007; o I Seminário Nacional do FISP em 2008, em Brasília, que reuniu 300 mulheres do campo e da cidade; a participação na audiência pública na Comissão de Assuntos do Senado em 2010, em defesa da Seguridade Social e pela equiparação dos direitos das empregadas domésticas.

Segundo Freitas e outros (2010, p. 38), o objetivo do FISP "foi o de visibilizar as desigualdades vividas no mundo do trabalho, denunciar a situação de desproteção social a que estamos submetidas. Defendemos um sistema universal, público, solidário e redistributivo de Previdência e Seguridade Social".

AMB 3 nos explica a proposta política desse Fórum e seu papel de articulação entre os movimentos de mulheres, que foi protagonizado pela AMB e o MMC:

> A proposta de proteção universal ela amplia o conceito de trabalho porque ela exige o reconhecimento do trabalho doméstico não remunerado, exercido por obrigação social pelas mulheres, para os direitos de previdência. Isso alarga a concepção de trabalho e, portanto, de classe trabalhadora. Ela exige que a informalidade, o trabalho informal seja reconhecido para os direitos previdenciários, o que alarga o conceito de classe trabalhadora [...] O movimento em defesa da previdência

18. Disponível em Isabel Freitas et al. (orgs.), (2010).

> universal feito pelo movimento de mulheres paralelamente ao debate das Centrais, que estavam na comissão oficial do governo, organizou mulheres trabalhadoras. [...] Foi puxado pela AMB, liderado cotidianamente pela AMB e o MMC. [...] Foi proposto pela AMB, mas foi liderado por esses dois movimentos. Era quem mais aportava, quem mais puxava as reuniões, quem mais mobilizava gente.

Outra forte luta que a AMB vem empreendendo desde 2005 é pela reforma política. AMB explica-nos:

> A AMB engajou-se, desde 2005, no debate sobre democracia e construiu, em parceria com outras organizações e movimentos sociais, a Plataforma dos Movimentos Sociais para a reforma do sistema político. A proposta inclui mudanças nos mecanismos de democracia direta, participativa, representativa, da comunicação e do judiciário. O objetivo é criar novas condições institucionais para o exercício do poder que possibilite a democratização do Estado, o fomento a uma nova cultura política, ampliando a participação de setores dominados, explorados e oprimidos na atual estrutura da sociedade e garantindo a paridade entre homens e mulheres no poder (2011, p. 62).

Atualmente, em torno dessa luta, a AMB esteve em campanha com diversos movimentos sociais, incluindo a MMM e o MMC, para a construção do plebiscito popular por uma constituinte exclusiva e soberana do sistema político, realizado durante o grito dos excluídos, em 2012.

Em relação à Marcha Mundial de Mulheres, a principal luta apontada nos depoimentos foi a campanha pelo aumento do salário mínimo, como nos explica MMM 1:

> [...] a ação mais legal que a gente fez, uma pena que a gente não teve fôlego para continuar, foi o tema do salário mínimo. E depois, a gente não teve capacidade de nos credenciar como negociadoras do salário mínimo frente às Centrais [sindicais]. [...] Ninguém tava falando do salário mínimo, a gente falou... Mas, mais importante frente ao governo

> Lula, foi também trazer as mulheres para esse tema, porque para entender que para discutir o salário mínimo, a gente tinha discutir o modelo econômico do Brasil, as mulheres tinham que entender o papel do salário mínimo, né? Eu acho que foi uma ação muito legal por isso, porque foi uma forma de problematizar o governo sem ser uma coisa oposicionista *a priori* e garantiu um crescimento político nosso muito grande.

Em relação a outras ações, foi ainda destacada a luta pela legalização do aborto, contra a violência à mulher e contra os transgênicos. Essa última, realizada em forte parceria com o MST, como relata MMM 1:

> Acho também que a partir do governo Lula, a gente conseguiu intensificar a pauta do aborto [...] para entrar na Conferência, para dar mais consistência. [...] a gente também fez coisas muito interessantes [...] fizemos aquelas coisas em *outdoor*, fizemos ação em supermercado, fizemos ações contra os transgênicos, trabalhamos muito com o MST [...]. A partir da Lei Maria da Penha teve muito demanda para o tema da violência que é impossível não responder [...].

Além das ações e campanhas destacadas nas entrevistas, gostaríamos ainda de ressaltar a atuação da MMM, em 2005, no 5º Fórum Social Mundial e na construção do 8 de março, desse mesmo ano, vinculada à II Ação Internacional da Marcha referente à Carta Mundial das Mulheres para a Humanidade e sua tradução em bandeiras de luta da MMM no Brasil, tecidas em uma colcha de retalhos.

Segundo o site da Marcha, 30 mil mulheres construíram esse 8 de março em São Paulo. Elas "caminharam da avenida Paulista à Praça da República", [...] "eram mulheres de 16 estados e vários grupos e movimentos setoriais".[19] Ainda segundo o *site*, o significado político maior dessa ação foi: "a politização das grandes manifestações e da data do 8 de março, resgatando-a de uma apropriação mercantilista, a afirmação do feminismo: pudemos falar em alto e bom som 'sou feminista'".

---

19. Disponível em: <http://sof.org.br/marcha/?pagina=memoriaAcoesInternacionais>. Acesso em: 16 fev. 2013.

Ao final da ação no Brasil, três mil brasileiras entregaram a colcha de retalhos para mulheres argentinas no dia 12 de março, em Porto Xavier (RS), fronteira com a Argentina. Da Argentina, a colcha prosseguiu por mais 52 países que integram a MMM, sendo tecida pela diversidade das mãos de milhares de mulheres.

No 5º Fórum Social Mundial, realizado em 2005, em Porto Alegre (RS), a MMM participou ativamente. Como destaque, na passeata de abertura do Fórum:

> o bloco das feministas e seu batuque animaram a caminhada pelas ruas do centro. Lemas como "a violência contra a mulher não é mundo que a gente quer", "contra a política neoliberal, são as mulheres da Marcha Mundial", "a nossa luta é todo dia, somos mulheres não mercadorias", "direito ao nosso corpo, legalizar o aborto", trouxeram para o bloco diversas mulheres.[20]

Durante esse Fórum, a MMM apresentou a carta das mulheres à humanidade. Essa carta, segundo o site da MMM:

> mostra o mundo que querem construir as mulheres, baseado na igualdade, liberdade, solidariedade, justiça e paz. As ações internacionais da Marcha em 2005, que terão a Carta como instrumento de aglutinação, foram tema da Assembleia que contou com a presença de pelo menos 600 pessoas em um dos dias mais quentes da capital gaúcha.

Além disso:

> [...] a Marcha organizou outras atividades também concorridas. Foi o caso do debate sobre feminismo e movimento antiglobalização, a oficina sobre paz e desmilitarização e a atividade no Laboratório de Ação Feminista, no Acampamento da Juventude, de onde saiu uma passeata contra a violência sexual dentro do território do Fórum.

---

20. Disponível em: <http://sof.org.br/marcha/?pagina=memoriaForumSocial>. Acesso em: 16 fev. 2013.

> Entidades parceiras da Marcha tinham programação com temas relacionados à agroecologia, gênero e diversidades, meios comunitários de comunicação, economia e equidade de gênero, conhecimento das mulheres frente ao livre comércio, entre outros, além das assembleias dos Movimentos Sociais e da Campanha Continental contra a Alca. Os movimentos sociais, reunidos em assembleia no último dia do Fórum, declararam que apoiam "a nova campanha de ações feministas globais da Marcha, para reafirmar seu compromisso na luta contra o neoliberalismo, o patriarcado, a exclusão e a dominação". No documento, todos os movimentos são convocados "a construir nesse período ações feministas contra o livre comércio, o tráfico sexual, a militarização e por soberania alimentar".

Em 2006, houve o I Encontro Nacional da MMM, que ocorreu em Belo Horizonte (MG), de 25 a 28 de maio de 2006, e recebeu 460 delegadas de 22 estados do país, incluindo mulheres urbanas e rurais, brancas, negras e indígenas, jovens e adultas. Segundo o *site*, nesse Encontro, a MMM:

> [...] reafirmou o que na prática estamos construindo: um movimento que opta pela ação coletiva, pela mobilização e pela radicalização das lutas. Que constrói um feminismo que cabe na vida de todas que defendem um mundo justo e igual. Nesse espírito, a presença marcante das mulheres rurais possibilitou uma análise com um outro ponto de partida, falado em primeira pessoa, os conflitos vividos no campo tomaram uma outra dimensão e sentidos com a proximidade e intensidade que de fato eles atingem. Além de ter sido um momento importante para conhecer as ações (e principalmente as pessoas que as realizam), locais e o que pensam as militantes em todo o Brasil, o I Encontro se constituiu como espaço de construção política. Em suas ações cotidianas, a Marcha apresenta análises da sociedade e afirma que as mudanças precisam vir juntas: a da estrutura geral da sociedade e a vida das mulheres.[21]

---

21. Disponível em: <http://sof.org.br/marcha/?pagina=memoriaEncontroNacional>. Acesso em: 16 fev. 2013.

A Terceira Ação Internacional da MMM ocorreu em março de 2010 e, sem dúvida, representou um forte marco para a Marcha no Brasil. Cerca de 3 mil mulheres participaram dessa ação no Brasil, que consistiu na construção de uma marcha de dez dias. As mulheres iniciaram a marcha em Campinas (SP) e terminaram na capital paulista.

A plataforma de ação dessa marcha no Brasil teve como base os campos de ação definidos internacionalmente para MMM:

> [...] trabalho e autonomia econômica das mulheres; violência contra as mulheres; paz e desmilitarização; bens comuns e serviços públicos. Ela sintetiza as denúncias ao capitalismo patriarcal, que também é racista e destruidor da natureza, e apresenta as reivindicações das mulheres em luta por um mundo com autonomia, igualdade e liberdade para todas (MMM).[22]

Com essa marcha, a MMM afirma que "mais uma vez nossa luta, nossa resistência e a convicção de que com a nossa auto-organização, somos sujeitos ativos pela transformação de nossas vidas e da sociedade: Queremos mudar o mundo para mudar a vida das mulheres, queremos mudar a vida das mulheres para mudar o mundo".

Uma outra ação feminista que conta com a participação de dois dos três movimentos feministas que ora trabalhamos, a Articulação de Mulheres Brasileiras e a Marcha Mundial de Mulheres,[23] é a Marcha das Margaridas, atividade protagonizada pelas mulheres da Confederação dos Trabalhadores da Agricultura (Contag). A Marcha das Margaridas é considerada a maior ação de massa de mulheres no Brasil. Sua organização foi iniciada no ano 2000, quando ocorreu a primeira Marcha, em Brasília, com a participação de 20 mil mulheres.

---

22. Disponível em: <http://sof.org.br/acao201/>. Acesso em: 14 fev. 2013.

23. O MMC não participa da Marcha das Margaridas, mas, para nós, a divergência não está na pauta de reivindicação feminista, mas no método de atuação das lutas mais gerais da Contag, principal organizadora dessa atividade. A Contag não atua de forma articulada com a Via Campesina, campo que o MMC integra, e vice-versa. Compõem campos diferenciados na luta pela reforma agrária. A divergência, nesse caso, está entre Contag e Via Campesina.

Em 2003, ela é consolidada com a II Marcha, na qual se estima que 40 mil mulheres participaram. Em 2007 ocorre a terceira marcha, com cerca de 50 mil mulheres e, em 2011, a quarta marcha, com a participação de 70 mil mulheres.

Segundo a Fetraece,[24] são objetivos da Marcha das Margaridas:

> Contribuir para a organização, mobilização e formação das mulheres trabalhadoras rurais; atuar para que as mulheres do campo e da floresta sejam protagonistas de um novo processo de desenvolvimento rural; dar visibilidade e reconhecimento à contribuição econômica, política, social das mulheres no processo de desenvolvimento rural; propor e negociar políticas públicas para as mulheres do campo e da floresta; denunciar e protestar contra a fome, a pobreza e todas as formas de violência, exploração, discriminação e dominação contra a Mulher.

Ainda de acordo com a Fetraece, as principais conquistas da Marcha das Margaridas foram: a criação da coordenadoria de Educação do campo; título da Terra em nome do homem e da mulher; ampliação da meta para implantação das Delegacias Especiais de Atenção às Mulheres; projeto de Saúde Reprodutiva; assistência Técnica com enfoque de gênero; Programa Nacional de Documentação da Trabalhadora Rural; inclusão das Mulheres Trabalhadoras Rurais nos programas do governo federal; manutenção dos Direitos das Trabalhadoras Rurais no seguro especial da Previdência Social.

Em uma análise da organização política e das lutas das mulheres trabalhadoras rurais, com destaque para a Marcha das Margaridas, MMM 1 ressalta:

> As rurais têm duas coisas. Primeiro, não tinham nem os direitos das urbanas adquiridos, por um lado, e é o movimento mais forte no Brasil. [...] elas conseguem ter prioridade que no movimento urbano a gente

24. Disponível em: <http://www.fetraece.org.br/noticias/texto.php?Id=1395>. Acesso em: 15 fev. 2013.

não consegue [...] elas são muito menos fragmentadas do que nós, elas conseguem fazer atividades de massa, historicamente... desde os anos 80, então, a questão das rurais é onde está avançando mais em termos de políticas concretas. [...] A *Marcha das Margaridas* [...] tem avançado na agenda enormemente. [...] A primeira experiência de juntar urbana e rural de forma mais consistente foi com nós da Marcha [MMM]. [...] A Marcha das Margaridas avançou enormemente no detalhamento das políticas públicas e em vários temas [...] não é só crédito, assistência técnica e documentação. Avança também no debate da saúde, do aborto, sexualidade e da violência. [...] Tá questionando família, tá questionando violência. As companheiras da Contag na Marcha das Margaridas elas não se conformam que quando o marido se endivida elas também ficam endividadas, [...] então tem que mudar o código civil [...] então chegou no questionamento do modelo de família, entendeu? Imagina... um movimento de mulheres rurais, da agricultura familiar tradicional [...] questionando o modelo de família no movimento misto [...].

As mulheres do MMC vêm imprimindo um caráter de confronto anticapitalista às suas lutas, a exemplo das ações que provocaram prejuízos a grandes empresas. Destacamos, como exemplo, a ocupação de cerca de duas mil mulheres da Via Campesina, com bandanas roxas, nas plantações de eucalipto da Aracruz Celulose.[25] Uma ação em nome da luta contra a exploração da natureza e de trabalhadoras, ocorrida em 8 de março de 2006, no Rio Grande do Sul. Essa ação de enfrentamento em 2006 representou um forte marco para o feminismo brasileiro, na verdade, um convite à radicalidade das lutas, como nos diz MMC 2:

A ação de 2006 foi um convite pro feminismo no Brasil encampar as grandes lutas da mulher no enfrentamento ao patriarcado e ao capitalismo. Foi um grande convite ao feminismo para que a gente conseguisse dar um norte, demarcar e construir unidade, mas... não motivou o feminismo brasileiro [...]. Aí vem as análises, nós não estamos no tempo, agora não

25. Segundo a própria Aracruz, esta ação provocou um prejuízo de cerca de 400 mil dólares. Disponível em: <http://noticias.terra.com.br/brasil/interna/0,,OI909064-EI306,00.html>. Acesso em: 8 set. 2009.

> é época... Aí eu te pergunto: quando é época numa sociedade capitalista? Haverá um tempo para nós mulheres que vivemos numa condição de opressão patriarcal e de exploração capitalista? Haverá um momento privilegiado pra nós? Eu deixo essa pergunta (destaques nossos).

As análises de que não se está no tempo ou na época para fazer ações de maiores enfrentamentos, refere-se ao receio de outros setores do movimento feminista de fazer ações de maiores impactos e enfrentamentos. Nesse sentido, destacamos essa ação de 2006 feita pelas mulheres da Via Campesina, lideradas pelo MMC, como um exemplo de que é possível ir além de campanhas, atos de denúncia e monitoramento de políticas públicas. Não que tudo isso não seja importante e necessário, mas, diante dos desafios que a realidade nos impõe, são, sem dúvida, insuficientes. A importância da ação de 2006 contra a Aracruz Celulose é bem avaliada por MMC 2:

> A luta feminista colocou na pauta as grandes questões, tanto de destruição da natureza, de continuidade da fome do mundo, de invasão dos territórios pelas transnacionais, a questão dos transgênicos [...] Em torno de 2.000 mulheres. O mundo estava no Brasil [...] era a Conferência Mundial da Reforma Agrária, onde tinha os representantes do mundo inteiro. As mulheres fizeram apenas um gesto de denúncia do capitalismo e da questão da opressão e da situação das mulheres, não foi só uma questão da luta de classe, foi uma questão da luta de classe, da luta de gênero, da condição das mulheres, enquanto produtoras de comida, de alimento, enquanto mães, enquanto mulheres, enquanto trabalhadores. Colocaram em pauta as grandes questões que estão levando a humanidade a pensar no seu destino. E eram isso que os chefes estavam discutindo lá [...]. O que as mulheres fizeram? Fizeram uma ação, foram lá no laboratório [...] pegaram uma muda de eucalipto levaram lá na reunião dizendo que a humanidade não sobreviverá comendo só eucalipto e que atrás dessa ação estava a vida, o destino dos seus filhos, a terra que estava sendo expropriada [...]. Esse tipo de ação de enfrentamento ao capital, ela é profundamente feminista porque ela traz consigo a vida das mulheres, a vida das famílias, a vida das crianças, a questão planetária e da produção de alimentos. [...] É uma

ação que confirmou a identidade do movimento de mulheres camponesas na luta contra o patriarcado e contra o capitalismo, uma luta de enfrentamento e de resistência.

Concordamos, em grande medida, com essa avaliação; todavia, gostaríamos de ressaltar a relação entre mulher e produção de alimento e entre mulher e natureza que essa fala traz. Percebemos nesse viés, uma aproximação com o ecofeminismo que, para nós, em alguma medida, reedita a concepção essencialista e a ideologia da natureza que tecemos uma crítica, especialmente, no Capítulo 2, e que reforça a desigualdade que pesa sobre as mulheres. Nesse sentido, concordamos com Carmen Silva (2011, p. 108): "Parece-me que ampliamos o debate frente à crise civilizatória: temos de enfrentar o debate sobre as relações entre seres humanos e a natureza, sem, no entanto, recair no teor essencialista que reforça a desigualdade das mulheres".

Apesar da grande repercussão dessa ação de 2006, o feminismo brasileiro como um todo não conseguiu incorporar essa perspectiva de radicalidade para suas lutas subsequentes. Nem mesmo por parte do MMC, pois, apesar de essa ação ter se tornado uma referência para muitas mulheres, também teve impactos negativos, provocados, especialmente, pelos desdobramentos da criminalização que algumas militantes sofreram. O MMC avalia, portanto, que não tem como manter ações desse porte de forma contínua, especialmente quando os demais movimentos não incorporam esse tipo de luta para se ter um fortalecimento coletivo. MMC 1 nos explica melhor:

> Grandes ações, ações fortes, você faz de tempos em tempos. Porque, por exemplo, ao mesmo tempo em que foi uma ação ousada, necessária e importante, mas assustou a base. Então tinha que ter um tempo. Precisa um tempo que você vá construindo e juntando a base, forçar para ter a todo momento, quebra. [...] Veio a ação do judiciário para cima, então tem que dá um tempo pra você sair daquele imbróglio, pra não poder arriscar. [...] Precisa alimentar a organização e fazer com que a base acompanhe. [...] Tem que ser muito estudado, muito aprofundado.

A participação efetiva nas lutas iniciadas em 2007, em prol da anulação do leilão que privatizou a Vale do Rio Doce, bem como em denúncia contra os crimes ambientais e humanos provocados por esta empresa, também são exemplos da capacidade de luta e resistência dessas mulheres. Um forte indício de que esta campanha afetou a empresa foram os vultosos recursos que tiveram de ser investidos em propaganda para melhorar sua imagem como uma empresa "brasileira".

Em 2008, na jornada de luta em alusão ao Dia Internacional da Mulher, 8 de março, mulheres da Via Campesina ocuparam, no dia 7 de março, uma unidade de pesquisa biotecnológica da empresa americana Monsanto e destruíram um viveiro e o campo experimental de milho transgênico, em Santa Cruz das Palmeiras/SP. Além disso, a Via Campesina realizou protestos e marchas por reforma agrária e contra o agronegócio em todo o país (Mídia Independente, 2008).

No 8 de março de 2009, as mulheres da Via Campesina, em atos por todo o país, protestaram com uma só voz:

> Não nos subordinaremos a este modelo capitalista e patriarcal de sociedade, concentrador de poder e de riquezas. [...] Nos mobilizamos para denunciar a crise política, econômica, social e ambiental criada pelas elites que controlam o Estado: capital financeiro internacional e transnacionais. Não aceitamos pagar a conta da crise, com a superexploracão de nosso trabalho, baixos salários, aumento da jornada de trabalho e com o avanço da exploração sobre os recursos naturais. Por isso, denunciamos: o agro e o hidronegócio são insustentáveis [...]; superexploração do trabalho [...]; financiamento do estado: este modelo é beneficiado através de investimento público que tira dos pobres em forma de impostos e passa os recursos para os bancos e empresas. [...]; a criminalização da luta: nos últimos tempos, o Estado tem utilizado todo aparato policial, o poder judiciário e a mídia para defender as empresas, o agronegócio e a propriedade privada e criminalizar as lutas sociais; Reafirmamos a luta como única saída para as transformações sociais! E temos o direito de lutar! [...] Seguiremos lutando![26]

26. Disponível em: <http://www.mst.org.br/especiais/24>. Acesso em: 1º set. 2009.

Percebemos, no direcionamento político destas lutas, a capacidade de resistência e seu viés classista, tendo em vista que, por mais que estas mulheres travem lutas que expressam interesses particulares contra o patriarcado (por exemplo, a luta que travam cotidianamente pela afirmação política das mulheres, bem como contra a violência à mulher), expressam também, articuladamente, a luta contra o capital e a afirmação da vida livre de opressões e explorações. Ou seja, a luta contra o patriarcado, ainda que com particularidades para as mulheres, trata-se de uma luta contra um sistema apropriado pelo capitalismo e funcional ao capital.

São alianças como esta que demonstram a existência da identidade de classe e, com ela, a pertinência histórica do desafio de lutarmos pela construção de processos revolucionários, distanciando-nos da ideologia do fim da história, como destaca Sâmya Ramos:

> Assim a desafiadora questão de se construir processos revolucionários é colocada para as forças de esquerda, num contexto de mundialização do capital, de crise da expectativa socialista realizada historicamente, exigindo um esforço gigantesco para a construção de novas alternativas que se distanciem do fetiche do fim da história, da narrativa ideológica quanto à impossibilidade da superação do metabolismo do capital, negador da realização da liberdade, autonomia e satisfação das necessidades humanas (2007, p. 43).

É, pois, na luta concreta e na afirmação das nossas convicções éticas e políticas que nos fortalecemos e nos constituímos como sujeitos da história, em permanente construção, apesar de não realizar essas tarefas nas circunstâncias que escolhemos, daí esse ser um desafio permanente.

De maneira geral, com relação ao financiamento das ações, segundo os depoimentos das entrevistadas, a MMM e a AMB captam recursos por intermédio de ONGs que as compõem. Mais especificamente, a AMB capta recursos pelas ONGs que compõem os Fóruns de Mulheres que a integram. Já o MMC, por meio de uma Associação, além das atividades de autofinanciamento.

Segundo AMB 6, a opção da AMB em não se formalizar dificulta a captação direta de recursos, o que exige a relação com as ONGs. Ela nos explica:

> [...] Por esta opção da AMB de continuar informal [...] isso necessita de uma relação... Isso dificulta a parte de recursos. [...] Boa parte das ações ou grande parte das ações são feitas por ONGs que integram os Fóruns de mulheres ou pelos recursos que os fóruns mobilizam a partir das organizações que fazem parte dela. Nenhum Fórum é formalizado também [...] Toda parte de recursos passa pelas organizações. Ou a captação miudinha, aquela coisa que entra para uma ação, aí todo mundo da uma contribuição. E [financiamento de] projetos quem recebe são as ONGs ou outra associação formal.

Segundo a AMB 1, a AMB "tem como princípio não fazer projeto com o governo, nem com o MDA, nem com a Secretaria Especial de Políticas para as Mulheres [...]. Quando a gente fazia algum trabalho conjunto, ela [SPM] dava as passagens, mas uma coisa muito pontual, mas nunca projeto, nunca. [...] Eu tô falando da AMB nacional, mas nos estados também não é feito projetos para as secretarias". Não há, portanto, por parte da AMB como organização, o recebimento de recursos governamentais. Seus recursos advêm da cooperação internacional e pelo intermédio de ONGs associadas à AMB. Explica-nos AMB 1:

> [...] Tivemos projeto com a Fundação Ford por um longo período e também com a Novibe. Axioele dá todo ano 2.000 libras. A UNIFEM também. Projeto grande a gente fez com a Novibe. O da Novibe era voltado para a soberania alimentar [...] As organizações feministas, Cefemea, Leila Diniz, SOS Corpo, Cunhã, sempre colocam recursos para mobilização nos seus projetos, que é para o fortalecimento da AMB. [...] Esse momento tá muito difícil porque estão todas as organizações praticamente sem recursos.

Segundo AMB 4, são financiadores da AMB: a Coordenadoria Ecumênica de Serviço (Cese), o Serviço de Análise e Apoio a Projetos

(Saap) e a ONU Mulheres. Além disso, a AMB vem pensando estratégias de autofinanciamento. Segundo AMB 1, foi criado um grupo para pensar a estabilidade econômica da organização e o desenvolvimento de campanhas de arrecadação para o próprio movimento: "uma semana no ano, todos os estados vão fazer campanha, festa, vender camiseta, qualquer coisa, café feminista... e aquele recurso não é para o estado, é para a AMB [...] no Enamb, 90% dos estados chegaram com recursos próprios dos estados" (AMB 1).

A Marcha Mundial de Mulheres também conta com o apoio orgânico de ONGs que compõem sua executiva nacional, bem como recebem recursos do governo. Explica-nos MMM 6:

> Existem duas organizações que estão na executiva da Marcha, a SOF e o CF8 [...] Todos os recursos que vêm pra Marcha são essas duas organizações que drenam [...] Com o governo Lula, tem alguns projetos, mas são limitados [...] para fazer alguma ação específica [...]. Ou você tem um convênio com o governo brasileiro ou você tem com um governo europeu [...]. Pra nós não é uma contradição, é dinheiro público, a gente tá fazendo uma ação voltada para melhorar a igualdade no país. De maneira nenhuma isso influencia na pauta, nas decisões, não fere a autonomia. Porque se ferisse a gente não captaria.

Ao relatar o recebimento de recursos financeiros do governo, perguntamos a MMM 6 se havia alguma influência política decorrente desse financiamento e, de forma diferente do relatado, ela nos respondeu:

> Influencia sim. Acaba que tem que adequar sua agenda. [...] O governo, atualmente, claro, quem trabalha com a questão da violência tem mais dinheiro do que quem não trabalha [...] influencia mais por esse lado. Nos últimos anos aumentou isso. As agências de cooperação internacional têm uma agenda, se você se encaixa na agenda te apoia, se você não se encaixa não te apoia.

O estímulo e incentivo ao autofinanciamento também é uma preocupação da MMM, segundo MMM 1: "As mulheres conseguem dinheiro com sindicatos, com outras organizações, estão sempre fazendo atividades para finanças, isso para rodar material, para viajar para uma reunião, esse dinheiro é para coisas miúdas". Essa preocupação tem sido fortalecida até mesmo porque, segundo MMM 1, "diminuiu muito a contribuição da cooperação internacional". Como exemplo disso, ela destaca: "Só pra você ter uma ideia, na ação de 2010, nós não tínhamos um tostão da cooperação internacional. [...] Nós fizemos com algum recurso institucional da SOF [...] mas a maioria foi dinheiro nacional, as mulheres conseguiram ônibus com prefeito, fizeram rifas, festa e [...] e a Universidade e projeto com governo... tudo".

O esforço e a dificuldade para realizar a política de autofinanciamento da MMM, são destacados também por MMM 7: "Tem dificuldade de ter uma política permanente de autofinanciamento, embora a gente faça colar, agenda, camiseta, rifa, venda de cerveja no pré-carnaval, livro de ouro, mas, às vezes a gente fica com muita dificuldade de fazer isso". Devido à existência dessa dificuldade, MMM 7 sugere:

> [...] Acho que a gente tinha que rever a legislação brasileira porque o movimento sindical tem o imposto sindical que garante o financiamento e os outros movimentos não tem. Aí acaba estabelecendo o convênio a partir de uma parceria que aí você faz um projeto de assistência técnica via ONGs ou associações. Aí você aproveita esse tipo de ação para construir o Movimento. Eu acho que a gente tinha que avançar e aí ser pauta dos movimentos sociais para sustentação dos movimentos.

O MMC capta seus recursos por meio da Associação Nacional de Mulheres Camponesas (AMMC). A preocupação financeira do MMC, todavia, é o autofinanciamento como uma garantia de autonomia para o Movimento, como relata MMC 2: "Essa autonomia das mulheres, essa busca de construir as ferramentas para sua autossustentação financeira, isso eu não tenho dúvidas de que é um ponto que acrescenta muito na autonomia do Movimento".

Essas atividades de autofinanciamento são as mais variadas. Cada grupo de "base" busca ter uma "caixinha". Para tanto, fazem festas, ação entre amigos, gincanas, rifas, bailes e jantares. Outro exemplo destacado por MMC 1 é a "Campanha do real", na qual, cada uma das mulheres militantes doa um real para ajudar nas passagens de quem vai viajar para uma atividade do movimento. Por sua vez, as mulheres conseguem dinheiro por meio da venda do que aprenderam a produzir no MMC, como remédios com plantas medicinais, elixir, galinhas orgânicas, sementes crioulas, plantas medicinais, hortaliças e verduras orgânicas. Nos municípios, os grupos de "base" do MMC também buscam articular com organizações locais, como pastorais e sindicatos, ou mesmo prefeituras, para buscar apoio financeiro para as atividades. Os municípios que têm grupos organizados contribuem com meio salário mínimo ao ano para a coordenação estadual do MMC.

Além das atividades de autofinanciamento, o MMC, assim como a MMM, também recebe recursos governamentais, como relata MMC 7:

> Uma parte boa do movimento quem sustenta é a base, nós temos trabalhado com arrecadação das próprias mulheres, como sempre. Desde o início da história do movimento, por exemplo, quando nós fazia [*sic*] as caravanas da previdência pra Brasília, quem trazia a comida, quem fazia e vendia a comida para arrecadação eram as mulheres [...] Nos encontros que a gente faz, muito raramente, a gente compra comida. [...] *tem também projetos com o governo* [...] *o dinheiro público é a mais-valia social, claro que com toda dificuldade e com todo enquadramento...* e o processo da autonomia [...] nós acreditamos que só com a autonomia, com esse espaço de auto-organização das mulheres que nós teremos igualdade (destaques nossos).

No que diz respeito ao financiamento governamental, MMC 5 faz uma avaliação crítica de que:

> [...] tem todo um controle do Estado para convênios, de tratar igual um movimento ou uma prefeitura, então, ou você se aparelha igual a estado pra viver de convênios e que nós não podemos ou não [...] tem facilidade de pegar convênio. Eu acho que tem que pegar convênio, mas, tá colocando a gente numa situação muito difícil.

Diante desse entrave e da dificuldade criada pela cultura na onguização do último período, criou-se, na avaliação de MMC 5, uma "lógica de dependência" e um "vício" muito grande das militantes não arcarem com as despesas de alimentação e passagens. Com isso, a busca pelo caminho do autofinanciamento constitui-se um dos maiores desafios para o movimento feminista, como veremos no próximo item.

3.5 Atualidade e desafios históricos do feminismo no Brasil

> Acho que o feminismo permanece absolutamente atual. Acho que a palavra de ordem, a bandeira do movimento feminista: Nosso corpo nos pertence, ela continua absolutamente atual nos nossos dias de hoje, levando em conta não só o contexto da mercantilização, do mercado de trabalho, mas de tudo.
>
> *MMM 7*

Uma das mudanças estruturais que impactou o feminismo brasileiro a partir da primeira década dos anos 2000 foi a progressiva saída de Agências de Cooperação Internacional do Brasil, como nos explica MMM 1: "Até os anos 2000 era muito peso da ONU, do Banco Mundial e as pessoas não conseguiam ver outro lugar. Eu acho que a partir dos anos 2000 isso mudou, inclusive, teve momento que a ONU perdeu seu lugar". Ainda que tenhamos que acompanhar mais os desdobramentos históricos desse processo, podemos arriscar algumas avaliações, mesmo que não conclusivas. Nessa perspectiva, ajuda-nos MMM 2:

> Nos anos 80 o movimento feminista era muito ligado a sindicato, à comissão de mulheres dos sindicatos, à luta de organização de mulheres populares. Nos anos 1990 todo mundo corre pra fazer monitoramento

> de políticas e esvazia... [...] eu acho que *nessa conjuntura agora tem algum nível de alteração nesse setor mais institucionalizado, porque volta-se a fazer trabalho de base, volta-se a discutir classe* [...] (destaques nossos).

A perda do financiamento por parte da Cooperação Internacional fez com que o feminismo tivesse que repensar sua dinâmica organizacional, uma vez que, como vimos no Capítulo 2, viveu fortemente um período de onguização. Todavia, esse contexto possibilitou, da parte de muitas militantes ou até mesmo de organizações, reflexões mais críticas e reveladoras do que significou a institucionalização do feminismo, como nos fala MMC 5 sobre as ONGs feministas:

> [...] fica muito dentro de estrutura, de escritório, de escrever, de acompanhar o Legislativo, faz carta, faz protesto... Mas, o grau de inserção na vida do nosso povo e das mulheres é muito pouco, a distância é demais. Então fica uma coisa assim intelectualizada, de grupo fechado que fala por elas e não com elas. Isso carece uma crítica às ONGS feministas, repensar isso.

Avaliações como essa levaram à percepção da necessidade de superação de uma política institucional para uma intervenção política militante com autonomia, com preocupação da participação direta das mulheres, ou seja, com a percepção de que as ONGs não representavam o movimento feminista. Explica-nos AMB 4:

> A pauta das organizações [ONGs] meio que tomava conta da própria pauta do movimento, né? [...] Tinha uma cultura política muito complicada, que ainda deixou marcas, a gente ainda tenta mudar muito isso. [...] Quase todas as militantes diziam: as mulheres, as mulheres, as mulheres. Era como não fôssemos nós. [...]. É um movimento que não tem capacidade de dizer nós, de reconhecer que você é aquele sujeito, que você não está fazendo luta só para a outra, mas pra você também, que você é parte daquelas porque as feministas não são aquelas que se libertaram, porque ninguém se libertou numa sociedade que oprime a todas. [...] Só seremos livres quando todas forem. [...]

Na AMB eu vejo isso, um movimento que busca o tempo todo essa capacidade de dizer nós.

Percebemos nesse depoimento, portanto, a necessidade da reconstrução do sujeito político do feminismo que as ONGs no contexto neoliberal, hegemonicamente, fragmentou e despolitizou. A própria mudança na linguagem que se desloca do nível da representação política, ou seja, de trabalhar para as mulheres, para trabalhar com as mulheres, ou melhor, se sentir parte, se perceber sujeito. Sobre isso nos explica AMB 3:

> [...] A concepção de trabalhar com, em vez de organizar conjuntamente, isso aniquilou [...] que não é um problema só do movimento feminista [...] tem também no mesmo período vários fenômenos que são paralelos, por exemplo, o advento do neoliberalismo, que despolitiza e que se expressa num tipo de discussão de projeto do Banco Mundial, que influencia as Agências, que influencia as ONGs. [...] Ao mesmo tempo, a questão da organização do ciclo organizativo CUT-PT-Movimentos Populares... [...] no processo de organização [...] e o caminho institucional das eleições [...] você tem o desengajamento da Universidade, o pós-modernismo, [...] uma universidade amplamente majoritária sem engajamento nenhum [...] Pesquisa e extensão sendo privatizadas [...] tudo isso gera um *problema de renovação* etária no Movimento [...].

Outro avanço advindo do contexto de oxigenação do feminismo em relação à influência da ONU é a possibilidade de ir além das chamadas políticas específicas, mas, de poder pensar e atuar em uma perspectiva de totalidade, em torno de um projeto societário, como nos indica MMM 1:

> Aqui no Brasil, se ampliou muito essa questão que o feminismo tem que pensar o modelo [societário] como um todo, antes, era bem assim o movimento, fazendo uma caricatura: no feminismo a gente pensava a agenda específica e no partido você cuidava das agendas gerais e as ONGs feministas ficavam só nas agendas específicas. [...] O movimento

de mulheres que nasceu questionando a divisão entre público e privado, dizendo que o pessoal também é político, nos anos 1990, muito por influência da ONU, começa a pensar um modelo de desenvolvimento, perdeu a radicalidade, não é que perdeu a radicalidade, mas o que tava imperando era a categoria de gênero então ficou meio diluído e descolado da questão de classe [...] se perdeu um pouco no geral.

MMM 1 avalia, portanto, que o feminismo brasileiro vem avançando no sentido de imprimir o caráter classista nas lutas, o que leva à possibilidade de uma maior radicalização. MMM 2, todavia, acredita que o movimento feminista permanece hegemonicamente institucionalizado pela relação com o governo via monitoramento das políticas públicas, sendo a Marcha Mundial de Mulheres um diferencial dessa perspectiva. Na opinião de MMM 2:

> Hoje, o Movimento Feminista ainda tem uma hegemonia do ponto de vista que eu chamo das feministas mais institucionalizadas, porque tem um setor do feminismo que vive muito mais essa coisa de relação com o governo. Relação com o governo assim, de monitorar políticas, de escrever sobre isso. Essa parte tem mais visibilidade e legitimidade do ponto de vista mais institucional. E tem o setor da Marcha que pra mim é o setor que trabalha cotidianamente essa coisa da luta de classe porque investe muito na *auto-organização das mulheres populares*, investe nas atividades de rua, investe nas manifestações, então eu acho que isso tem uma coisa mais de classe, mas, ainda assim eu acho que a gente ainda tem muito que ampliar como movimento, de ter uma frente de trabalhar mais essa coisa [monitoramento de políticas, *lobby*] que a gente pouco tem [...].

De forma diferente, AMB 3 avalia que há uma guinada no campo do feminismo para a incorporação de um caráter popular às suas lutas, com a incorporação das mulheres trabalhadoras como sujeitos do Movimento. Sobre o feminismo no Brasil, fala-nos AMB 3:

> Eu acho que ele tá fazendo um processo de mudança muito grande. Ele nasce no Brasil como um feminismo [...] de classe média, mas que

> faz trabalho com classes populares [...] *muito desse trabalho popular considerava essas mulheres como público e não como constituidoras de um movimento feminista. E eu acho que a guinada que a gente tá dando é que hoje, as mulheres populares e as mulheres trabalhadoras da classe organizada, sindicalistas, agroecologistas e de outros movimentos, têm se colocado no feminismo* [...] elas têm se reconhecido como feministas. Isso coloca uma nova questão [...] (destaques nossos).

Nessa mesma perspectiva de avaliação, reforça AMB 5:

> O feminismo tem se fortalecido [...]. No início de 1990, eu não via o feminismo como eu vejo agora. [...] Eu nem via tantas articulações feministas como eu vejo agora. [...] Está tendo um processo de revitalização e de fortalecimento. [...] Antes o movimento feminista era elitizado e de mulheres brancas. Hoje a gente vê nos espaços dos Fóruns de Mulheres, mulheres negras e mulheres de bairros que levam suas pautas. [...] O feminismo conseguiu se fortalecer e falar de forma mais ampla nos diferentes espaços que nós mulheres vivenciamos. É um avanço muito grande que eu considero [...] são mulheres que não são alfabetizadas, mulheres que não sabem ler, mulheres trabalhadoras informais, mulheres trabalhadoras domésticas...

Acreditamos que, de fato, tem havido algumas transformações estruturais em termos de redirecionamento político do feminismo. Por um lado, é incontestável o esforço dos movimentos que investigamos para superarem o peso da influência que a ONU e a onguização exerceram no feminismo nos anos 1990. Por outro lado, na correlação de forças brasileiras, houve uma dificuldade de se estabelecer lutas de maior enfrentamento que perpassem alguma forma de oposição ao governo petista. Dentre outras determinações dessa dificuldade, cremos que ela ocorreu pela forte adesão popular ao governo Lula e pela dependência financeira com esse governo que foi intensificada após a grande redução do investimento da Cooperação Internacional no Brasil. Isso arrefece a capacidade de crítica e de enfrentamento por parte de muitos movimentos sociais, não apenas os feministas.

Em que pese a importância da análise da dependência financeira e suas implicações, consideramos que os vínculos políticos partidários podem afetar ainda mais a relação de autonomia dos movimentos sociais frente aos governos. Por isso, passemos a analisar a relação dos movimentos aqui investigados com os partidos políticos, bem como com outros movimentos sociais, para que tenhamos mais elementos para compreensão da correlação de forças que compõem a luta de classes no Brasil.

3.5.1 Relação com movimentos sociais e partidos políticos

A AMB, nas entrevistas, expressou mais dificuldade de estabelecer relação com outros movimentos sociais, especialmente devido à bandeira do aborto, que dificulta a construção de unidade com outros movimentos sociais não feministas. Ainda que perceba a importância e a necessidade da articulação política com outros sujeitos coletivos, é um desafio expresso pelas entrevistadas da AMB construir uma articulação de forma mais contínua e consistente com outros movimentos sociais, uma vez que essa articulação "é muito episódica, ela se organiza em termos de coisas muito concretas, mas ela não ganha um movimento histórico mais contínuo e mais consistente" (AMB 2). Nessa direção analítica, complementa AMB 5:

> Cotidianamente a articulação é difícil por conta de algumas bandeiras específicas, por exemplo, que é a pauta mais cara ao feminismo, que é a bandeira pela legalização do aborto. Então muitos se distanciam, de certa maneira, por conta dessa bandeira. [...] É uma pauta que não unifica [...] A gente tenta tá presente, por exemplo, em outros espaços, por exemplo, quando tem as caminhadas, as marchas do MST, a gente tenta tá presente. Quando tem a parada pela diversidade sexual [...] A gente acredita que são espaços que precisam ser fortalecidos. [...] No cotidiano não tem tão presente essa articulação entre os movimentos, a

> gente tá mais presente no fortalecimento das lutas e das ações quando a gente vai para as ruas. Quando os movimentos vão pra rua, a gente tá lá fortalecendo. Quando o movimento LGBT vai para as ruas, a gente tá fortalecendo. Quando o movimento de trabalhadoras rurais vai para rua, a gente tá lá fortalecendo e outros movimentos. Porque todos esses movimentos são contra essa sociedade de desigualdade. Mas, no cotidiano mesmo, diário, não existe esse processo.

No que diz respeito à relação dos movimentos feministas com os partidos políticos, a análise é mais complexa. A AMB tem como princípio não ter interferência partidária em qualquer direcionamento do movimento, ainda que possua militantes vinculadas a partidos, destacadamente o PT.

Há, por parte da direção da AMB, uma forte preocupação em conseguir se constituir como um movimento radicalmente autônomo e independente de partidos políticos, o que ainda é dificultado pelo vínculo partidário de algumas de suas militantes. O processo de crítica por parte das próprias militantes petistas dentro da AMB, contudo, tem apontado avanços, pois, segundo AMB 7, as próprias militantes do PT que integram a AMB vêm percebendo de forma mais crítica esse partido, especialmente no que diz respeito à relação política com as mulheres. Com isso, diminui-se internamente as dificuldades para a AMB consolidar um campo de atuação mais crítico, autônomo e contestatório. De acordo com AMB 7:

> Ano passado fizemos dois seminários sobre mulher e política [...] A gente fez uma avaliação do processo eleitoral, foi muito legal porque as petistas, que ainda estão com muita consistência dentro da AMB, viram que não tá dando, não avança, elas não têm nenhuma consideração. O partido mesmo não respeita a coisa do fundo partidário, não recebem dinheiro, são candidaturas desvalorizadas, então, quer dizer, caiu uma ficha... [...] Na avaliação da eleição já ficou uma interrogação... a gente viu que tinha que fazer a luta pela Reforma do sistema político ou pelo menos criticar o sistema como ele tá.

A preocupação com a autonomia partidária, por parte da AMB, foi fortalecida depois de o PT ter chegado à Presidência da República, como demonstra AMB 2:

> Como é que você se relaciona de forma autônoma com partidos políticos nesse contexto? [...] *Porque como tudo gira em torno do governo, as relações com os partidos também...* porque quando o PT não estava no governo, o partido reverberava as proposições, lutava no Congresso pelo aborto, ou mesmo quando ainda não estava no Congresso, defendia em seus congressos a legalização do aborto. Agora no governo... [...] Na relação entre os movimentos sociais e o partido, no meio tem o poder, os governos, os parlamentos... [...] Você vai discutir aborto, ninguém quer mais. Discutir as questões da militância, não tem mais essa discussão nos partidos, discutir questões que se resolvam na militância, não só na construção de uma política pública. Eu acho que o diálogo dos movimentos sociais com os partidos hoje se resumem a um debate sobre políticas públicas (destaques nossos).

AMB 2 também avalia que outros partidos de esquerda, para além do PT, não vêm correspondendo ao papel político de um partido revolucionário, o que dificulta a articulação política dos mesmos com movimentos sociais:

> [...] Os partidos que também não estão no poder também não estão discutindo com os movimentos. O PSOL, o PSTU, que são partidos de esquerda, também só estão olhando para o governo [...]. Você tem dois tipos de relação. Uma relação dos movimentos com os partidos que estão no governo que é uma relação ora conflituada, ora de cooperação. E alguns movimentos estão completamente beneficiados pelos partidos, [...] movimentos que tão ligados, por exemplo, a uma tendência dentro do partido, eles estão executando políticas públicas e ganhando força diante dos outros movimentos porque eles têm poder, porque como estão no partido, eles têm um ministério e num sei que lá... [...] fatiamento de recursos por tendência partidária.

A centralização da política para o âmbito eleitoral ou governamental, mesmo por parte do lado da oposição, não vem permitindo a construção de um projeto comum entre os diferentes sujeitos políticos em torno de um projeto societário, ou melhor, não tem permitido, nos termos gramscianos, ir além da "pequena política" para construção da "grande política".[27]

A relação entre os movimentos feministas também é atravessada pela questão partidária/governamental. Segundo AMB 3, essa relação é "bem complexa". Explica-nos AMB 3:

> Há muita identidade de propostas, mas, tem muita divergência de método de trabalho e de relação com o governo e de relação com o partido. Eu acho que as divergências principais se centram na relação com o governo/partidos e no método de organização, de elaboração. [...] Embora, na proposta da previdência não teve recuos nos movimentos de mulheres, mesmo nos vinculados ao partido. Mesmo a Marcha Mundial, que é muito vinculada ao Partido dos Trabalhadores, não recuou na proposta de previdência universal, agora, também, não levou muita gente para a mobilização...rs Mas, não houve recuo no sentido de retirar o nome, de não está participando, isso não aconteceu. A força daquela mobilização de mulheres, colocando a questão do trabalho, exigiu. Por exemplo, as mulheres da CUT ficaram numa situação muito difícil, porque a CUT estava com a posição oficial do governo, mas elas fizeram relação, mediaram. [...] As próprias mulheres da Contag também

27. Para Gramsci (2000b, p. 21), a "pequena política" (política do dia a dia, política parlamentar, de corredor, de intrigas): "compreende as questões parciais e cotidianas que se apresentam no interior de uma estrutura já estabelecida em decorrência de lutas pela predominância entre as diversas frações de uma mesma classe política". Expressa os processos políticos que legitimam e perpetuam a divisão de classes e de poder político.

A "grande" política se materializa por meio da conquista progressiva de uma unidade político-ideológica das classes subalternas, alargando e articulando seus interesses e necessidades na busca da superação dos seus limites corporativos. Esse é o processo e o momento que Gramsci denomina de "catarse", isto é, "[...] a passagem do momento meramente econômico (ou egoístico-passional) ao momento ético-político, isto é, a elaboração superior da estrutura em superestrutura na consciência dos homens" (Gramsci, 2001, p. 53).

fizeram relação, mediaram relações, mas os movimentos autônomos, mesmo vinculados ao partido, não recuaram.

É importante perceber que a política institucional, em especial a partidária, na atual correlação de força, fortemente marcada pelo discurso da governabilidade, tem dificultado a construção coletiva de um projeto societário verdadeiramente comprometido com transformações estruturais na sociedade. Isso tem provocado, segundo AMB 7, uma dificuldade na política de unidade entre a AMB e a MMM, devido à influência petista na Marcha, que faz com que esse Movimento encontre mais dificuldades em compor ações de enfrentamento ao governo. Para AMB 7, no que diz respeito à relação entre AMB, MMM e partido:

> A gente tem mais autonomia mesmo, a AMB é uma organização autônoma de partidos, de tudo. O que eu acho que é ruim na Marcha, porque como tá filiada a uma linha de pensamento [...] tão amarrada nessa coisa e isso tem dificultado a unidade. Qual a impressão que a gente tem? Por exemplo, na luta do aborto, claro, a Marcha não saiu, mas também não pega o miudinho, pega assim o geralzão, pega o grande emblema dentro da Frente Nacional, mas o miúdo do enfrentamento, que aí, realmente, é sentar com os gestores, ministério da saúde, é fazer toda essa confusão pelo código penal, aí não vai fazer porque aí coloca uma ação direta já contra o governo, né? [...]

Em relação à percepção das entrevistadas da Marcha Mundial de Mulheres, apenas uma das entrevistadas demonstrou preocupação com a influência partidária dentro da organização. Quando perguntamos sobre a composição da MMM, ela nos respondeu:

> É uma composição e não é (risos), porque é a CUT, o CF8, a SOF, que, na prática, todas são DS, que é uma corrente política do PT. [...] É ruim para quem é da Marcha e não é dessa corrente política porque o espaço real para você discutir os rumos da política da Marcha, você acaba indo para esses espaços que reproduz a política de uma corrente

> que não necessariamente é a sua. [...] Desgasta, você fica indo para os espaços nacionais, você fica participando, mas você tem a sua voz até certo ponto porque a direção nacional é muito hegemonizada pela DS. [...] Têm pessoas que não são da DS, têm pessoas que sequer são do PT [...] Tem uma companheira da Direção Nacional que não é da DS [...] para dar uma legitimidade. É ela e a Contag que estão lá e não são da DS [...]. Um desafio para Marcha é pensar como ela se amplia, tem dificuldade de algumas pessoas virem porque tem essa leitura de que só adianta você está na Marcha se você for da DS, porque aí de fato você terá condições de disputar a política que ela vai tocar [...] (MMM 5).

Há, de fato, uma forte influência do PT na política da Marcha Mundial de Mulheres, especialmente da tendência Democracia Socialista (DS) que compõe esse partido. A composição de mulheres petistas na MMM é também reconhecida por MMM 6: "Uma parte significativa da Marcha é filiada ao PT, ela tem identidade, se não é filiada, tem identidade, mas, tem uma outra parte que não. [...] Tem também do PSOL, PCB em alguns lugares. PSTU não. [...] Tem muita gente autônoma". Também é importante a ressalva de que há na Marcha não apenas militantes de outros partidos, mas também, mulheres autônomas. Todavia, MMM 6 destaca a questão da identidade hegemônica com a política do PT mesmo por parte das mulheres que não são filiadas a esse partido.

Em todas as entrevistas que fizemos com as militantes da MMM, percebemos um forte destaque na preocupação em se estabelecer de forma orgânica uma relação com os movimentos sociais mistos. Em poucas palavras, MMM 6 explicita isso: "Uma característica da Marcha que eu acho que contribui com a classe trabalhadora, na luta pelo socialismo, é a aliança com os outros movimentos sociais, não titubeia quando tá junto nas ações que são ditas como gerais, da classe". A MMM prioriza a relação com outros movimentos sociais e sindicais como uma tática para inserir a perspectiva feminista na luta da classe trabalhadora, como para inserir a dimensão de classe na sua agenda. Nas palavras de MMM 2:

> Nós que somos da Marcha [...] a gente tem uma ideia interessante que é a de contaminar as agendas. O que é que significa contaminar as agendas? Nós queremos contaminar as agendas dos movimentos sociais na luta de classe com a luta das mulheres e nós temos que contaminar a nossa agenda do ponto de vista de classe. [...] Quando nós estamos discutindo a *auto-organização* das mulheres, nós estamos dizendo que esse sistema não serve porque ele contribui para a opressão das mulheres, ele contribui para a divisão sexual do trabalho e nós queremos que os movimentos de classe também percebam isso e contaminem a agenda deles com a luta das mulheres. E aí a gente dizia assim: "olha, se vocês contribuem com a gente com a nossa luta de combate à violência, pela legalização do aborto, a gente fica com mais tempo para fazer luta geral" [...]. Nós que fazemos a Marcha temos contribuído muito com essa ideia da transformação por inteiro.

Consideramos de significativa relevância essa preocupação da MMM em contaminar as agendas dos movimentos sociais e compor o fortalecimento de um campo de luta da classe trabalhadora, preocupação também fortemente presente no MMC, como veremos logo adiante. Essa relevância está em contribuir para o enfrentamento do machismo no interior das organizações de esquerda que, infelizmente, ainda reproduzem valores e práticas conservadoras, além de demonstrar na práxis política a percepção de que a revolução não será feita apenas pelo feminismo isoladamente. Em outras palavras, a aliança da MMM com outras organizações políticas demonstra uma nítida filiação a um projeto societário classista, mesmo que, em alguns momentos, essa aliança exija o "pagamento de um preço", ou seja, de recuar em determinadas bandeiras, como a do aborto, em nome da manutenção dessa aliança.

Falquet, ao retratar a experiência das mulheres zapatistas, mostra-nos que essa interferência feminista nos movimentos sociais não é só necessária mas, também, comprovadamente possível:

> [...] dentro dos movimentos sociais [...] é possível colocar publicamente em questão as relações sociais de sexos, não só condenando "o

> machismo" de maneira abstrata e vaga, mas agindo na sua expressão concreta: as estruturas familiares realmente existentes sobre as quais o movimento se constrói (2006, p. 219).

Para alcançar essa interferência feminista no interior dos movimentos sociais em prol da efetivação a partir do presente de um projeto societário substantivamente igualitário e libertário, é importante interrogar:

> O que dizer da *divisão sexual do trabalho* reproduzida dentro dos movimentos? Quais são os *tipos de famílias* nas quais esses movimentos se apoiam para se construírem e quais modelos de família estruturam seu projeto de sociedade? E para os movimentos que explicitamente fazem a defesa ou a promoção de uma ou outra cultura (questão acalorada no contexto da globalização neoliberal), pode-se perguntar: Em que medida esta cultura é favorável às mulheres? Estas três questões são centrais, pois a divisão sexual do trabalho, o modelo de família e a "cultura", estreitamente entrelaçadas, estão entre os principais pilares do sistema patriarcal de opressão (Falquet, 2006, p. 214).

As respostas a essas três questões, se forem favoráveis às mulheres e levarem em consideração "a diversidade da posição de classe e de 'raça' (nacionalidade, cultura, situação migratória) — é uma maneira de avançar na trilha da elaboração, não somente da teoria crítica [...], mas também de uma alternativa política à globalização neoliberal [...]" (Falquet, 2009, p. 223).

Os principais movimentos sociais mistos com os quais a Marcha estrategicamente estabelece relação, são, segundo MMM 3: "a Via Campesina em nível internacional [...] e os vários movimentos que estão dentro da Via. [...] Os Amigos da Terra, nessa coisa de discutir a agroecologia [...]. Além desses, a MMM participa da Assembleia Popular, da Central de Movimentos Sociais (CMS) e da ALBA".

No que diz respeito aos outros movimentos feministas, as entrevistadas da MMM ressaltaram que estão se relacionando mais por meio da Frente nacional contra a criminalização de mulheres e pela Legalização do Aborto, na qual os movimentos feministas têm construído uma maior unidade.

Ao ser interrogada sobre a relação com outros movimentos feministas, a MMM 1 responde:

> Onde a gente tem exercitado mais isso é na frente pela legalização do aborto. [...] Na Conferência a gente consegue se juntar com a AMB, com outras... [...]. A AMB tem mais mecanismos de diálogo com o governo do que com a gente [...] a AMB não faz mobilização nacional, nisso a Marcha faz mais, encontro de mulher sobre soberania alimentar, campanha energética, uma marcha de 10 dias, em algo para interpelar o governo, faltou aí, porque faltou gente para negociar, faltou gente... [...] A AMB pode até fazer mais coisa do que a gente, mas ela não circula nesse espaço de governo, do governo que eu digo assim, do PT, movimento social, porque a CMS é nós que estamos, as coisas com o MST, é nós que estamos. Quem tava lá no seminário do Código Florestal com o MST? Nós. As coisas que nos dá visibilidade são as coisas gerais que nós estamos. Não são as atividades especificamente de mulheres. Aí a Marcha tem mais visibilidade. [...] Nesse governo, como nós temos muita gente nossa, ou que é do PT ou que já foi do PT ou que se relaciona com [...] o PT, eles conhecem muito mais a gente [...]

Percebemos em vários depoimentos por parte das mulheres da MMM uma crítica à forma de atuação da AMB no que diz respeito ao monitoramento das políticas públicas, em especial, em relação ao *lobby* parlamentar, como demonstra MMM 1:

> As meninas da AMB, da Rede de Saúde, têm [...] interlocuções que elas fazem com relações dentro do ministério, com muito *lobby*, mas não com essa coisa do reconhecimento social. [...] O Cefemea, que é uma das principais organizações da AMB, tá o tempo todo lá, passando de gabinete em gabinete, indo de ministério em ministério [...] coisa que nós não fazemos, nesse sentido nosso reconhecimento não vem do *lobby* [...]. A Marcha não faz isso, pode até ser um limite nosso, deveríamos

> fazer mais, mas a gente não faz isso, então eu não consigo achar que tem valor [...] mas o *lobby* funciona viu? [...] Eu acho que nós que éramos mais militantes, a gente achava que as coisas funcionavam nessa coisa da representação da correlação de força. [...] Essa coisa de *lobby* via relações pessoais a gente se recusa a fazer isso [...].

Assim, por ter muitas militantes da Marcha que estão no governo, são do PT ou possuírem referência nesse partido, conseguem ser mais conhecidas e, portanto, terem mais visibilidade e influência nesse campo governamental. A relação da MMM com o governo, portanto, é, também, mediada por essa relação partidária.

Sobre a crítica de militantes da MMM à AMB em relação à priorização da política de *lobby*, responde AMB 7:

> Isso foi uma fase da AMB realmente, quando voltou do processo de Beijing, de conferência da ONU. Mas, a grande vantagem da AMB, o grande mérito e eu acho que é por isso que eu estou nela, é porque tem esse processo de se auto-organizar e de se refletir enquanto uma articulação feminista no contexto brasileiro, e isso é um desafio. [...] Agora nos últimos períodos a AMB tem se refletido muito sobre isso, tem consolidado seu processo de auto-organização, de pensar seus pilares teóricos e da prática, onde a gente se filia. [...] A gente não está mais nesse lugar de fazer *lobby*, a gente faz *advocacy*, mas faz mesmo. Podem até nos chamar de reformistas, mas a gente é reformista mesmo, porque é uma luta cotidiana, diária [...] Há um socialismo niilista [...]. Como é que é vou esperar uma revolução para resolver? [...] É uma crítica que não cabe mais. A AMB faz isso mesmo, mas não faz só isso [...].

O monitoramento e defesa de políticas públicas e direitos para as mulheres no parlamento, portanto, faz parte da política interventiva da AMB, mas essa organização não se limita mais a essa forma de fazer política, como já ressaltamos no item 3.2.2. Algumas militantes da MMM, inclusive, reconhecem essa mudança no perfil político da AMB, a despeito do estigma ainda presente sobre suas militantes. O reforço a esse estigma de associar a AMB apenas à política lobbysta está relacionada com uma concepção difundida historicamente por algumas militantes da MMM de que as ativistas da AMB compõem um campo do feminismo institucionalizado, daí chamarem as ativistas deste Movimento de "institucionalizadas", enquanto as da MMM se identificam como "militantes", o que foi dividindo a atuação entre essas organizações. Sobre esse histórico das diferenças entre AMB e MMM, fala-nos MMM 1:

> Antes o feminismo tinha uma ideia de não explicitar muito as diferenças publicamente [...] não fazia o debate de projeto, né? Nós explicitamos essa diferença [...] nós temos diferença e é importante que essa diferença seja explicitada até pra depois se constituir alianças, mas, nesse momento é importante explicitar que as diferenças existem [...] as pessoas não entendiam [...] quase toda atividade a gente tinha que explicar o histórico do feminismo, porque que tinha diferença, porque que tinha a Marcha e a AMB naquele momento, era as duas que apareciam, não tinha só a Marcha e a AMB, mas era o que aparecia mais [...] Era a Marcha e a AMB, ou *as institucionalizadas*, como a gente chamava, né?

Em que pese o tensionamento entre a MMM e a AMB, vem ocorrendo algumas tentativas de unidade, mais em torno na luta pela legalização do aborto e contra a violência à mulher, ainda que exista diferença no método, segundo MMM 2:

> Na pauta do aborto a gente tá unificada, é claro que a gente tem unidade na pauta [...] agora, tem setores da AMB que é mais avançado do que outros setores. Na própria pauta do aborto elas têm divergência entre elas na estratégia. [...] Qual é a nossa divergência com uma parte das feministas da AMB, é que elas querem trabalhar a questão do aborto mais na negociação com o governo e nós dizemos que não dá para discutir sem a sociedade ter opinião. [...] Nós achamos que se as mulheres que fazem aborto não se transformarem em sujeito político dessa bandeira nós nunca vamos conseguir lograr, ter uma vitória. [...] A pauta da violência não tem como não ter unidade, por mais que tenha alguma divergência da estratégia, por exemplo, [...] nós temos uma lógica que

> a Lei Maria da Penha é importante, mas só ela não resolve. A gente prioriza trabalhar mais a coisa de ter uma sociedade sem violência e [...] elas [...] têm um trabalho mais focado nessa coisa da Lei Maria da Penha, nessa coisa da [...] que a gente também faz, acho importante propagar a Lei Maria da Penha, mas se a gente não trabalha nossos valores [...] não vai ter prisão que caiba tanto homem [...].

Uma avaliação importante de MMM 7 é de que tem crescido a unidade entre as feministas devido ao fortalecimento do conservadorismo na sociedade brasileira. Nas palavras de MMM 7: "A reorganização do conservadorismo [...] provocou uma recomposição e a retomada de uma aliança entre as feministas. Um exemplo disso [...] é a Frente Nacional pela legalização do aborto e em defesa da vida das mulheres".

Assim como a MMM, o MMC busca se constituir como um movimento que influencie outros, fundamentalmente, os vinculados à Via Campesina, da qual faz parte:

> Um dos objetivos do MMC é ser uma ponte entre o movimento autônomo de mulheres e os demais movimentos mistos... [...], dos demais movimentos que se juntam mais para uma luta mais classista, como é o caso do Movimento Sem Terra, como é o caso do MPA, do MAB... Então um dos nossos objetivos é também não ficar só no MMC, mas ter influência com as mulheres dos outros. E hoje se coloca um objetivo muito grande é a questão de nós ser [*sic*] um força de organização que consiga se articular e contribuir também com as mulheres urbanas (MMC 1).

Essa articulação ou mesmo aliança do MMC com outros Movimentos possui um direcionamento, como nos explica MMC 2:

> Nós nos guiamos por princípios que definem com quem nós nos relacionamos, com quem nos articulamos, com quem fazemos parceria. O MMC é um movimento que, centralmente, se articula em âmbito mais geral, com a Via Campesina porque tem como perspectiva a luta dos

> mais de 500 anos de exploração e aí que entra a questão das mulheres, dos negros, dos povos indígenas e junto a isso a questão contra o capitalismo. O movimento de mulheres se articula com todos que fazem luta nessa perspectiva [...] onde tiver luta em defesa da igualdade, da liberdade das mulheres, em defesa da vida, contra o capitalismo, o movimento estará aliado [...] Isso não nos impede de fazer alianças mais táticas, mais pontuais, de conjuntura, em defesa de um direito, de uma política pública.

No que diz respeito à relação do MMC com os demais movimentos feministas, MMC 4 nos fala:

> [...] há alguns anos a gente tem discutido essa questão do 8 de março, que é mais forte com as mulheres urbanas [...] com diferentes sindicatos, as mulheres da construção civil que é uma coisa nova, o Movimento das trabalhadoras urbanas [...] alguns seminários pra gente ir criando esse debate da luta, da questão do feminismo juntas.

Outro espaço destacado de articulação do MMC com outros movimentos feministas foi o do Fórum Itinerante Paralelo das Mulheres em Defesa da Seguridade Social (FIPS), todavia, para MMC 1, há ausência de articulação do debate feminista entre os movimentos sociais que integram o Fórum:

> Nós temos uma articulação importante, que chamamos Fórum Itinerante, o FIPS. Ali é um espaço onde conseguimos juntar... tem a AMB, tem a Marcha Mundial de Mulheres, tem as diversas associações de donas de casa [...] Tem também a Federação das trabalhadoras domésticas, tem das mulheres negras, tem a Associação das lésbicas, enfim, tem diversos Movimentos. Ali é um espaço que a gente se articula em torno da seguridade social e não em torno do feminismo, da luta de classe. Entra o debate da luta de classe através do debate do não direito, da exclusão das mulheres, das mulheres serem as mais pobres, então, entra a questão de classe por aí, nesse viés, mas não entra como um debate feminista (MMC 1).

Essa carência de debate feminista entre os movimentos de mulheres foi também ressaltada por entrevistadas da AMB e da MMM, como sendo um desafio do feminismo brasileiro, como veremos no item a seguir.

No que diz respeito à relação partidária, o MMC possui maior referência na Consulta Popular, ainda que não seja oficializada formalmente como partido. A Consulta Popular possui forte vínculo com a Via Campesina. Na verdade, ela surgiu da articulação de diversos(as) dirigentes dos movimentos sociais que compõem a Via Campesina, a qual o MMC integra.

De maneira geral, a AMB, a MMM e o MMC têm conseguido criar um vínculo de unidade por meio do FIPS, da luta contra à violência e da Frente Nacional pelo Fim da Criminalização das Mulheres e pela Legalização do Aborto, ainda que resguardadas as diferenças entre esses Movimentos. Entre a AMB e a MMM há outra participação comum: A Marcha das Margaridas, a qual, como vimos anteriormente, o MMC não integra.

Os desafios são gigantescos e somar forças é uma necessidade premente para superá-los, especialmente no que diz respeito à capacidade de mobilização e construção de lutas nacionais. Por isso, cremos que o fortalecimento da construção de unidades para fora e para dentro do feminismo é um importante desafio na atualidade, como veremos a seguir.

3.5.2 Conquistas, dificuldades, limites e desafios

As principais conquistas do feminismo ressaltadas pelas mulheres entrevistadas foram: a consciência feminista; a construção e a atuação das mulheres como sujeitos políticos; o avanço em alguns marcos legais, com destaque para a Lei Maria da Penha; o aumento do salário mínimo.

Dentre essas conquistas, chama-nos atenção a relevância dada ao processo de constituição da mulher como sujeito, ou seja, muitos depoimentos vieram no sentido de perceber a importância da transformação das mulheres, na superação da submissão. Essa conquista foi a mais valorizada pelas militantes entrevistadas. Isso nos leva a avaliar que o feminismo não tem se limitado a pauta econômica, ou seja, restrita às necessidades de sobrevivência, mas tem entendido que o despertar pela luta por liberdade é a maior conquista. Nesse sentido, nos responde MMC 1 sobre as principais conquistas das mulheres do MMC:

> Muitas vão dizer o salário-maternidade, a aposentadoria [...] que foi [*sic*] importante, que dá uma segurança. Mas eu acho que essas conquistas do sair de casa, de ampliar horizontes, de ver as filhas das mulheres se organizarem numa outra lógica, numa outra dimensão, são as maiores conquistas que estão colocadas.

Nesse mesmo sentido, em um forte depoimento, ressalta MMC 2 a importância da autodeterminação das mulheres como sujeitos da sua história:

> Na trajetória toda, do Movimento de Mulheres Camponesas o que mais me marca e o que mais me dá alegria é perceber que é possível na luta, na coletividade construir-se como sujeito da sua própria história e nesse processo, [...] forjar novas formas de relações. [...] Eu te digo como alguém que tem acompanhado por quase vinte anos essa trajetória. É muito diferente você ir na casa de uma companheira do movimento e você ir na casa de uma outra mulher camponesa, é muito diferente. [...] Você vê nas relações, você vê como muda a dinâmica, a vida [...]. Então essa é a grande questão do Movimento de Mulheres. O Movimento é a libertação. [...] *Se as mulheres assumirem o movimento de mulheres, elas mudam, a gente muda, a vida muda.* E a gente acredita que a gente mudando é possível mudar o mundo, porque muda a família, muda as relações na comunidade, mas muda porque as mulheres começam a ser mais críticas, estabelece-se o conflito [...]. *A grandeza da trajetória do*

> *movimento é que você enxerga o preço da libertação da mulher* [...] Quando você tá num trabalho, elas começam a dizer: "*O Movimento é a minha vida, o movimento é a minha escola. Foi aqui que eu despertei pra vida, foi aqui que aprendi que eu tinha direito de usar um batom, de expressar minha opinião, de sair de casa*" (destaques nossos).

Como dificuldades para o feminismo, nossas entrevistadas destacaram: a divisão sexual do trabalho; a autossustentabilidade, tanto no que diz respeito à autonomia como para se conseguir fazer luta de caráter nacional; necessidade de organicidade associada à capacidade de ampliação das lutas nacionais; o crescimento do conservadorismo fundamentalista; fragilidade no debate e na produção teórica feministas relacionada ao processo de descomprometimento social da Universidade; necessidade de construção de mais unidades nas lutas entre os movimentos feministas, considerando a união campo-cidade; necessidade do fortalecimento da pauta feminista em torno do tripé sexo-"raça"- classe.

A divisão sexual do trabalho foi apontada como um desafio pela dificuldade que impõe às mulheres para se organizarem e se mobilizarem, ou seja, elas "têm que trabalhar, não tem creche para deixar as crianças, tem que cuidar da pessoa idosa, de casa [...] Para nós, mulheres, sairmos de casa para estar nas ruas nos mobilizando é muito difícil, porque nós temos que enfrentar muitas coisas dentro da própria família para poder se organizar" (AMB 5).

A questão financeira e a necessidade da autossustentabilidade e autonomia foram destacadas em praticamente todas as entrevistas. Desafio que impacta diretamente na capacidade de construção de lutas nacionais neste país de dimensões continentais, como nos fala AMB 3:

> Um desafio é de como organizar lutas nacionais. A gente vive num país de dimensão continental, o movimento da AMB é um movimento com pouquíssimo recurso [...] então é muito complicado fazer uma luta nacional [...]. Porque um processo de luta ele exige ação nacional, mobilização nos estados, mas nacionalmente articulada. [...] a gente não

> tem pessoas liberadas para a AMB. [...] O que a gente pode chamar de uma luta nacional que a AMB fez? Que é uma luta que teve elaboração, que é uma luta que teve processo de mobilização nos estados, que tem processo de mobilização nacional, que incide, que consegue... é a luta da violência. [...] Se você pegar as lutas no campo da justiça socioambiental, embora tenham força nacional, elas são conflitos localizados. Se você pegar a luta do aborto, ela é um processo de articulação, mas ela não pode ser descrita como um processo de luta nacional [...].

Articulado a essa dificuldade financeira e seus desdobramentos, encontram-se os desafios para a construção da organicidade nos Movimentos, como destaca MMM 2:

> [...] Nós nos propomos a ser um movimento de massa, então uma das nossas tarefas é *ampliar a nossa base social* para inclusive, o tema do aborto ser pautado com a seriedade que merece. [...] Pra que nós seja [*sic*] um movimento feminista e anticapitalista a gente tem que se constituir, tem que se propor a ser um movimento de massa, essa é uma tarefa. Uma outra perseguição é a nossa *organicidade*, a gente tem essa tarefa, tá pautado na Marcha a gente avançar na nossa organicidade, o que também tem a ver com a questão de recurso [...]. Pra gente ter organicidade, a gente precisa ter mais reuniões, mais informação...manter as pessoas o tempo todo em movimento e isso tem a ver com a nossa capacidade de autofinanciamento [...]. Nós estamos procurando um jeito de ter mais organicidade sem ser vertical, de forma mais democrática. Esse é um outro desafio. *No Movimento Feminista mais geral eu acho que a gente teria que ser mais ousado* (risos) [...] pode ousar mais.

Além da fragilidade financeira, há a dificuldade de manter ou de dar desdobramentos às ações realizadas entre os movimentos de mulheres, tanto pela dificuldade em definir prioridades como de dar prosseguimento às mobilizações realizadas para o 8 de março, por exemplo, o que acaba sendo o momento de maior visibilidade da luta feminista, mas há a dificuldade de manter em foco essa luta no decorrer do ano, como nos diz MMM 1:

> O Movimento de Mulheres no Brasil tem uma grande *dificuldade de definir prioridade*, então assim, tudo é prioridade ao mesmo tempo e, com isso, não organiza grandes mobilizações. [...] Tanto quando você pensa no conjunto quanto dentro de cada movimento. [...] *Não consegue definir um programa de ação, de campanha e tal*. Então a gente faz um 8 de março enorme, o país inteiro se mobiliza e morre no 8 de março. [...] Não organiza a ação do ano [...] não tem desdobramento (destaques nossos).

A ausência da definição de um programa feminista impede a superação da fragmentação do feminismo, ou seja, da sua subdivisão em intervenções políticas temáticas, o que impacta diretamente na auto-organização das mulheres por se tornar difusa e não possuir uma referência de totalidade. Nesse sentido, explica-nos AMB 4:

> Hoje eu acho que a gente tem um grande desafio, que é da auto-organização das mulheres, da construção do movimento feminista e da formação política. Eu acho que no feminismo a gente ainda tem uma certa militância muito temática, cada uma pega uma questão. Uma tá na violência, outra tá... e eu sinto falta de que tudo isso se conecte na visão de um sistema, de opressão, de dominação, quer dizer, numa visão de totalidade.

Outro grande desafio apontado foi o crescimento do fundamentalismo religioso que tem aumentado enormemente o conservadorismo na sociedade, com ameaças constantes aos direitos sexuais e reprodutivos já alcançados e dificultado a conquista de novos e necessários direitos, com destaque para a legalização do aborto. Como nos diz AMB 1, os desafios estão, inclusive, nas possibilidades de retrocessos: "principalmente na questão dos direitos sexuais e reprodutivos. A questão do aumento, não só dentro dos Congressos, e não só no Brasil, mas na América Latina, do conservadorismo. [...] a sociedade ficando cada vez mais religiosa e conservadora".

É importante ressaltar que esse fundamentalismo religioso fere a laicidade do Estado e o princípio da democracia e tem exigido um enorme esforço das militantes feministas para não haver recuos nos direitos já conquistados, como nos explica AMB 5:

> A medida que a gente teve muito avanço, a gente teve muito retrocesso. Um fundamentalismo religioso imenso, que vem crescendo exageradamente. As igrejas evangélicas, as passeatas e caminhadas pela vida [contra a legalização do aborto]... [...]. É um desafio a questão da nossa estrutura político-governamental, quando você tem bancada ruralista, quando você bancada evangélica, quando você tem frente parlamentar pela vida dentro do Congresso. É um desafio enorme para a garantia dos direitos. [...] Dentro do parlamento tem as comissões, a gente tem que está toda semana presente [...] para tentar impedir o retrocesso de direitos, não é nem para que haja avanços...

Em relação à fragilidade no debate e na produção teórica feministas relacionada ao descomprometimento social da Universidade, identificamos algumas determinações: 1. A influência do pós-modernismo; 2. Pouca formulação teórica feminista do Brasil; 3. Dificuldade da confrontação de ideias entre os movimentos feministas ou mesmo a ausência da crítica politizada e democrática; 4. Fragilidade de formação política; 5. A despolitização da Universidade (ou politização à direita) e sua refuncionalização no tempo presente. Sintetizando alguns desses pontos, fala-nos MMM 1:

> O movimento hoje tem muitas debilidades organizativas, ainda não se explicitou o que é que é o significado dessa influência, que não aparece explicitamente, do pós-modernismo [...] que é essa marcação pelas *identidades* e que muitas vezes a gente não consegue fazer o debate político mais geral [...] Um dos *limites do movimento feminista no Brasil* é que nós temos muito pouco debate político [...] e tem a ver com esse movimento fragmentado e também porque a gente é muito ativista, eu não sei [...] são debates sistemáticos muito vinculados à vida da Cooperação, não tem assim, um enfrentamento no debate teórico maior [...] É um movimento que a pauta se institucionalizou muito rápido, é um debate muito feito em relação às políticas públicas e menos nesse debate mais geral, né? Então a gente tem *pouco espaço de formulação e de confrontação das ideias*, isso é um problema do feminismo brasileiro. E com isso, a gente não tá enfrentando o que significa realmente o feminismo e as mulheres negras, ou mesmo em alguns aspectos em

> relação às lésbicas. Por exemplo, o movimento de mulheres no Brasil sempre teve limites e dificuldades em trabalhar o tema da sexualidade [...] quase que sexualidade virou sinônimo de lésbica, mas, em geral, as lésbicas também não fazem o debate da sexualidade, faz muito mais o debate da identidade, a visibilidade, como é que lida com a família [...] e menos o debate mesmo com a sexualidade. No caso das mulheres negras é muito mais complexo porque a gente tem, no nosso caso, inclusive, da Marcha e no campo do PT também, a gente não tem muita elaboração que junta marxismo, feminismo e antirracismo, então a gente tem poucos instrumentais teóricos para pensar isso. O racismo existe, o racismo faz diferenças [...] mas falta mais debate.

Reforçando alguns dos pontos destacados por MMM 1 e complementando em relação ao descomprometimento social da Universidade, ressalta AMB 2 sobre os desafios do feminismo brasileiro na atualidade:

> No Brasil não tem tradição do conflito entre os pares [...] *falta debate teórico feminista,* dentro do feminismo e dentro da academia. A *academia brasileira* [...] *é muito temática das agendas das políticas públicas* [...], então, tá trabalhando mulher e violência, saúde da mulher, o aborto [...] para responder aquele problema ali. Mas, cadê a produção do feminismo na academia brasileira? [...] Muita tradução, mas muito pouco produção própria. [...] para você enfrentar um debate teórico político aqui no Brasil, tem que pensar a nossa realidade e tem que expor o que eu construo como pensamento para confrontar com o seu. [...] Um desafio enorme é no campo da produção de ideias, ideias teóricas, ideias políticas, metodologias [...] falta uma produção que possa dar sustentação a um projeto emancipatório [...]. Falta uma capacidade maior de diálogo entre as correntes feministas no Brasil, de verdade. Um diálogo aonde se exponham as diferenças, as controvérsias [...] inclusive para que as críticas possam ser feitas construtivamente e publicamente. Construtivamente no sentido que façam avançar a práxis e de forma politizada, não com artimanhas, golpes, porque isso fragiliza imensamente o feminismo, porque cria fronteiras e animosidade de coisas que inclusive prejudica a renovação da militância [...]. *Quando não existe esse diálogo democrático conflituoso nenhum dos lados avança* [...] *qualquer processo só avança com crítica* [...].

> *A academia suga muito o movimento para produzir seu conhecimento e não retorna nem se engaja. Então o movimento é só fonte* [...] Esse é um outro *problema do feminismo, é o desengajamento* daquelas que se dizem feministas ou pelo menos, as das teorias de gênero [...]. Entre o volume que se produz e as que são engajadas, há uma desproporção. [...] A universidade brasileira hoje [...] não é um lugar de sustentação para o crescimento de nenhum movimento, de nenhuma radicalidade, de nenhuma contraposição em termos de oposição de governo, de grupos. [...] A falta de formação política de militância é um outro problema para o feminismo brasileiro (destaques nossos).

Associada à crítica da despolitização da Universidade, AMB 2 avalia o conceito de gênero e o processo de desengajamento com os movimentos sociais:

> Gênero [...] foi muito capturado para dar sustentação a "mediocritização" dos estudos no campo do feminismo e no campo das análises sociológicas. E do ponto de vista político foi instrumentalizado pelas grandes agências por uma perspectiva funcionalista de gênero. [...] Foi uma festa para a perspectiva liberal, para a perspectiva funcionalista dos projetos de desenvolvimento, né? Pra isso você precisa de um ambiente que seja fácil se entranhar isso. Com a despolitização da universidade [...], de uma neoliberalização da universidade, onde o que interessa são as carreiras solos, a produtividade. Um desengajamento absoluto com os movimentos de resistências, com os movimentos sociais. Então, todo mundo foi fazer seu projeto. Facilitou a vida de muita gente que foi fazer seus mestrados e doutorados porque pegou aquela categoria... [...] Foi um campo fértil para essa categoria perder qualquer consistência e se tornar um instrumento banal [...] uma simplificação das relações sociais de gênero ou das relações sociais de sexo, uma despolitização absoluta dos processos políticos e o que serviu enormemente também para esconder [...] exploração, dominação, conflito, patriarcado [...].

Por fim, o último dos principais desafios que identificamos na nossa pesquisa é a construção de unidade entre os movimentos feministas. Nesse sentido, ressalta AMB 4:

> A construção de alianças e unidade é um desafio sempre. [...] Nas grandes lutas a gente tem conseguido construir, como na luta pela legalização do aborto [...] É claro que tem divergências, discordâncias, mas [...] a gente tem construído alianças. O contexto atual dificulta, o fato da gente ter uma presidenta mulher, o fato do PT estar no governo com uma política de alianças... é claro que isso traz implicações para muitos setores do Movimento que estão vinculados ao próprio governo. E isso dá origem a estratégias diferentes e a enfrentamentos diferenciados. [...] Eu acho que construir alianças dentro do feminismo para fazer grandes enfrentamentos é algo necessário. Para a AMB, isso é uma estratégia fundamental [...], mas nem sempre se constrói unidade [...].

Esse depoimento retoma a discussão da interferência partidária e governamental como uma determinação que dificulta a construção da unidade nas lutas, especialmente, quando se trata de lutas que possam ganhar alguma característica de oposição ou de confrontação ao governo. Esse tem sido um dilema político entre os movimentos sociais e sindicais no Brasil, ou seja, não se restringe ao campo feminista.

Outra questão que dificulta a construção de unidade são as disputas e os sectarismos, segundo MMC 7:

> A minha maior dor com o feminismo é que há muitas disputas, no sentido de que "eu sou melhor", "sou mais feminista, aquela não é". Como que a gente consegue construir uma certa unidade? Umas são mais sectárias do que as outras. [...] Para mim, o maior limite do feminismo é que nós não conseguimos nos juntar [...] O desafio é que nós teja [*sic*] organizada independente de onde a gente tiver, que a gente consiga fazer organização popular e luta, esse é o desafio central.

Outro desafio destacado por MMM 7 é a superação da ideologia de um "triunfalismo", associado à despolitização ou mesmo à inexistência de um programa feminista dentro dos partidos de esquerda. Explica-nos MMM 7:

> Como agora temos no Brasil uma presidenta mulher, existe um certo triunfalismo em relação a isso e um rebaixamento muito grande da

> pauta, como se o grande foco fosse as mulheres chegarem ao poder [...]. Vai se perdendo a dimensão do sujeito coletivo, é como se a gente já tivesse alcançado tudo. [...] o fato do mercado ter incluído algumas mulheres em cargos de chefia, rola um triunfalismo de que as mulheres estão chegando aos espaços e não leva em conta a grande quantidade de mulheres precarizadas, terceirizadas etc. [...] os próprios partidos de esquerda fizeram campanha nessa última eleição de 2012, muito focada no tema mulheres e poder [...] acaba tendo um pouco de rebaixamento da pauta. No PT, grande parte das mulheres concentra sua energia nesse debate: mulher e poder. O PT teve um avanço muito grande no último Congresso porque a partir do próximo período a direção tem que ser paritária. Mas, por outro lado, boa parte das mulheres só se concentra nisso e aí paridade sem ter uma política... aí acabam indo as esposas dos dirigentes, as esposas dos deputados, senadores e vereadores cumprindo essa cota [...]. Isso não vem junto com um programa e com uma política de avanço para a vida das mulheres.

De uma maneira geral, concordamos com MMM 7, ao enfatizar que um desafio do feminismo está em "resgatar as bandeiras e afirmar a atualidade daquilo que é considerado antigo [...] as bandeiras são as mesmas". Para tanto, faz-se necessário "aprofundar a aliança com a luta antirracista e também com as mulheres do campo. [...] A pauta precisa ser aprofundada, essa coextensividade do debate de gênero, com o debate de raça e de classe, esse tripé precisa ser melhor articulado" (MMM 7).

Como desafios mais específicos, a AMB (2011) aponta: fortalecer a democracia participativa; institucionalizar o caráter deliberativo das Conferências e vinculá-las aos planos plurianuais, além de ser um espaço de prestação de contas do governo em relação às deliberações de conferências anteriores; sustentação do próprio movimento de mulheres e feminista, auto-organizado com autonomia; defender os direitos das mulheres à autodeterminação reprodutiva e desvendar a invisibilidade do trabalho feminino (em particular, das mulheres rurais); combater a discriminação salarial, o trabalho informal e a tradicional divisão sexual do trabalho; firmar o movimento de mulheres e feminista na esfera pública como força política; fortalecer a auto-organização de todas as mulheres, visibilizando a multiplicidade das mulheres brasileiras: negras, indígenas, lésbicas, trabalhadoras do campo e da cidade.

A estes desafios acrescentamos, dentre outros encontrados na literatura feminista, um apontado por Telma Gurgel (2011, p. 37) ao feminismo como sujeito político coletivo: "como constituir esse sujeito síntese das singularidades das mulheres, sem perder de vista as trajetórias particulares que as mobilizam como força motriz interior?". Como resposta a esse desafio, a autora propõe o feminismo como um *coletivo total* (Gurgel, 2004, 2011), que implica na constituição de dois processos: "o reconhecimento da diversidade e a construção de uma unidade programática que reflita a aceitação das experiências particulares dentro da identidade coletiva" (Gurgel, 2004, p. 43). O fundamento da defesa do feminismo como um sujeito *coletivo total* está, portanto, no reconhecimento da sua heterogeneidade que, segundo Gurgel (2011, p. 44): "[...] decorre das diferentes experiências de opressão das mulheres, enquanto corpo individualizado e sujeito social".

As estratégias do feminismo para o enfrentamento das opressões e explorações devem considerar essa diversidade. Por isso, complementa Telma Gurgel:

> [...] na organização programática e operativa do movimento feminista, é fundamental que as diversas objetividades que movem a resistência das mulheres sejam reconhecidas e assumam a mesma visibilidade e potencial de articulação interna do feminismo como sujeito de emancipação [...]. Uma das mediações desse processo é a compreensão do feminismo como um sujeito político de ação, construído nas totalidades parciais da opressão das mulheres em vinculação com a totalidade social na qual sua atuação política autorreflexiva tem um sentido de práxis (2011, p. 44).

A categoria de coletivo total possibilita, segundo Gurgel "superar os impasses originários da tensão entre os campos políticos no interior do feminismo", ao passo que promove "a interação entre as diferentes interpretações da realidade e entre as diversas maneiras de se construir a práxis de transformação do feminismo". Para tanto, Gurgel propõe:

> [...] a criação de novos e o fortalecimento de antigos espaços de construção política coletiva, como os encontros e os fóruns de debates e de intervenção política coletiva, organizados a partir de uma metodologia que possibilite a expressão concreta de todas as demandas específicas que compõem o sujeito "mulheres". O que pode possibilitar uma *práxis* de unidade na ação que, sem dúvida, fortalecerá o feminismo nos momentos de confrontos radicalizados com a ordem patriarcal capitalista contemporânea.
>
> O feminismo se desafia, portanto, a empreender-se na construção de espaços amplos de articulação e lutas políticas que consigam mobilizar cada uma das mulheres mediante o reconhecimento de sua particularidade de ser e, ao mesmo tempo, a partir do reconhecimento das múltiplas determinações que compõem suas experiências de mulher, perpassando, portanto, as dimensões de classe, "raça", geração, sexualidade, afetividade, entre outras questões (2011, p. 44-45).

A construção, portanto, de um feminismo que incorpore as particularidades das mulheres, sem cair na fragmentação de suas "identidades", mas articulando-as em torno de um projeto societário radicalmente emancipatório, segue sendo um grandioso desafio. Para superá-lo, é importante perceber que "a vitalidade dos movimentos é um fator crucial para os processos de transformação social" (AMB, 2011, p. 69). Isso exige, por sua vez, a construção da autonomia frente aos governos. Somente com autonomia os movimentos sociais, sindicais e partidos políticos de esquerda podem cumprir seu papel político com liberdade para resistir, reivindicar e protestar. Por isso, a conquista da autonomia, para nós, é o maior desafio ao feminismo e aos movimentos sociais na contemporaneidade.

"CONCLUSÕES"

O caminho acabou e, por isso mesmo,
a viagem apenas começa.

Lukács

Como vimos no Capítulo 1, a consciência não é algo estático tampouco retilineamente progressivo, uma vez que pode continuamente sofrer avanços e recuos e vice-versa, frente às contradições que esta sociedade nos provoca cotidianamente. A formação da consciência se insere em um processo social que, embora processado individualmente, está absolutamente vinculado com as relações sociais que cada indivíduo estabelece, portanto, envolve também, as relações coletivas, políticas e/ou institucionais que desenvolvemos.

A formação da consciência revolucionária na sociedade capitalista é dificultada pelas relações de alienação e fetichismo, bem como pela forte ideologia, que produzem a naturalização das relações sociais desiguais e, muitas vezes, o conformismo e a passivação dos indivíduos frente a essa ordem societária. A divisão social do trabalho associada à mercantilização da força de trabalho, determina, centralmente, a alienação do ser social em relação à natureza, aos outros seres e a si mesmo, o que dificulta a construção da identidade de classe e, por conseguinte, a formação da consciência revolucionária.

Nessa dinâmica, a divisão sexual do trabalho articulada à ideologia de uma suposta natureza feminina, complexifica as dificuldades para as mulheres romperem com essas amarras da alienação. Por outro lado, facilita a superexploração do capital sobre sua força de trabalho. Essa concepção nos levou à defesa da importância em incorporar a análise da dimensão das relações sociais de sexo para o entendimento da classe trabalhadora e da formação da consciência.

O racismo, como sexismo, também reforça essa superexploração. Daí nossa compreensão de que o desvelamento das relações sociais de sexo e "raça" na composição e exploração da classe trabalhadora é fundamental para o entendimento da própria classe como sujeito revolucionário, bem como para seu fortalecimento no enfrentamento às mais variadas formas de exploração e apropriação. Desta feita, entendemos que a classe trabalhadora tem sexo e possui "raça", ou seja, ela não é uma massa homogênea.

No Capítulo 2, buscamos, com o embasamento nos fundamentos teóricos e políticos do feminismo, analisar criticamente a construção da subordinação feminina, encontrando, em especial, por meio das categorias divisão sexual do trabalho, família, patriarcado e nas relações sociais de sexo, "raça" e classe, subsídios para apreender o nosso objeto — a formação da consciência militante feminista — na dinâmica da luta de classes. Entendemos que as relações sociais de sexo, "raça" e classe não estão simplesmente associadas, mas sim, consubstanciadas como estruturas da sociedade patriarcal-racista-capitalista.

Como apontado antes, optamos teoricamente pela utilização prioritária do termo relações sociais de sexo, já que diferentemente de gênero, ele não deixa dúvida no que diz respeito ao seu vínculo com a ideia de antagonismo social correspondente às relações de exploração e dominação. A utilização do conceito de gênero demanda sempre a demarcação teórica, já que é adotado por diversas perspectivas do pensamento feminista, incluindo feministas marxistas e pós-modernas. Além disso, cremos que o conceito de gênero tende a eufemização das relações de poder e do antagonismo social, dada sua ancoragem no culturalismo.

A categoria relações sociais [*rapports*] de sexo nos ajuda a compreender que as relações de sexo não são questões isoladas ou meramente individualizadas entre homens e mulheres, mas, relações sociais estruturantes, consubstanciadas com os conflitos de classe e "raça". Tais conflitos exigem o pensar de um sujeito político coletivo. Para pensar os sujeitos dessas lutas, é fundamental identificar quais são as pessoas que sofrem na pele as opressões e explorações pela sua condição de classe, "raça" e sexo. Esse sujeito é a classe trabalhadora em sua totalidade, que não é homogênea, mas, enriquecida politicamente das singularidades e particularidades que a compõem.

Acreditamos que o feminismo contribui significativamente para a construção política desse sujeito, por isso, defendemos a articulação entre feminismo e socialismo na composição de um projeto societário: o socialista. Na luta contra o patriarcado e a ideologia da natureza feminina, o feminismo pode contribuir com a ruptura com o projeto societário hegemônico e compor com o socialismo um novo projeto, radicalmente comprometido com liberdade e igualdade. Assim, cabe-nos defender e explicitar de qual socialismo falamos, ou melhor, o que entendemos por socialismo como projeto societário.

A luta pelo socialismo no seio da esquerda não é recente. Vários partidos políticos, sindicatos e movimentos sociais proclamam historicamente a sua defesa. Apesar disso, não é menos comum encontrarmos nessa mesma história [da esquerda] atos de violência e discriminação contra as mulheres praticados por militantes que se intitulam "revolucionários socialistas". Por isso, perguntamos: de que socialismo falamos? Qual socialismo queremos? O socialismo que queremos não pode admitir práticas que reproduzam qualquer tipo de exploração ou opressão. O socialismo que devemos construir, desde agora, é o que liberta e emancipa, que quebra todas as cercas e formas de propriedade privada, inclusive, sobre o corpo da mulher. Nisso, o feminismo é determinante, pois reivindica a construção de novos valores e práticas no presente que correspondam e sejam coerentes com a sociedade que queremos amanhã.

Ser militante socialista numa perspectiva feminista é ter, portanto, o compromisso com a liberdade e com a igualdade em todos os seus atos e isso não se inicia com a tomada do poder. Isso deve iniciar com a tomada da consciência revolucionária que nos torna lutadores(as) contra todas as formas de dominação. Isso implica, todavia, a destruição dos privilégios masculinos existentes para um segmento da nossa classe. Logo, os homens devem abrir mão desses privilégios que estão associados a um poder, um poder que submete e oprime as mulheres: o patriarcal.

A luta contra o patriarcado é também uma luta pelo socialismo por possibilitar a destruição de dominações, explorações e opressões, condição fundamental para a emersão de uma sociedade que permita a vivência plena da liberdade. Assim, o socialismo que defendemos deve assegurar não uma igualdade formal, mas uma igualdade real, substantiva. Uma igualdade que não abole as diferenças, ao contrário, que permite a sua expressão de forma livre por meio do fim das múltiplas formas de desigualdades e discriminações.

Tanto a compreensão do socialismo que queremos, como a análise da apropriação estrutural que o capital faz sobre a condição de subalternidade das mulheres, são fundamentais para a construção das táticas vinculadas à estratégia socialista, pois essa apropriação encontra uma base material na superexploração da mulher no mundo do trabalho produtivo e reprodutivo.

A luta pelo socialismo, entendido como um sistema de igualdade e liberdade, não pode estar dissociada da luta feminista, da mesma forma que a luta feminista não pode estar desvinculada da luta socialista, na medida em que lutamos pela verdadeira emancipação humana. Nesse processo, consideramos fundamental a formação da consciência militante feminista.

Pensar a formação da consciência militante feminista exige, antes de tudo, compreender como as mulheres são socializadas e entender que a formação da consciência na mulher, além do enfrentamento das alienações comuns aos homens, também são marcadas pela força da ideologia patriarcal e de uma suposta natureza feminina que a situa como inferior, subserviente e "apolítica". Por isso, é fundamental a existência dos movimentos de mulheres, pois, esses contribuem com a desnaturalização dessa ideologia e por meio deles, a mulher passa a se perceber e se constituir como sujeito político.

Uma das conclusões que podemos apontar na importância dos movimentos de mulheres é a ruptura que provocam na fixação do modelo dicotômico entre público e privado, ou seja, as mulheres passam a articular sua vida privada com a vida política e social, processo que se inicia com a percepção da mulher como sujeito, o que denominamos de apropriação de si. Esse passo está associado com a ruptura da "restrição de mobilidade" (Falquet, 2012), pois as mulheres passam a ocupar espaços públicos e a se reconhecerem em outras mulheres, nas opressões, explorações, apropriações, violências e lutas comuns.

Inicia aí, a formação da consciência militante feminista que se associa não apenas à formação de uma consciência individual, mas demanda uma consciência coletiva voltada para a superação das desigualdades, explorações e apropriações sofridas pelas mulheres. Para tanto, há a necessidade de superar as estruturas e relações sociais de dominação, opressão, exploração e hierarquia, a começar a divisão sexual do trabalho. Em outras palavras, a consciência individual de uma mulher voltada para a sua liberdade associa-se necessariamente a uma consciência coletiva: a consciência militante feminista. Essa consciência entende que a liberdade de uma mulher exige a liberdade de todas, o que, por sua vez, demanda a transformação do sistema patriarcal-racista-capitalista.

É com a descoberta de que as desigualdades e as violências sofridas pelas mulheres possuem determinações comuns e que, portanto, a liberdade individual só se dará com a liberdade de todas, que as mulheres não apenas vão forjando a consciência feminista individual, mas, também, a consciência militante, ao se associarem e desenvolverem uma luta comum contra tais determinações, quais sejam: o patriarcado, a sexagem, o racismo, a heterossexualidade obrigatória e a divisão sexual do trabalho. Assim, *a consciência militante feminista forja-se na força coletiva de mulheres em movimento, ou seja, inseridas em processos de formação política, organização e lutas, protagonizadas pelos movimentos e organizações feministas*.

Todavia, é importante ressaltar que a consciência militante feminista, embora coletiva, seria impossibilitada sem a existência da consciência individual de cada uma das mulheres que compõem os movimentos feministas. Nesse sentido, *há uma dimensão subjetiva e individual da formação da consciência militante, ainda que essas consciências não estejam dissociadas.* Muito pelo contrário, acreditamos que *a consciência individual feminista das mulheres é forjada e potencializada no compasso da consciência militante.* É no processo da auto-organização das mulheres que essas consciências são consubstanciadas, pois, é onde a autoestima de cada uma é fortalecida ao passo que desnaturalizam a ideologia de uma suposta natureza feminina submissa.

Esse processo de auto-organização desconstrói o modelo patriarcal do ser mulher nesta sociedade. Um ser que, marcado pela ideologia da natureza, abnega-se, em grande medida, e é voltado para *O outro* (Beauvoir, 1980, v. 1) ainda que em detrimento de si. Processo esse que leva a mulher a ser apropriada pelo outro, o qual deve subserviência, conduzindo-a a perda de autonomia sobre si, sobre seu corpo e sua vida. Assim, se para um trabalhador é difícil romper com a ideologia burguesa para a formação de uma consciência revolucionária, para uma mulher há ainda um passo anterior e talvez, mais difícil: perceber-se como sujeito e reapropriar-se de si.

O feminismo, portanto, para chegar a uma consciência militante, necessita primeiro possibilitar o encontro das mulheres consigo. Por isso, há a valorização no feminismo à dimensão subjetiva, individual. Sem a valoração das experiências de cada uma das mulheres, o feminismo não consegue constituir-se como sujeito político, tampouco contribuir para a formação da consciência militante.

Dessa forma, além da ruptura com a ideologia burguesa, a mulher necessita de uma ruptura radical com a ideologia de naturalização dos sexos e toda a alienação a ela associada, a começar pela descoberta de si como sujeito, deixando de ser "o Outro", de ser apropriada para se autogovernar, ou melhor, para apropiar-se de si. Com isso, *a descoberta da força individual das mulheres, torna-se, ao mesmo tempo, força política coletiva, posto que essa apropriação de si, mexe com estruturas sociais* como a família, as Igrejas, as Escolas, instituições jurídicas etc. Há, portanto, o estabelecimento de conflitos e enfrentamentos à medida que a mulher sai da invisibilidade, entra na cena política e se constitui sujeito histórico ou, simplesmente, passa a existir politicamente, tendo voz no lugar do medo.

A presença da mulher nos movimentos sociais subverte uma ordem material e ideológica que distribui, por meio da história, lugares/espaços e atribui qualidades e aptidões de forma hierarquizada para homens e mulheres. Para tanto, é importante inverter a "imagem" de mulher assentada nos papéis patriarcais. Por isso, a participação das mulheres nos movimentos sociais não pode ser um prolongamento da sua atividade reprodutiva. Ao contrário, isso deve ser questionado para não darmos continuidade à histórica invisibilidade e exploração femininas. Processo que deve ser assegurado por meio da formação política, das lutas e ações concretas na militância política e na vida cotidiana como um todo.

Gostaríamos de destacar a importância das lutas concretas para a formação da consciência militante articulada ao processo de formação política. Muitos dos depoimentos das nossas entrevistadas destacaram a importância das lutas para a formação da consciência na medida em que as mulheres passam a perceber diretamente a não neutralidade do Estado por meio da repressão que sofrem nos processos de reivindicação e manifestação. De forma mais rápida do que longos processos de formação, por intermédio da luta de classes concreta, as mulheres vão identificando a qual classe pertencem e quais as classes que as exploram e as reprimem. Esse processo deve ser acompanhado da formação política para distanciar os riscos do espontaneísmo das lutas e poder dar profundidade ao entendimento crítico da sociedade, em uma perspectiva de totalidade. Em outras palavras, a formação política possibilita superar o imediatismo e a dimensão econômico-corporativa. A formação política, portanto, é indispensável para o salto da consciência em si para a consciência para si, ou seja, para a formação de uma consciência revolucionária. Por outro lado, a formação política dissociada das lutas pode levar ao teoricismo, quando não articulamos a teoria à realidade concreta. Daí nossa defesa na articulação entre formação e lutas, processo que deve ser mediado pela organicidade, ou seja, pelo envolvimento militante nos movimentos sociais ou outros instrumentos políticos.

De forma sintética, sistematizamos alguns elementos que identificamos em nossa pesquisa como fundamentais para a formação da consciência militante feminista. São eles: 1) a apropriação de si e a ruptura com a naturalização do sexo; 2) o sair de casa e a casa sair de dentro de si; 3) a identificação na outra da sua condição de mulher; 4) a importância do grupo e da militância política em um movimento social; 5) a formação política associada às lutas concretas de reivindicação e de enfrentamento.

Como contribuições dessa consciência militante feminista e seu desdobramento em termos políticos para a construção de um projeto societário emancipatório, destacamos:

1. Desvelamento crítico das raízes da "consubstancialidade" e da "coextensividade" das relações sociais de sexo, "raça" e classe, o que contribui para o entendimento da classe trabalhadora em sua totalidade, ou seja, *des-homogeneíza a classe trabalhadora*, compreendendo que ela também possui sexo e "raça". Essa percepção crítica, por sua vez, possibilita o desvelar das formas diferenciadas e intensificadas de apropriação e exploração sobre a classe trabalhadora o que, por conseguinte, nos instrumentaliza à luta contra o capital e seus mecanismos de exploração e dominação.
2. Enfrentamento à divisão sexual do trabalho e da política.
3. *Radicalização da democracia e tensionamento das relações de hierarquia* existentes na sociedade, incluindo tais relações no interior dos movimentos sociais, uma vez que esses não estão isentos da incorporação dos valores racistas, patriarcais e homofóbicos, o que tem desdobramento político em práticas conservadoras.
4. *Construção de uma contracultura, com a radicalização da liberdade* ao buscar a superação dos conservadorismos, preconceitos e todas as formas de opressão, violência, apropriação e exploração.
5. Enfrentamento à concepção de família nuclear burguesa, pautada no patriarcado e na heterossexualidade obrigatória.

6. A exigência de *um sujeito político revolucionário* que corresponda ao desafio da construção da emancipação humana na sua totalidade, ou seja, um sujeito político que desafie as relações de classe, "raça" e sexo hoje vigentes e se comprometa com a *emancipação humana.*

A análise dos três movimentos feministas que investigamos nos leva à percepção de que todos possuem tais preocupações e, portanto, buscam corresponder a essas contribuições do feminismo para a classe trabalhadora. Todavia, esse processo não é igual em todos os Movimentos, tampouco é realizado sem resistências ou dificuldades no seio da sociedade e até mesmo junto a outros movimentos sociais e partidos de esquerda.

Retomemos o perfil dos três movimentos investigados. Todos se definem como anticapitalistas e apenas o MMC define-se mais especificamente como socialista. Percebemos, por meio dos documentos e das entrevistas, que há, de fato, uma nitidez teórica por parte das militantes no que diz respeito à impossibilidade da emancipação da mulher nos limites da sociedade do capital. Nesse sentido, existe um esforço por parte dos três movimentos em empreender essa perspectiva anticapitalista às suas lutas.

A MMM e o MMC possuem uma tática semelhante no sentido de buscar estabelecer alianças orgânicas com movimentos sociais mistos (não específico de mulheres). Destacamos tal fato como importante, pois demonstra a preocupação do enraizamento de suas lutas com o restante da classe trabalhadora. Esses movimentos buscam uma atuação conjunta com essa classe. O MMC, inclusive, integra a Via Campesina, portanto, os sujeitos que compõem a Via são os parceiros mais diretos e prioritários de suas lutas, além do partido Consulta Popular, que agrega diversos dirigentes da Via Campesina. Isso não significa que o MMC não possua outras alianças, como com a AMB e a MMM.

A MMM também prioriza a Via Campesina em suas lutas, mas possui um arco maior de alianças, ao ter na sua composição a CUT e a Contag, por exemplo. O movimento sindical é, portanto, também priorizado na tática da MMM. Além disso, a MMM possui diversas militantes que são orgânicas no PT, mais particularmente, à sua tendência Democracia Socialista. Por isso, há uma influência hegemônica do PT/DS, especialmente na direção nacional da MMM, uma vez que historicamente possuem militantes dessa tendência em sua direção.

A MMM procura influenciar as pautas gerais da classe trabalhadora com as demandas feministas, bem como busca ir além da luta específica das mulheres, ao acompanhar o movimento mais geral da classe trabalhadora. Por isso, muitas dirigentes da Marcha possuem relação com o PT, por acreditarem na importância do partido para a organização da classe. Assim, a MMM, ainda que com significativa preocupação de investimento na auto-organização das mulheres, estabelece mais alianças com os movimentos sociais, sindical e mesmo partidário, afinados com sua perspectiva política de classe, do que com os demais movimentos feministas.

A despeito da importância da preocupação desses movimentos buscarem estar em sintonia com as lutas da classe trabalhadora ou "contaminando a agenda" dos movimentos mistos e partidos de esquerda, como costumam falar as militantes da MMM, isso traz um grande desafio no sentido da autonomia desses movimentos frente aos demais, pois encontram dificuldades para a defesa de suas bandeiras específicas, com destaque para a do aborto. Em outras palavras, a MMM e o MMC incorporam as bandeiras e as lutas dos demais movimentos que possuem alianças, mas a recíproca nem sempre ocorre, o que retarda o processo de enfrentamento do feminismo às estruturas patriarcais. Essa é uma problemática decorrente da tática que esses movimentos optaram em ter que, para nós, assemelha-se à perspectiva *luta de classes* do feminismo francófono, o qual defende a articulação e a necessidade da militância junto aos partidos políticos de esquerda.

A AMB possui uma tática diferenciada da MMM e do MMC. Embora a AMB afirme ter como desafio a articulação com outros movimentos mistos e procure fortalecer ou mesmo estar presente nas lutas dos mesmos, sua prioridade é a construção do movimento autônomo de mulheres, no qual suas bandeiras não podem estar submetidas a nenhum movimento social ou partido político, ainda que indiretamente. Por isso, a AMB proclama-se apartidária. Consideramos essa tática semelhante ao *feminismo radical* francófono, pois buscam a manutenção radical da autonomia dos movimentos feministas frente aos instrumentos políticos tradicionais, sendo as bandeiras específicas do feminismo priorizadas, ainda que as articulem com as chamadas questões gerais da classe trabalhadora, porém, sem submeter as primeiras a essas últimas.

Assim, se por um lado, a AMB possui dificuldade de um maior enraizamento na constituição da luta de classes no seu sentido mais geral, na perspectiva de aliança com movimentos mistos, é, dos três movimentos que investigamos, quem tem conseguido demonstrar maior autonomia e, portanto, maior capacidade e liberdade de crítica e de atuação. Essa dificuldade é decorrente do contexto político que atravessou o governo Lula, tanto pela capacidade de envolvimento político desse governo sobre os movimentos quanto pela sua forte popularidade, o que se estende ao governo Dilma Rousseff. Nesse contexto, os movimentos não vêm conseguindo fazer o enfrentamento necessário mesmo diante do parco compromisso com as classes trabalhadoras e da covardia diante do não enfrentamento aos fundamentalismos religiosos, que vem ferindo a laicidade do Estado diária e progressivamente.

Há um "cuidado" político por parte dos movimentos em não desgastar a imagem dos governos petistas, mesmo diante de recuos de direitos. Por exemplo, os movimentos feministas ficaram acuados diante da polêmica do aborto no segundo turno para as eleições da Dilma Rousseff, quando ela compactuou com setores religiosos e o feminismo brasileiro não conseguiu se contrapor à altura. Isso não significa, todavia, que não houve algum tipo de resistência.

Não queremos fazer essa análise crítica no sentido de atribuir aos movimentos uma incapacidade política. A correlação de forças da sociedade brasileira é muito complexa. O medo de o Brasil voltar a ser governado pelo Partido da Social Democracia Brasileira (PSDB), a ideologia de que o PT fez e está fazendo o possível dentro da correlação de forças e de que apesar de distantes do que se propunha em seu programa até o início da década de 1990, a esquerda tem avançado, levaram muitos militantes e movimentos sociais e sindicais a apoiarem os governos petistas de forma pouco crítica. Sucumbem assim, em grande medida, à política do possibilismo, da governabilidade e do taticismo eleitoral, abrindo mão do seu papel de formação de consciência crítica e de lutas de enfrentamento.

Nesse processo, percebemos a necessidade da formação política. Demanda que leva ao desafio de enfrentar a precarização da Universidade e o seu processo de despolitização e de descompromisso social, ao passo que cresce sua mercantilização e um produtivismo descolado da qualidade no ensino, na pesquisa e na extensão. Nesse bojo, a produção de conhecimento próprio no feminismo brasileiro, a necessidade de debates com profundidade entre suas perspectivas teóricas e políticas, o enfrentamento à pós-modernidade e seus desdobramentos políticos, são também desafios para o feminismo brasileiro.

Para nós, fica o grande desafio de articular a autonomia dos movimentos feministas com alianças construídas em torno de um projeto societário socialista. Alianças que não podem ser realizadas pelo interesse dos demais movimentos em obter mais força e energia revolucionárias com as mulheres, mas pela incorporação e entendimento da importância do feminismo para a construção de uma nova sociedade. É nesse sentido que acreditamos na importância do partido político como um sujeito coletivo capaz de universalizar e politizar as lutas dos movimentos sociais, buscando um direcionamento político que ultrapasse a dimensão econômico-corporativa e potencialize a formação da consciência revolucionária. Um partido que respeite a autonomia dos movimentos sociais, que compreenda, incorpore e defenda as lutas feministas, antirracistas e por liberdade sexual, associando-as à luta de classes.

A autonomia política como grande desafio para os movimentos feministas associa-se, também, à autonomia financeira. A autossustentabilidade foi apontada em quase todos os depoimentos das entrevistadas como uma das maiores dificuldades. O apoio financeiro do governo e a incorporação de militantes feministas nos quadros governamentais têm arrefecido a capacidade de crítica e de combatividade do feminismo frente às políticas sociais familistas, a falta de recursos para a Secretaria Especial de Políticas para as Mulheres e a inércia governamental frente às problemáticas históricas que afetam as mulheres, como a criminalização do aborto. Os três movimentos investigados reconhecem a importância da autonomia financeira e têm feito o esforço de, por meio de atividades militantes, como venda de produtos, rifas e festas, conseguirem recursos próprios. Porém, fazer movimento em um país de dimensões continentais, com mulheres da classe trabalhadora, é muito difícil apenas com esse tipo de iniciativa, pois não captam recursos suficientes para dar o suporte necessário para o deslocamento das militantes e a construção de lutas nacionais.

Apesar da importância da autossustentabilidade, cremos que a dependência política ou o envolvimento com o PT e os partidos da base governamental impactam muito mais fortemente na dificuldade de autonomia dos movimentos.

A despeito dos desafios apontados, das dificuldades de construção de autonomia frente aos governos, percebemos que houve lutas do movimento feminista no governo Lula. A iniciativa do FIPS em resistência à contrarreforma da Previdência, as Marchas da Margarida, a Frente Nacional pelo Fim da Criminalização das Mulheres e pela Legalização do Aborto, a campanha de valorização do salário mínimo e a ação das mulheres da Via Campesina contra a Aracruz Celulose em 2006 (protagonizada pelo MMC), também merecem destaque.

Inspiradas na luta feminista e nos resultados deste trabalho, podemos concluir que a luta das mulheres é um fato político concreto que não apenas acrescenta um elemento novo à política, mas perturba-o profundamente. E, por que não dizer: revoluciona-o?! Esperamos que os princípios de autonomia e liberdade, bem como o exemplo da subversão e irreverência que constituem o espírito do feminismo, possam ser revigorados e que tenham força de influência e inspiração na luta pela emancipação humana.

REFERÊNCIAS

ALMEIDA, Janaiky. *Organismos Internacionais e enfrentamento à precarização do trabalho das mulheres na América Latina*. Tese (doutorado em Política Social) — Universidade de Brasília, Brasília, 2017.

ALVAREZ, Sonia E. Feminismos latino-americanos. *Estudos Feministas*, v. 6, n. 2, p. 265-284, 1998.

______. Em que Estado está o feminismo latino-americano: uma leitura crítica das políticas públicas com perspectiva de gênero. In: FARIA, Nalu; NOBRE, Míriam (Orgs.). *Gênero nas políticas públicas*: impasses e perspectivas para a ação feminista. São Paulo: SOF, 2000. p. 9-25. (Cadernos Sempreviva.)

AMB. *Articulando a luta feminista por políticas públicas*: desafios para a ação do movimento na implementação das políticas. Brasília: CFEMEA, 2009.

______. *Políticas públicas para a igualdade*: balanço de 2003 a 2010 e desafios do presente. Brasília: CFEMEA, 2011.

ANTUNES, Ricardo. *Os sentidos do trabalho*: ensaios sobre a afirmação e negação do trabalho. São Paulo: Boitempo, 1999.

______. Notas sobre a consciência de classe. In: ANTUNES, R.; RÊGO, W. L. *LUKÁCS*: um Galileu no século XX. 2. ed. São Paulo: Boitempo, 1996.

ARY, Zaíra. *Feminino e masculino no imaginário católico*: da Ação Católica à Teologia da Libertação. São Paulo: Annablune; Fortaleza: Secult, 2000.

ÁVILA, Maria Betânia. As mulheres no mundo do trabalho e a relação corpo e sujeito. *Cadernos de Crítica Feminista*, ano V, n. 4, dez. 2011.

BALIBAR, Etienne; WALLERSTEINS, Immanuel. Race, nation, classe: les identités ambigues. *Cahiers libres.* Paris: La Découverte, 1988.

BANDEIRA, Lourdes Maria. Feminismo: memória e história. In: SALES, Celecina; AMARAL, Célia; ESMERALDO, Gema. *Feminismo*: memória e história. Fortaleza: Imprensa Universitária, 2000.

BEAUVOIR, Simone de. *O segundo sexo*: fatos e mitos. 12. impr. Rio de Janeiro: Nova Fronteira, s/d. v. 1.

______. *O segundo sexo*: a experiência vivida. 10. impr. Rio de Janeiro: Nova Fronteira, 1980. v. 2.

BEBEL, August. *La mujer y el socialismo*. Tradução de Vicente Romano García. Madrid: Akal Editor, 1976 [1. ed. 1879].

BEHRING, Elaine; BOSCHETTI, Ivanete. *Política social*: fundamentos e história. São Paulo: Cortez, 2006.

BIDET-MOREL, Annie; BIDET, Jaques. Les rapports de sexe comme rapports sociaux suivi de rapports sociaux de sexe et rapports sociaux de classe. In: ______ (Org.). *Les rapports sociaux de sexe*. Paris: Presses Universitaires de Frances, 2. sem. 2010. (Col. Atual Marx confrontation.)

BLAY, Eva. *Trabalho domesticado*: a mulher na indústria paulista. São Paulo: Ática, 1978.

BRASIL. Lei n. 11.707, de 19 de junho de 2008. Altera a Lei n. 11.530, de 24 de outubro de 2007, que institui o Programa Nacional de Segurança Pública com Cidadania (Pronasci). Disponível em: <http://www.planalto.gov.br/ccivil_03/_ato2007-2010/2008/Lei/L11707.htm#art2>. Acesso em: 5 out. 2010.

BRUSCHINI, Cristina. *Uma questão de gênero*. Rio de Janeiro: Rosa dos Tempos, 1992.

BUENO, F.; SEABRA, R. A teoria do subimperialismo brasileiro: notas para uma (re)discussão contemporânea. In: ENCONTRO ANUAL DA ASSOCIAÇÃO NACIONAL DE PÓS-GRADUAÇÃO E PESQUISA EM CIÊNCIAS SOCIAIS, 33., *Anais...*, 2009.

CASTRO, Mary Garcia. Marxismo, feminismos e feminismo marxista: mais que um gênero em tempos neoliberais. *Crítica Marxista*, São Paulo, Boitempo, n. 11, 2000.

CODAS, Gustavo. Economia neoclássica e economia marxista: dois campos teóricos e as possibilidades das análises econômicas e de gênero. In: FARIA, Nalu; NOBRE, Miriam (Orgs.). *Economia feminista*. São Paulo: SOF, 2002.

COLLIN, Françoise. Diferenças dos sexos (teorias da). In: HIRATA, Helena et al. (Orgs.). *Dicionário crítico do feminismo*. São Paulo: Ed. da Unesp, 2009.

CRENSHAW, Kimberle. The intersection of race and gender. In: CRENSHAW, Kimberle; GOTANDA, Neil; PELLER, Garry; THOMAS; Kendal (Orgs.). *Critical race theory*: the key writings that formed the movement. New York: New Press, 1995.

CURIEL, Ochy. Identidades esencialistas o construcción de identidades políticas: El dilema de las feministas afrodescendientes. Revista electrónica *Construyendo Nuestra Iterculturalidad*, ano 5, v. 4, n. 5, 2009.

______; FALQUET, Jules. Introducción. In: ______; ______ (Orgs.). *El patriarcado al desnudo*. Tres feministas materialistas: Collette Guillaumin — Paola Tabet — Nicole Claude Mathieu. Buenos Aires: Brecha Lésbica, 2005.

DELPHY, Cristine. *L'ennemi principal*: économie politique du patriarcat. Paris: Éditions Syllepse, 2009. v. 1.

______. *Penser le genre*. Paris: Éditions Syllepse, 2009a. v. 2.

______. Patriarcado. In: HIRATA, Helena et al. (Orgs.). *Dicionário crítico do feminismo*. São Paulo: Ed. da Unesp, 2009b.

DEVREUX, Anne-Marie. A teoria das relações sociais de sexo: um quadro de análise sobre a dominação masculina. *Sociedade e Estado*, Brasília, v. 20, n. 3, p. 561-584, set./dez., 2005.

______. A teoria das relações sociais de sexo: um quadro de análise sobre a dominação masculina. *Cadernos de Crítica Feminista*, ano V, n. 4, dez. 2011.

DUNAYEVSKAYA, Raya. *Rosa Luxemburgo, la liberación feminina y la filosofía de la revolución de Marx*. México: Fondo de Cultura Económica, 1985.

______. *Liberación feminina e dialética de la revolución*: tratando de alcanzar el futuro. México: Fontamara, 2003.

DURIGUETTO, M. Lúcia. *Sociedade civil e democracia*. São Paulo: Cortez, 2007.

______. Ofensiva capitalista, despolitização e politização dos conflitos de classe. *Temporalis*, Brasília: ABEPSS, n. 16, 2009.

______; MONTAÑO, Carlos. *Estado, classe e movimento social*. São Paulo: Cortez, 2010.

ENGELS, Friedrich. Caracteres da monogamia. In: ______; MARX, K.; LÊNIN, V. *Sobre a mulher.* São Paulo: Global, 1979. (Col. Bases, v. 17.)

______. *A origem da família, da propriedade privada e do Estado.* Rio de Janeiro: Civilização Brasileira, 1979a.

______. *Do socialismo utópico ao socialismo científico.* São Paulo: Global, 1984.

______. Carta a Bloch. In: ______. *Obras escolhidas.* São Paulo: Alfa-Omega, s/d. v. III.

ELSON, Diane. Commerce internacional, égalité des sexes et avantage compétitif. In: FALQUET, Jules; HIRATA, Helena; KERGOAT, Danièle et al. *Le sexe de la mondialisation.* Paris: Presses de Sciences Po, 2010.

FALQUET, Jules. Três questões aos movimentos sociais progressistas: contribuições da teoria feminista à análise dos movimentos sociais. *Lutas & Resistências*, Londrina, v. 1, p. 212-25, set. 2006.

______. Repensar as relações sociais de sexo, classe e raça na globalização neoliberal. *Mediações*, Londrina, v. 13, ns. 1-2, p. 121-42, 2008.

______. *De gré ou de force*: les femmes dans la mondialisation. Paris: La Dispute, 2008a.

______. Lesbianismo. In: HIRATA, Helena et al. (Orgs.). *Dicionário crítico do feminismo.* São Paulo: Ed. da Unesp, 2009.

______. *Les mouvements sociaux dans la modialisation néolibérale*: imbrication des rapports sociaux et classe des femmes (Amérique Latine-Caraïbes-France). Habilitation à diriger des recherches. Paris: Université de Paris 8, 2012. (Mimeo.)

______; HIRATA, Helena; KERGOAT, Danièle et al. *Le sexe de la mondialisation.* Paris: Presses de Sciences Po, 2010.

FARIA, Nalu. Batucadas feministas da Marcha Mundial das Mulheres: a emancipação da mulher. *Mátria*, n. 6, mar. 2008.

FORNER, Philip S. *Clara Zetkin*: selected writings. New York: International Publishers, 1984.

FOUGEYROLLAS-SCHWEBEL, Dominique. Movimentos Feministas. In: HIRATA, Helena et al. (Orgs.). *Dicionário crítico do feminismo.* São Paulo: Ed. da Unesp, 2009.

FREITAS, Isabel; MORI, Natalia; FERREIRA, Verônica (Orgs.). *A seguridade social é um direito das mulheres*: vamos à luta! Brasília: CFEMEA: MDGamp3 Fund, 2010.

GOLDMAN, Emma. *La tragédie de l'emancipation féminine suivi du mariage et l'amour.* Paris: Syros, 1978.

GONZÁLEZ, Ana Isabel Álvarez. *As origens e a comemoração do Dia Internacional das Mulheres.* São Paulo: SOF/Expressão Popular, 2010.

GRAMSCI, Antônio. *Cadernos do cárcere.* Rio de Janeiro: Civilização Brasileira, 2000. v. 2.

______. *Cadernos do cárcere.* Rio de Janeiro: Civilização Brasileira, 2000a. v. 3.

______. *Cadernos do cárcere.* Rio de Janeiro: Civilização Brasileira, 2000b. v. 3.

______. *Cadernos do cárcere.* Rio de Janeiro: Civilização Brasileira, 2001. v. 1.

GUILLAUMIN, Colette. Práctica del poder e ideia de naturaleza. In: FALQUET, Jules; CURIEL, Ochy (Orgs.). *El patriarcado al desnudo*: tres feministas materialistas: Colette Guillaumin — Paola Tabet — Nicole Claude Mathieu. Buenos Aires: Brecha Lésbica, 2005. [Publicado inicialmente em *Questions Féministes*, ns. 2 e 3, fev./maio 1978.]

______. Pratique du pouvoir et idée de nature. In: ______. *Sexe, race et pratique du pouvoir*: l'idée de nature. Paris: Côté-Femmes, 1992. p. 13-48 [1978].

______. Pratique du pouvoir et idée de nature: le discours de la nature. In: GUILLAUMIN, Colette. *Sexe, race et pratique du pouvoir*: l'idée de nature. Paris: Côté-Femmes, 2012a. v. 2.

GURGEL, Telma. *Feminismo e liberdade*: sujeito total e tardio na América Latina. Tese (Doutorado em Sociologia) — Programa de Pós-graduação em Sociologia da Universidade Federal da Paraíba, João Pessoa, 2004.

______. *A liberdade é lilás*: a trajetória dos coletivos feministas na história de Mossoró-RN. Mossoró: Fundação Vingt-Um Rosado, 2005.

______. O feminismo como sujeito coletivo total: a mediação da diversidade. *Cadernos de Crítica Feminista*, ano V, n. 4, dez. 2011.

HEGEL, Friedrich. *Principes de la philosophie du droit, ou droit naturel et science de l'État en abrégé.* Paris: Gallimard, 1940.

HIRATA, Helena. *Nova divisão sexual do trabalho?* São Paulo: Boitempo, 2002.

HITE, Shere. *O Relatório Hite*: um profundo estudo sobre a sexualidade feminina. 21. ed. São Paulo: Difel, 1992.

HOBSBAWM, Eric. *A era dos extremos*: o breve século XX. São Paulo: Companhia das Letras, 1994.

IAMAMOTO, Marilda Villela. *Serviço Social em tempo de capital fetiche*: capital financeiro, trabalho e questão social. 2. ed. São Paulo: Cortez, 2008.

IASI, Mauro. *O processo de consciência*. São Paulo: CPV, 1999.

______. *O dilema de Hamlet*: o ser e o não ser da consciência. São Paulo: Viramundo, 2002.

______. *As metamorfoses da consciência de classe*: o PT entre a negação e o consentimento. São Paulo: Expressão Popular, 2006.

______. *Ensaio sobre consciência e emancipação*. São Paulo: Expressão Popular, 2007.

IBGE. Síntese de indicadores sociais: uma análise das condições de vida da população brasileira. *Estudos & Pesquisas Informação Demográfica e Socioeconomica*, Rio de Janeiro, n. 21, 2007.

______. *Pesquisa Nacional por Amostra de Domicílios* (PNAD): Síntese de indicadores 2009. Rio de Janeiro: IBGE, 2010.

______. *Pesquisa Nacional por Amostra de Domicílios* (PNAD): Síntese de indicadores 2011. Rio de Janeiro: IBGE, 2012.

JUTEAU, Danielle; LAURIN, Nicole. L'évolution des formes d'appropriation des femmes: des religieuses aux mères porteuses. *Revue Canadienne de Sociologie et d'Anthropologie*, v. 25, n. 2, p. 183-207, 1988.

KATZ, C.; COGGIOLA, O. *Neoliberalismo ou crise do capital?* São Paulo: Xamã, 1996.

KERGOAT, Danièle. Em defesa de uma sociologia das relações sociais: da análise crítica das categorias dominantes à elaboração de uma nova conceituação. In: KARTCHEVSKY-BULPORT, Andrée et al. *O sexo do trabalho*. Rio de Janeiro: Paz e Terra, 1986.

______. Dynamique et consubstantialité des rapports sociaux. In: DORLIN, Elsa (Org.). *Sexe, classe, race*. Pour une épistémologie de la domination. Paris: PUF, 2008.

______. Divisão sexual do trabalho e relações sociais de sexo. In: HIRATA, Helena et al. (Orgs.). *Dicionário crítico do feminismo*. São Paulo: Ed. da Unesp, 2009.

KERGOAT, Danièle. Dinâmica e consubstancialidade das relações sociais. *Novos Estudos*, Cebrap, n. 86, mar. 2010.

______. *Le rapport social de sexe*: de la reproduction des rapports sociaux à leur subversion. In: BIDET-MORDREL, A. (Org.). *Les rapports sociaux de sexe*. Paris: Presses Universitaires de Frances, 2. sem. 2010a. (Col. Atual Marx Confrontation.)

______. *Se batter, disent-elles*... Paris: La Dispute, 2012.

KOLLONTAI, Alexandra. *Marxismo e revolução sexual*. São Paulo: Global, 1982.

______. *A nova mulher e a moral sexual*. São Paulo: Expressão Popular, 2007.

KONDER, Leandro. *A questão da ideologia*. São Paulo: Companhia das Letras, 2002.

______. *Marxismo e alienação*. São Paulo: Expressão Popular, 2009.

LÊNIN, Vladimir. *Esquerdismo*: doença infantil do comunismo. São Paulo: Global, 1920.

______. A mulher hoje. In: ______; MARX, K.; ENGELS, F. *Sobre a mulher*. São Paulo: Global, 1979. (Col. Bases, n. 17.)

______. *Que fazer?* Problemas cadentes do nosso tempo. São Paulo: Expressão Popular, 2010.

LUKÁCS, Gyorgy. *História e consciência de classe*: estudos sobre a dialética marxista. Porto: Escorpião, 1974.

______. A autocrítica do Marxismo. *Temas de ciências humanas*. v. 4. São Paulo: Livraria Editora Ciências Humanas, 1978.

______. *História e consciência de classe*: estudos sobre a dialética marxista. São Paulo: Martins Fontes, 2003.

______. As bases ontológicas do pensamento e da atividade do homem. In: COUTINHO, Carlos Nelson; NETTO, José Paulo (Orgs. e tradutores). *O jovem Marx e outros escritos de filosofia*. Rio de Janeiro: Ed. da UFRJ, 2007.

MACHEL, Samora. A libertação da mulher é uma necessidade da revolução, garantia da sua continuidade, condição do seu triunfo. In: ______ et al. *A libertação da mulher*. 3. ed. São Paulo: Global, 1982.

MARX, Karl. *Introdução à Crítica da economia política*. São Paulo: Abril Cultural, 1978. (Col. Os Pensadores.)

MARX, Karl. *Para a crítica da economia política*. São Paulo: Abril Cultural, 1982. (Col. Os Economistas.)

______. *O capital*. São Paulo: Difel, 1985. Livro 1, v. 2.

______. Contribuição à crítica da filosofia do direito de Hegel. In: ______. *Manuscritos econômico-filosóficos*. Lisboa: Edições 70, 1993.

______. *O capital*. Rio de Janeiro: Civilização Brasileira, 2001. Livro 1.

______. O 18 Brumário de Luis Bonaparte. In: ______. *A revolução antes da revolução*. São Paulo: Expressão Popular, 2008a.

______. *Contribuição à crítica da economia política*. São Paulo: Expressão Popular, 2008a.

______. Proudhon. In: ______; ENGELS, F. *A sagrada família*. São Paulo: Boitempo, 2009.

______. *Manuscritos econômico-filosóficos*. São Paulo: Boitempo, 2009a.

______; ENGELS, F. Teses contra Feuerbach (1845) (VI Tese). In: ______. *Manuscritos econômico-filosóficos e outros textos escolhidos* (seleção de José Arthur Gianotti; tradução José Carlos Bruni et al.). 3. ed. São Paulo: Abril Cultural, 1985. (Col. Os Pensadores.)

______; ______. *A ideologia alemã*. São Paulo: Expressão Popular, 2009.

______. Manifesto do Partido Comunista. In: ______; ENGELS, Friedrich. *Obras escolhidas*. São Paulo: Alfa-Omega, s/d.

MATHIEU, Nicole Claude. ¿Identidad sexual/sexuada/de sexo? Tres modos de conceptualización de la relación entre sexo y género. In: FALQUET, Jules; CURIEL, Ochy (Orgs.). *El patriarcado al desnudo*: tres feministas materialistas: Colette Guillaumin — Paola Tabet — Nicole Claude Mathieu. Buenos Aires: Brecha Lésbica, 2005. [Publicado originalmente em 1989. In: RICHARD, Daune et al. (Orgs.). *Catégorisation de sexe et construtions scientifiques*. Aix-en-Provence: Université de Provence.]

MATTOS, Marcelo Badaró. Classes sociais e luta de classes: a atualidade de um debate conceitual. *Em Pauta*, n. 20, 2007.

MÉSZÁROS, Istiván. *Para além do capital*. São Paulo: Boitempo, 2002.

______. *A teoria da alienação*. São Paulo: Boitempo, 2006.

NOVELLINO, Salet Ferreira. *As Organizações não Governamentais (ONGs) feministas brasileiras.* In: ENCONTRO NACIONAL DE ESTUDOS POPULACIONAIS (ABEP), 15., *Anais...*, Caxambu/MG, de 18 a 22 de setembro de 2006. Disponível em: <http://www.abep.nepo.unicamp.br/encontro2006/docspdf/ABEP2006_332.pdf.> Acesso em: 10 jun. 2007.

______. *Os feminismos latino-americanos e suas múltiplas temporalidades no século XX.* Disponível em: <http://www.fazendogenero7.ufsc.br> Acesso em: 10 jun. 2007.

OBERTI, Alejandra. O labirinto da diversidade. *Folha Feminista*, São Paulo, SOF, n. 15, 2000.

OSTROWER, Fayga. *Criatividade e processos de criação.* Petrópolis: Vozes, 2004.

PATEMAN, Carole. *O contrato sexual.* São Paulo: Paz e Terra, 1993.

PLATAFORMA FEMINISTA. Brasília, 2002. Disponível em: <http://ftp.medicina.ufmg.br/dmps/nems/arquivos/plataforma_feminista.pdf>. Acesso em: 16 abr. 2012.

PRESIDÊNCIA DA REPÚBLICA. Secretaria Especial de Políticas para as Mulheres. I Plano Nacional de Políticas para as Mulheres. Brasília, 2005. Disponível em: <http://bvsms.saude.gov.br/bvs/publicacoes/pnpm_compacta.pdf>. Acesso em: 16 abr. 2012.

______. Secretaria Especial de Políticas para as Mulheres. II Plano Nacional de Políticas para as Mulheres. Brasília, 2008. Disponível em: <http://bvsms.saude.gov.br/bvs/publicacoes/II_PNPM.pdf>. Acesso em: 16 abr. 2012.

PERROT, Michele. La femme populaire rebelle. In: FRAISSE, Geneviève. *Histoires sens qualities.* Paris: Galilée, 1979.

______. *Os excluídos da história*: operários, mulheres, prisioneiros. 3. ed. São Paulo: Paz e Terra, 2001.

______. História (sexuação da). In: HIRATA, Helena et al. (Orgs.). *Dicionário crítico do feminismo.* São Paulo: Ed. da Unesp, 2009.

______; DUBY, Georges. *Histoire des femmes en Occident*: l'Antiquité. Paris: Perrin, 2002. (Col. Temps, v. 1.)

PERROT, Michele; DUBY, Georges. *Histoire des femmes en Occident*: le Moyen-Age. Paris: Perrin, 2002a. (Col. Temps. v. 2.)

PERROT, Michele; DUBY, Georges. *Histoire des femmes en Occident*: le XVIème-XVIIIème siècles. Paris: Perrin, 2002b. (Col. Temps. v. 3.)

______; ______. *Histoire des femmes en Occident*: le XIXème siècle. Paris: Perrin, 2002c. (Col. Temps. v. 4.)

______; ______. *Histoire des femmes en Occident*. le XXème siècle. Paris: Perrin, 2002d. (Col. Temps. v. 5.)

PFEFFERKORN, Roland. *Genre et rapports sociaux de sexe*. Paris: Editions Page Deux, 2012.

PINTO, Céli Regina Jardim. *Uma história do feminismo no Brasil*. São Paulo: Fundação Perseu Abramo, 2003.

PISCITELLI, Adriana. Re-criando a (categoria) mulher?. In: ALGRANTI, Leila Mezan (Org.). *A prática feminista e o conceito de gênero*. Campinas: IFCH/Unicamp, 2002. (Textos Didáticos.)

PRADO, Danda. *O que é família*. São Paulo: Abril Cultural/Brasiliense, 1985.

QUADROS, Waldir. Gênero e raça na desigualdade social brasileira recente. *Estudos Avançados*, São Paulo, v. 18, n. 50, jan./abr. 2004.

RABAY, Glória de Lourdes. Movimento de mulheres na Paraíba: conquistas e desafios. In: SALES, Celecina; AMARAL, Célia; ESMERALDO, Gema. *Feminismo*: memória e história. Fortaleza: Imprensa Universitária, 2000.

RAMOS, Sâmya R. A mediação das organizações políticas. *Inscrita*, Rio de Janeiro, v. 10, p. 41-46, 2007.

RAUD-MATTEDI, C. Análise crítica da Sociologia Econômica de Mark Granovetter: os limites de uma leitura do mercado em termos de redes e imbricação. *Política e Sociedade*, Universidade Federal de Santa Catarina, n. 6, p. 59-82, abr. 2005.

ROWBOTHAM, Sheila. O movimento de mulheres e a organização para o socialismo. In: WAINWRIGHT, Hilary et al. *Além dos fragmentos*. São Paulo: Brasiliense, 1981.

SAFFIOTI, Heleieth. *A mulher na sociedade de classes*: mito e realidade. 2. ed. Petrópolis: Vozes, 1979.

SAFFIOTI, Heleieth. Rearticulando gênero e classe social. In: COSTA, Albertina de O.; BRUSCHINI, Cristina. *Uma questão de gênero*. Rio de Janeiro: Rosa dos Tempos, 1992.

SAFFIOTI, Heleieth. *Gênero, patriarcado, violência.* São Paulo: Fundação Perseu Abramo, 2004.

SASSEN, Saskia. *The global city*: New York/London/Tokyo. Princeton, N. J.: Princeton University Press, 1991.

SCOTT, Joan. *Gênero*: uma categoria útil para análise histórica. Recife: SOS Corpo, 1991.

SILVA, Carmen. Os sentidos da ação educativa do feminismo. In: SILVA, Carmen (Org.). *Experiências em pedagogia feminista.* Recife: SOS Corpo, 2010.

______. Pensar o futuro, bem viver o presente. *Cadernos de Crítica Feminista*, ano V, n. 4, dez. 2011.

SOUZA-LOBO, Elisabeth. *A classe operária tem dois sexos*: trabalho, dominação e resistência. São Paulo: Fundação Perseu Abramo/Secretaria Municipal de Cultura/Brasiliense, 2011.

TABET, Paola. *La construction sociale de l'inégalité des sexes*: des outils et des corps. Paris: L'Harmattan, 1998.

______. *La grande arnaque*: sexualité des femmes et échange économico-sexuel. Paris: L'Harmattan, 2004.

______. Las manos, los instrumentos, las armas. In: FALQUET, Jules; CURIEL, Ochy (Orgs.). *El patriarcado al desnudo*: tres feministas materialistas: Colette Guillaumin — Paola Tabet — Nicole Claude Mathieu. Buenos Aires: Brecha Lésbica, 2005. [Publicado originalmente em 1979, na revista *L'Homme*, v. XIX, p. 3-4 (as categorias de sexo em Antropologia social), jul./dez.]

THOMPSON, E. P. *The making of the English working class.* Harmondsworth: Penguin, 1963.

______. *Tradición, revuelta y consciencia de clase*: estudos sobre la crisis de la sociedad preindustrial. Barcelona: Crítica, 1979.

______. *A miséria da teoria.* Rio de Janeiro: Zahar, 1981.

TOLEDO, Cecília. *Mulheres*: o gênero nos une, a classe nos divide. São Paulo: Xamã, 2001. (Cadernos Marxistas.)

TORRES, Iraildes Caldas. *As primeiras-damas e a assistência social*: relações de gênero e poder. São Paulo: Cortez, 2002.

TRAT, Josette. Movimentos sociais. In: HIRATA, Helena et al. (Orgs.). *Dicionário crítico do feminismo.* São Paulo: Ed. da Unesp, 2009.

WAINWRIGHT, Hilary. Introdução. In: ______ et al. *Além dos fragmentos.* São Paulo: Brasiliense, 1981.

WATERS, Mary Alice. *Marxismo y feminismo.* 2. ed. Barcelona: Fontamara, 1979.

WITTIG, Monique. *La pensée straight.* Paris: Éditions Amsterdam, 2007 [1992].

FEMINISMO, DIVERSIDADE SEXUAL e SERVIÇO SOCIAL

Coleção Biblioteca Básica de Serviço Social - Vol. 8

Mirla Cisne
Silvana Mara Morais dos Santos

1ª edição (2018)

208 páginas

ISBN 978-85-249-2638-9

Este livro, sob a perspectiva do feminismo, apresenta a crítica marxista à noção de gênero, as particularidades da questão social e mostra como o patriarcado, o racismo e o heterossexismo adensam a exploração da classe trabalhadora e a violação de direitos. Um convite à reflexão crítica sobre porque as profissões, e em particular o Serviço Social, devem considerar a defesa do feminismo e da diversidade como indispensáveis à luta anticapitalista.

LEIA TAMBÉM

MENINAS e TERRITÓRIO

criminalização da pobreza e seletividade jurídica

Coleção Temas Sociojurídicos

Joana das Flores Duarte

1ª edição (2018)
144 páginas
ISBN 978-85-249-2705-8

A obra visa preencher uma lacuna na produção teórica sobre a criminalização da pobreza e seletividade jurídica na perspectiva de gênero, trazendo ao público um estudo sobre jovens do sexo feminino no mercado informal e ilícito de drogas, como uma nova expressão do desmantelamento do Estado Social, denunciando as expressões da penalidade neoliberal e o seu fortalecimento nos territórios pobres.